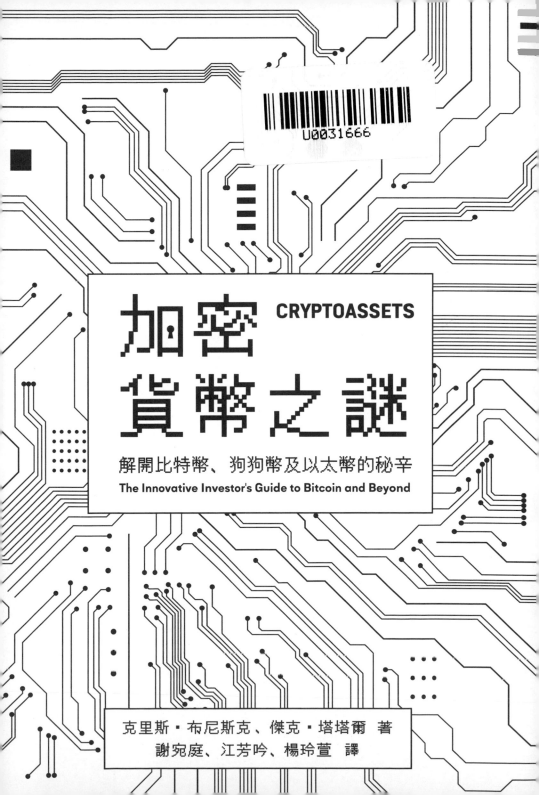

CRYPTOASSETS

加密 貨幣之謎

解開比特幣、狗狗幣及以太幣的秘辛

The Innovative Investor's Guide to Bitcoin and Beyond

克里斯・布尼斯克、傑克・塔塔爾 著

謝宛庭、江芳吟、楊玲萱 譯

獻給教會我如何寫作的父親，
以及鼓勵我、使我無比肯定自己的母親。
——克里斯・布尼斯克

獻給艾瑞克與葛蕾絲，未來是你們的。
——傑克・塔塔爾

目錄

PART 1　加密資產是什麼？

PART 2　為什麼要投資加密資產？

PART 3　如何投資加密資產？

附錄

導讀

　　一開始知道比特幣的時候，我深深相信它會以失敗收場。根據當時閱讀的幾篇文章，以及身為二十年的懷疑論投資人經驗，我在全國廣播公司財經頻道（CNBC）的「快錢論壇」節目上，大聲地斷定比特幣絕對活不下去（但現在非常懊悔）。它怎麼可能活得下去？比特幣沒有任何實體，沒有中央銀行，不能用來繳稅，也沒有一支軍隊為它撐腰。除此之外，它的波動性極高，而且名聲不佳。以上各項看來都只會加速比特幣的滅亡。我從業一輩子，從沒有錯得這麼離譜過。

　　在全國廣播公司財經頻道的檔案庫深處，藏著一支丟人現眼的影片，裡面有我大聲抱怨這個「神奇網路貨幣」的片段。如果你現在剛好讀到這段文字，而且也正巧有辦法取得這支影片的話，請你以正確的態度處理它，那就是銷毀！經過那段愚昧駑鈍的日子後，我漸漸了解到，比特幣及其背後的區塊鏈技術——事實上是科技的一大進展，且其對金融服務產業帶來的革命創舉，有潛力能和當初電子郵件對郵政系統帶來的衝擊相提並論。

　　一旦意識到區塊鏈技術事實上具有顛覆的能力之後，我就開始尋找並接觸和我有志一同的人士。我在華爾街區塊鏈聯盟（Wall Street Blockchain Alliance）第一屆交流派對上，認識了克里斯・布尼斯克，而且馬上發現我們有個共同興趣，那就是讓以區塊鏈為基礎的資產，也就是加密資產，變

成投資人的新興資產類別。那個時候，只有極少數人看出了比特幣的潛能，而克里斯就是其中之一，而對我來說，他無疑擁有相當少見的領袖風範和遠見。

傑克・塔塔爾是退休規劃的專家，投身金融業超過二十年，且能爲加密資產領域，帶來目前急需的金融觀點和投資知識。新興科技容易讓人感到困惑和害怕，但透過他引人入勝的寫作手法，可以從一個複雜的主題中，萃取出容易消化的內容給讀者。這兩人攜手創作的《加密貨幣之謎》一書，不僅可以滿足最求知若渴的好奇寶寶，也可以給初次接觸這個主題的讀者帶來許多幫助。

讀者不僅能受益於兩位作者的遠見，更能從他們對這個主題的廣泛知識中獲益良多。身爲專門投資加密資產的對沖基金經理，我總是不斷鑽研這個資產類別的投資潛力，而當我遇到困難時，第一通求救電話往往就是打給克里斯。儘管我很高興克里斯能在本書中分享他的獨到見解，我的私心告訴我，我不願意失去他這位秘密武器。此外，傑克是第一波參與比特幣報導的金融記者之一，這兩人的組合力量不容小覷。不如，就讓他們成爲你的知識來源吧。

而本書的美妙之處在於能帶著讀者踏上旅程，看著比特幣從金融危機的灰燼中孕育而生，甚至發展成爲傳統投資組合的選項之一。想一探區塊鏈技術眞面目的人，一定會對他們描述此技術背後的精緻架構時所展現的高超技巧感到驚豔，而像我這樣的金融歷史學家，則會在他們討論投資泡沫的章節時深受啓發。克里斯和傑克巧妙地將金融歷史課程應用在加密資產的投資領域。劇透一下——儘管區塊鏈技術將顚覆傳統金融市場結構，「恐懼」和「貪婪」這兩個人類獨

有的特性，仍無可避免地出現於加密資產的領域中。幸好，克里斯和傑克也為讀者準備好了所需的工具和知識，以便在泡沫來臨之時，能知道該注意些什麼。

有了這些知識，讀者便能利用第十二和十三章中提到的評估架構，來選定最有發展潛力的加密資產。加密資產的評估方式和傳統投資評估不同，由於加密資產沒有收入或現金流等資訊，因此，要如何評估其績效就是一大難題。本書中，克里斯和傑克提出了創新的方法，利用網路效應和去中心化的開發者團隊，來進行正確的資產評估。曾經想過要投資加密資產的人，都應該好好閱讀一下這些內容。

區塊鏈革命最有趣的一個結果，就是觀察加密資產如何顛覆所謂的「顛覆者」。克里斯和傑克解釋道，創業投資的商業模式，已經被包括首次加密資產發行（initial cryptoasset offering），也就是「ICO」的群眾募資所顛覆了。所謂加密資產，實際上是由一系列的代碼所組成的，而其易於追蹤和表示所有權的特性能用來做為新創公司的募資手段。過去兩年，就出現了一波創業家捨棄創投的路線，選擇直接用這個方式來募集創業資金。

所有新興商業模式都會遇到法規和永續性的問題，但是，矽谷那一套「先破壞，再道歉」的風氣，似乎也悄悄來到了華爾街。凡是在募資相關環節工作的從業人員，上至創業投資下至資本市場，都對這些新募資方法的討論感到饒富興味，甚至有些駭人。

在我的書《比特幣大爆炸》中，將最後一章題為「就商業來說，你所知的一切都是錯的」，其中就預告了克里斯和傑克提到的，為資金募集和分配方式開創新局。自籌資金、

去中心化的組織，成爲了全球經濟體中的新物種，而這一物種正在改變我們對商業行爲所知的一切。加密資產作爲去中心化組織的燃料，不只改變了組織圖，也打亂了原本的獎勵架構。

　　新組織也改變了軟體開發的方式。加密資產顛覆了網路發展過程中，一直很受用的價值創造結構。所謂的「胖協議」（fat protocol）就是指自籌資金的開發平台──藉由吸引應用程式建置於該處來創造及獲取價值。這是一種全新的先例，讓開源（open-source）專案能吸引開發者去開發有利於社會大眾的專案。

　　我一開始進入華爾街工作時，網路只是個存在於交易桌那端的電腦裡的玩意兒。Amazon、eBay、Google都還沒出現，但不到五年的時間，這幾間公司改變了全世界。當時還只是菜鳥交易員的我，年紀太輕，經驗也不足，沒有意識到網路是這世代難得一見的投資機會。我深深相信，在自己退休之前不可能再見到另一個成指數成長的投資標的──直到我發現了區塊鏈技術。區塊鏈技術是金融歷史上最重要的創新發明之一，它改變了我們進行交易、分配資金、組織企業的方式。如果你和我一樣，錯過了投資網路的機會，趕快讀一讀這本書，把握機會投入繼網際網路之後最棒的投資機會。

──布萊恩·凱利
CNBC客座來賓及BKCM數位資產基金經理

序言

　　幾十年來，書籍、電視節目和電影一直在預測未來；許多發想起初都被認爲太過荒誕。《星際爭霸戰》中對未來的許多想像，事後被證實不全然是異想天開。例如電影中人人必備的手持通話器，演變成現代智慧型手機；可以儲存個人資料的顯示裝置，則是平板電腦的前身；此外還有一台萬能翻譯機，可以從中選取資料、使用不同的應用程式。愛德華・貝拉米於一八八七年出版的小說《回顧展》，裡面就預測了金融簽帳卡與信用卡的出現。電影《2001：太空漫遊》中則描繪了不同形式的社群媒體，雖然其規模遠遠不及現今。趨勢家艾爾文・托夫勒所著《未來的衝擊》，書中描述了指數型變化，指出此種變化勢必將徹底改變社會，這深深吸引了一九七〇年代讀者的目光。同時，他也提出警告：「從現在起，直到下一世紀的短短三十年之間，會有好幾百萬原本平凡、精神正常的一般人，將要面臨與未來的劇烈衝突」。這段未來時期「會讓人們感覺壓力巨大、茫無頭緒，因爲大家被迫要在極短的時間內，面對劇烈的變化。」

　　指數型變化一詞雖然如今人人琅琅上口，但那道指數型曲線背後所代表的影響力，卻鮮少有人深入思考。指數型變化，意味每一年發生的變化，都比前一年更爲巨大，和線型變化是完全不同的概念。線型變化認爲不論在過去或未來，世界改變的速度都差不多（見表1-1）。這兩種變化，初期看起來並無二致，但隨著時間推移、指數型變化開始顯露變

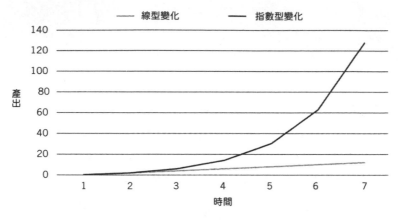

表1-1　指數型變化與線型變化的變化速率

化曲線，其特殊性就很容易能看見。

　　表1-1可以看出，線型變化和指數型變化的產出價值，在第一年和第二年都完全一樣。但到了第七年，指數型變化的產出已成長到線型變化的近十倍。我們常會有種預設心態，認為未來一、二年變化的速度，會跟過去幾年差不多。這種假設在變化發生的早期或許還能成立，但到了指數型變化曲線開始明顯上揚、出現曲棍球棒效應的時候，就不是這樣了。可惜，大部分的投資組合，都是以線性變化的觀點來進行操作，用過去的指數來決定未來的投資；身處指數型變化的時代，這種做法顯然非常短視、也很危險。

　　網際網路徹底改變了世界，而且開發人員們還在不斷擴張網際網路的邊界，因此變化仍然進行中。到目前為止，全球資訊網（The World Wide Web）可算是網際網路潛在功能中，最重要的超級應用。這個索引網路容納了至少4,730,000,000個網頁，相當於地球上每個人都擁有一個網頁。

一九九〇年代通常被視為網際網路的開端。當時提姆·伯納斯－李想為歐洲核子研究組織（CERN）架設一個資訊管理系統，過程中偶然靈光一閃，想出全球資訊網這個點子。馬克·安德里森則開發出第一個廣泛運用的網頁瀏覽器，後來發展成網景通訊公司（Netscape）。伯納斯李與安德里森發明的關鍵產品，固然在其後持續發展、成為如今使用網路的主流做法，但全球資訊網與瀏覽網頁的功能，不過是網際網路的第一個殺手級應用，不能被混淆等同於網際網路本身。我們現在仍處於探索網際網路的潛能、以發展超級應用的早期階段。

　　網際網路概念的萌芽，首次出現於一九六〇年代，當時是為了研發穩固的通訊系統，來對抗對美國的核子攻擊。保羅·巴蘭是當時網際網路的先驅，據他所述，達成通訊系統穩固的關鍵在於去中心化。約瑟夫·利克萊德則提出「星際計算網路」（Intergalactic Computer Network）的概念並極言其重要性，成功說服了他在國防高等研究計畫署的同僚。這個機構專責研究、開發新科技提供給美國軍方使用。麻省理工學院教授倫納德·克萊因羅克則以網際網路的關鍵技術封包交換為研究主題，後來寫成了此類主題的第一本著作《通訊網路》。諷刺的是，雖然許多專家都致力於研發新方法、努力把世界串連起來，但早期他們卻對彼此的研究互不知情。

　　然而他們的夢想依然實現了。時至今日，全世界的人彼此間的連結密切，每天總計有超過35億筆Google搜尋、發送訊息187億則（不含WhatsApp和臉書的Messenger，兩者合計每天超過600億條訊息），以及2690億封電子郵件往來。

但有趣的是，網際網路隨著時間也變得越來越中心化，似乎有違其發展成「具有高度生存能力的系統」的初衷。

人類的創造力，總是在最需要的時候才會發揮出來。近來出現的一項新科技，回歸到網際網路一開始所希望揭示的去中心化精神，並可能顛覆現有的電腦與交易的基本架構，那就是區塊鏈技術。身處網路時代，人與人之間、機器與機器之間，每分每秒都在利用網際網路，不斷交換著數幾百萬條封包訊息，而區塊鏈技術促使我們必須重新思考這些交換過程的成本、安全性以及所有權。

區塊鏈技術是起源自比特幣軟體。換句話說，比特幣軟體是區塊鏈技術之母。比特幣軟體（Bitcoin）是一個平台，用來傳送名為比特幣（bitcoin）的程式化貨幣。這種平台的技術基礎，是一種分散式的虛擬分類帳本，稱為區塊鏈。比特幣軟體在二〇〇九年一月初次亮相，是當時全世界首見把區塊鏈作實際應用的案例。

比特幣軟體是一種開放原始碼軟體，因此從那時起，大家便都開始下載這個軟體、研究它的區塊鏈，並開發出其他區塊鏈。時至今日，區塊鏈技術可以被視為一種通用技術，有點類似蒸汽引擎、電力和機器學習。

二〇一六年五月，唐・泰普史考特與艾力克斯・泰普史考特在《哈佛商業評論》聯名撰文，指出「在接下來的十年中，最有可能翻轉商業型態的不是社群網路，也不是雲端技術、機器人技術，更不是人工智慧，而是打造了比特幣等加密貨幣的區塊鏈技術。」

相關業界已經嗅出了這道潮流所隱含的創造性破壞，尤其是金融服務業。他們意識到，若能在此役取得先機，就能

斬獲新的市場，享受到脫媒化的紅利。許多新創公司也覬覦這塊大餅，亞馬遜創辦人貝佐斯曾說「你的利潤就是我的機會」，這句名言很能說明新創公司對這塊市場的企圖心。

　　金融業者必須打開心胸、主動採納新科技，否則比特幣軟體與區塊鏈技術勢必將對銀行形成重大衝擊，就如同當年手機發明之後，對電線桿與室內電話造成的巨大影響。幾乎每一家跨國銀行、金融交易所、託管機構、金融服務業者，或多或少都有參與某些區塊鏈投資，或投入資金、在公司內部打造自己的區塊鏈團隊。摩根大通、高勝集團、花旗銀行、紐約證券交易所、那斯達克、西班牙國際銀行、巴克萊銀行、瑞銀集團、南非儲備銀行、三菱日聯銀行、瑞穗銀行、招商銀行、澳洲證券交易所……等，都對區塊鏈有興趣。

　　金融業者意識到，區塊鏈技術帶來了一個零現金世界：我們不再需要零散的紙鈔、也不需要實體銀行，甚至連中心化的貨幣政策，都有可能就此退場。取而代之的，是透過沒有中央主管單位的系統，以去中心化、民主化的方式，在虛擬空間進行交易；運作過程中，用數學來主導秩序。我們畢生的積蓄與後代子孫的積蓄，都可能轉成手摸不到的加密資產，全部改以電腦的0與1來代表，整個系統都透過電腦和智慧型手機來操作。

　　科技業也察覺到這個變化，其中尤以微軟與IBM改變最為賣力。微軟已經在自己的Azure雲端平台，為開發者提供區塊鏈服務；微軟的技術策略總監馬利・格雷就說：「微軟想要打進每一種區塊鏈。其實，我們的顧客也想要參一腳。比特幣可能是兩個什麼無名小卒，在自家車庫打發時間時，

無意間想出的東西吧！但大家都覺得這玩意很天才，想要進一步付諸實行，看看最後會是什麼樣子。微軟不想設立無謂的障礙，我們對一切事物保持開放態度。即使是最微不足道的參與者，我們也會盡量給予機會。」

網際網路和全球資訊網不但改變了我們的生活與社交方式，也讓許多運用這些新科技開設公司的創新者及其投資人，一躍成為大富翁。Google首次公開發行就高瞻遠矚買下股票的投資人，到了二〇一六年八月，他們持有的股票已增值一千八百倍；而購買Amazon集團首次公開發行的股票的投資人，所持股票則增值了一千八百二十七倍。

區塊鏈架構及其原生資產，即將成為下一個網際網路基礎建設的超級應用。它們已經提供了許多服務，包括加密貨幣、世界電腦、去中心化的社群網路……等等。

原生資產過去被稱為加密貨幣或山寨幣，不過我們比較喜歡使用「加密資產」一詞；在本書中我們都會如此稱呼。加密資產經濟有其革命級的面向，使用「加密貨幣」和「山寨幣」一詞，只能展現這種革命性特質的一小部分而已。加密資產現有多達800種，並非全部都是貨幣。隨著區塊鏈結合了技術與市場、逐漸形成第三代網際網路（Web 3.0），我們面臨的不僅是去中心化的貨幣，連貨品、新的虛擬商品與服務，也開始去中心化。

區塊鏈技術目前仍處於剛興起的階段，因此市面上還未有任何從投資的角度來探討公開區塊鏈及其原生資產。這就是我們希望致力改變的部分，因為投資人需要了解區塊鏈帶來的機會、並具備相關知識，才能在把握良機的同時，保護自己不被眾說紛紜所淹沒。

如此巨大的變革，再加上想賺錢的心態，難免會造成一些投資者過度樂觀。有些早期就看中網際網路的股票投資人，後來都遭遇到網路網路泡沫，例如，連鎖書店Books-A-Million的股價，曾經在短短一周內飆升了1000%，原因只不過是他們宣布更新了自家網站。股價隨後又一路暴跌，最後Books-A-Million被摘牌下市，不再公開招股。其他類似的崩盤案例還有寵物用品公司Pets.com、世界通訊公司、以及網路雜貨零售商WebVan，這些公司如今都已經下市。

　　特定的加密資產項目，到底會存活下來、或跟Books-A-Million一樣走上衰亡之路，還有待觀察；但可以確定的是，有些加密資產會成為大贏家。整體而言，在區塊鏈及其原生資產、與試圖透過這些創新發明獲利的公司之間，投資人需要有一個對策方案作為依據、進行分析，最終才能從加密資產投資獲利。這本書的目標不是要預測未來——未來改變的速度太快了，只有萬里挑一的幸運兒才猜得中——而是讓投資人做好準備，迎接各種可能的未來。

　　比特幣是最廣為人知的加密資產，它就曾遭遇雲霄飛車般的劇烈起伏。二〇〇九年十月，首次出現有針對比特幣的匯率，那時比特幣才剛誕生不久；若當時投資100美元的比特幣，那麼如今已經暴漲到超過1億美元了。若在二〇一三年十一月投資100美元比特幣，到了二〇一五年一月，就已慘跌86%。全球現在有超過800種加密資產，因此類似的故事還可以講上800個。以下是二〇一六年底，前五十大加密資產：

　　比特幣、以太幣、瑞波幣、萊特幣、門羅幣、以

太幣經典、達世幣、網際網路幣（MaidSafeCoin）、新經幣、Augur代幣、斯蒂姆幣、Iconomi、多吉幣（狗狗幣）、公證通（Factom）、DigixDAO、大零幣、Lisk、Xenixcoin、E-Dinar、Swiscoin、遊戲幣、阿朵幣（Ardor）、比特股（BitShares）、LoMoCoin、百特幣（Bytecoin）、Emercoin、小蟻幣（AntShares）、Gulden、Golem、泰達幣（Tether）、ShadowCash、Xaurum、Storj幣、Straits、未來幣（Nxt）、點點幣（Peercoin）、I/O Coin、Rubycoin、Bitcrystals、SingularDTV、Counterparty、Agoras代幣、雲儲幣（Siacoin）、元寶幣（YbCoin）、比特幣黑暗（BitcoinDark）、系統幣（Syscoin）、大麻幣（Potcoin）、Global Currency Reserve。

＊以上以中文地區已有習慣譯名爲主，無則以原名爲主。

　　本書會深入研究其中幾種加密資產，此爲相關書籍之中首見。有些加密資產或許目前還未獲得太多關注，但他們具有的潛力只怕不下於比特幣。

　　我們期待本書能起到引導功能，解釋什麼是加密資產、爲何加密資產是絕佳的標的、以及如何投資加密資產，由此幫助讀者從「智慧型投資人」轉成「創新型投資人」。班傑明・葛拉漢所撰寫《智慧型股票投資人》一書，是有關價值投資主題的關鍵性著作，曾被華倫・巴菲特讚爲「史上最佳投資書籍」。在教導投資人方面，本書雖然不敢奢望影響力能及其萬分之一，但目標是相同的。我們所聚焦的資產類

別，在葛拉漢的時代還不存在；而這種資產類別，在指數型變化的年代，會是一大保值標的，隨著時間拉長，將會逐漸改變現有的投資組合。

葛拉漢教導投資人的一大重點，便是要時時提醒自己，始終聚焦在股票的內在價值，避免迷失在自己對於市場的不理性行為當中。葛拉漢希望教導智慧型投資人善用工具、透過基本面分析來做投資決定；本書的目標也是如此，希望能幫助有意把加密資產加入投資組合的投資者，齊備相關知識、有能力分析基本面，成為創新型投資人。

這本書不是要告訴你如何快速致富、或什麼最新投資密技，而是以加密貨幣的發展沿革、常見的投資策略、金融投機史等等為脈絡，來討論這個新的資產類別。唯有對加密資產持續保持關注、也能以自身整體財務目標來檢視加密資產標的的人，才能成為創新型投資者。

不論是新手與專家，這本書都適合一讀。本書分成三個部分：「加密資產是什麼」、「為什麼要投資加密資產」、「如何投資加密資產」。第一部分「加密資產是什麼」，會說明這種新型資產類別的基礎概念，並簡明地交代加密資產的技術和歷史。第二部分「為什麼要投資加密資產」，會深入討論為何投資組合管理那麼重要、我們何以認為這個全新的資產類別大有可為（當然，不可否認也有其風險）。第三部分「如何投資加密資產」，則詳細解釋如何把加密資產加進自己的投資組合，包含如何運用架構來檢視一項新資產的優點為何、以及如何安排資產取得、儲存、稅務、以及法規的細節。每一章都可以分開獨立閱讀。

研究加密資產的世界，有時感覺像在看科幻小說。事實

上，網際網路剛出現的時候，大家也都有這種感覺。對許多人來說，「改變」令人害怕，這種心情並不難理解。然而，改變同時也會點燃機會的火花，因此我們希望幫助讀者做好準備，在加密資產的世界中，去認知、理解、然後把握機會採取行動。

未來終將會到來，指數型變化也近在咫尺。這本書不但要幫助創新型投資人在投資市場存活下來，更要令其一展長才。我們這就開始吧！

PART 1

加密資產是什麼？

■ 第一章
比特幣與二〇〇八年的金融危機

二〇〇八年，在華爾街瀕臨崩潰煙滅之際，比特幣猶如鳳凰般浴火而生。那一年，從八月至十月，發生了一連串意想不到的大事件：Bitcoin.org正式註冊；雷曼兄弟申請破產，創下美國史上最大金額破產案；美國銀行以500億美金併購了美林證券；美國政府投入7000億美元，成立問題資產救助計畫（Trouble Asset Relief Program，TARP）；中本聰發表了一篇論文，奠定了比特幣軟體與區塊鏈技術的基礎。

金融體系的崩潰與比特幣崛起紛沓而至，兩者在時間點上之緊湊，令人難以忽視。金融危機讓全球經濟蒙受了好幾兆美金的損失，也摧毀了眾多金融龍頭公司與社會之間的互信。另一方面，比特幣提供了一個去中心化的信任機制，不再仰賴人類道德、轉向一翻兩瞪眼的電腦計算，隱然標誌著華爾街很快會失去用武之地。

中本聰是誰？

用「他」來代表中本聰只是「目前」合適這三個字的稱呼，因為，至今仍無人知道中本聰的真身是誰、或是哪個集團。中本聰到底是「他」、「她」還是「他們」，依舊是個謎。在P2P基金會的個人資料中，中本聰自稱是一位住在日本的37歲男性，他經常在網上與外界互動、寫文章闡述自己開發比特幣的想法。

但根據各種線索，外界認為中本聰可能住在英國、北美洲、中南美洲，甚至是加勒比海地區。他的英文書寫純熟流暢，偶爾還使用英式英語，因此有人認為他可能是英國人。也有人根據他上線發文的時間，推測他可能住在美國東部時區或中部時區的地區。由於媒體對於他的身分之謎太過好奇、窮追不捨，甚至有些人出面自稱是中本聰，但後來都證實是假的。二〇一六年五月，一個澳洲人克雷格・懷特聲稱自己就是中本聰，引起了不小的注意，但很快就被拆穿了。

　　世界各地都流傳著關於中本聰真實身分的不同說法——甚至讓人不禁懷疑，中本聰根本不是一個人，而是一群人。中本聰才華洋溢、侃侃而談，言語中流露對跨領域知識的涉略，例如密碼學、電腦科學、經濟學、心理學，幾乎證明了他可能不是一個人、而是一群人。但他們到底是誰？這個問題也許無人能夠回答，但可以確定的是，中本聰已預見了華爾街的暗潮洶湧及搖搖欲墜。

二〇〇八年金融危機

　　二〇〇八年對金融業諸多巨頭公司來說，是一場逐漸展開的惡夢。當年三月，貝爾斯登公司面臨崩解；它在成立之初，可是華爾街第一個大型的交易機構。自成立以來，貝爾斯登跨越了八十五個年頭、經歷過各式各樣的市場考驗，卻在二〇〇八年終於被暴跌的房地產市場拖垮。當年三月十六日，摩根大通集團以每股2美元收購了貝爾斯登，約為前一年同期價格的1%——當時貝爾斯登的股價是每股170美元。為了促成這筆收購交易，美國聯邦儲備銀行同意為貝爾斯登

的不良資產，提供29億美元資金。但依舊令人不安的是，在這場收購案的一個月後，摩根史坦利執行長麥晉桁、與高盛集團執行長勞爾德‧布蘭克梵前後向股東們示警，說房地產市場已命不久矣，很快就要面臨衰敗。

這場危機大部分要歸咎於次級貸款，意即不負責任地貸款給沒有能力清償的人。以前銀行只要核發貸款，也必須同時確保貸款人具備清償能力；但次貸案中，金融機構核發貸款之後，又把這些貸款打包組合、證券化成為組合複雜的金融商品，稱為擔保抵押債券（CMO），出售給其他投資人。這些債券標榜分散投資、低風險且高報酬，因此許多投資人都頗受吸引。金融機構透過這種方式轉嫁風險，就如同把燙手山芋丟給別人。

但是，包含華爾街眾多金融高層在內，大家都忽略了擔保抵押債券潛藏著種種巨大又互相牽連的風險。擔保抵押債券的問題，一部分肇因於複雜型金融商品是靠著一套老舊過時、混雜使用類比訊號與數位訊號的金融架構在運作。由於缺乏縝密的數位紀錄，因此也就難以量化風險、了解擔保抵押債券的組成為何。此外，由於擔保抵押債券的發行遍及全世界，因此全球投資人一時之間突然全被捲進了美國的次貸危機。二〇〇八年夏天，儘管財務透明度相當不足，但在美聯儲承諾會注入資金伸援的壯膽之下，雷曼兄弟執行長理查‧傅德還是宣稱「雷曼兄弟不可能會倒閉」。他的說法在當下其實有些突兀。

當風暴正在醞釀，而華爾街高層們懵然不覺之際，中本聰則是緊鑼密鼓地不斷充實比特幣相關概念。二〇〇八年八月十八日，Bitcoin.org網站正式註冊成立，也就是日後用來

傳達比特幣軟體資訊的主要網站。中本聰是一個人也好、是一個群體也好，重點是他所構思的技術倘若能付諸實踐，或許能夠改善擔保抵押債券組成不透明的惡劣特質。由於區塊鏈具有分散式、透明化及數據軌跡不可更改的特性，每一筆核發的貸款、或打包組合出去的擔保抵押債券，都可以在單一一個區塊鏈上，詳實地記錄下來。如此一來，每一位買主都能透過記錄，得知該筆債券全部的轉手過程、與其中每一筆貸款的現況。可惜，儘管二○○八年夏季時傳德還信心滿滿地宣稱公司無恙，但到了同年九月十日早上，他和雷曼的其他高階主管都不得不面對事實——不如預期。主管努力回覆分析師們的質疑，試圖解釋為何會出現53億美元的不良資產減記、而且一季損失了39億美元。會議後來草草結束，分析師們都很不滿意雷曼兄弟採取的應對措施。在這之前，市場其實已經懲罰了雷曼，因為會議的前一天他們的股價已掉了45%，會議當天又再掉了7%。

兩天後的下午，美林證券、摩根史坦利和高盛證券的執行長，在紐約的聯邦儲備銀行碰面了；同場的還有聯準會主席、美國財政部長及紐約聯儲總裁。當天下午會議的主題是「到底該拿雷曼兄弟公司怎麼辦」，情況顯然相當險峻。一開始，巴克萊銀行或美國銀行似乎願意出手相救雷曼兄弟，但這個可能性很快就告吹了。

隔天，同一群人又再次在紐約聯儲碰頭開會，此時美林證券執行長約翰塞‧恩心裡開始隱約感到不安。他一邊聽著會中對雷曼情況的簡報，一邊意識到自己的公司恐怕也將要步上後塵。他對大家說：「下個禮拜五坐在這邊的，搞不好就是我。」塞恩馬上決定要為美林證券找個買家，而最有興

趣的可能是美國銀行，他們當時已經在和雷曼兄弟探詢收購。隨著美林證券和美國銀行開始暗中進行談判，雷曼兄弟只剩下巴克萊銀行這個最後的指望了。

到了九月十四日，巴克萊銀行已經準備好要批准雷曼兄弟收購案，只差美國政府或英國政府願意伸援，幫忙維持帳目幾天就好，讓巴克萊有時間召開股東會，做最後的投票同意。但兩國政府都不願意介入，收購案也因此泡湯了。眼看離亞洲市場開市交易只剩幾小時，美國政府開口詢問雷曼兄弟所剩的最後一個選擇——申請破產。

威嘉律師事務所久負盛名的破產律師哈維‧米勒，已預見了破產這個最壞的情況，為此從週四晚間就開始秘密做準備。有一位高階聯邦官員詢問米勒對於雷曼兄弟申請破產的看法，他回答「倘若成真，那會是金融末日」。一旦雷曼兄弟申請破產，那麼與他們有生意往來的金融機構，也將遭受鉅額損失，恐怕會引發一連串破產的骨牌效應。

當天晚間，美國銀行拍板定案，以500億美元併購美林證券；又過了幾個小時的清晨，雷曼兄弟依照美國破產法第十一章所規定的程序申請破產保護，創下美國史上最大金額破產案。這間有一百六十四年歷史的公司，從最初販售乾貨的一家小店，走過大風大浪、一路發展成美國第四大的投資銀行，就此宣告走到盡頭，象徵著一個時代的結束。

雷曼兄弟破產與美林證券被併購，只是一系列事件的開端而已。隔天，紐約聯儲被授權出借850億美元給美國最大的保險公司美國國際集團（AIG），因為連這位企業巨人也開始出現不穩的跡象，搖搖欲墜。

比特幣誕生

一個多月後，二〇〇八年十月三十一日，中本聰發表了比特幣白皮書，揭開了時代新頁，成為日後各種區塊鏈技術應用的開端。論文的最後，中本聰寫道：「我們所提出的，是一種不需要仰賴買賣雙方互信的電子交易系統。」

中本聰發表論文的時候，已經把整個系統都先完成了。他自述：「我得先把程式全部寫好，才有信心認為我能解決問題，接著才動手寫了這篇論文。」以此細加推究，中本聰大約是在二〇〇六年底確立了比特幣的想法，並在二〇〇七年五月開始著手開發系統。這段期間中，不少金融監管機構已經開始察覺，美國房地產市場已過度擴張，恐怕將要面臨危機。中本聰見識極廣，因此他在進行比特幣系統開發的期間，不太可能對當時全球金融市場所遭遇的問題一無所知。

發表白皮書後的隔天，中本聰向「密碼學郵寄清單」（The Cryptography Mailing List）寄了一封電子郵件，信裡附上白皮書的連結。這是一個郵件討論群，參與者都是對密碼學及其應用有研究的人。中本聰的信引發了一連串的迴響。

眼看大家對比特幣的興趣益發熱切，二〇〇八年十一月七日，中本聰寫信回覆：「政治問題無法用密碼學來解決。但是，我們可以在軍備競賽中贏得重大勝利，在自由的新領土中享受好幾年。各國政府老是喜歡扼殺中控式，Napster被關閉就是一例；但點對點（P2P）網路如Gnutella和Tor，似乎就好端端的。」從這番話看得出，中本聰開發比特幣，

並非是為了與現行的政府與金融體系無縫接軌，而是要掙脫與反抗由上而下的管制型態，提供一種去中心化、由眾人共同管理的替代體系。這種去中心化、高度自主的精神，正是網際網路誕生初期的核心概念，每一個網路節點都是一個獨立的代理人，透過共享協定與其他代理人交流。

十一月九日，比特幣計畫在SourceForge.net上正式註冊，這個是一個以促進開放原始碼軟體發展為目的的網站。面對「密碼學郵寄清單」上關於比特幣軟體的提問不斷湧入，中本聰在十一月十七日回覆道：「我會努力加快腳步、儘快釋出原始碼，希望有助於解決這些實作上的問題。」

之後中本聰沉寂了好幾個月，與此同時華爾街的金融體系仍在持續解體潰散。二〇〇八年頒布的《經濟穩定緊急法》未能發揮作用，無法緩解雷曼兄弟公司破產後引發的一連串金融崩潰。十月三日，這部緊急法在國會通過、由小布希總統簽署並完成立法，依此法成立了7000億美元的《問題資產救助計畫》。美國政府按照此計畫，取得了數百家銀行與大型公司（例如：AIG、通用汽車、克萊斯勒集團）的優先股。但這些股票可不是平白得來的；政府投資了5500億美元，來穩住這些岌岌可危的大企業。比特幣的區塊鏈網路剛出現時，中本聰就表現過自己對於全球金融體系弱點的深刻了解。他在有關比特幣區塊鏈的第一條註記中，留下一項訊息：「二〇〇九年一月三日，泰晤士報，財政部對銀行二次紓困在望」，這是英國《泰晤士報》在二〇〇九年一月三日的頭版標題，報導了英國可能加碼伸援，幫助多家銀行度過危機。多年之後，大家或許會了解到，區塊鏈技術發揮最大的使用案例，便是寫入透明且不能更改的資訊，這個數位紀

錄任何人都無法刪去、而且每個人都可以查看。中本聰選擇
首先利用區塊鏈這項功能、又寫了有關銀行紓困的註記，在
在顯示他希望大家永遠不要忘記二〇〇八年金融危機所暴露
的缺失。

另一種金融體系

　　這項註記出現的九天後，中本聰與哈爾·芬尼進行了比
特幣的交易處女秀。芬尼很早就開始大力支持中本聰的構
想、也有參與開發比特幣平台的開發。九個月後，比特幣首
度確立匯率為0.08美分兌1枚，相當於1,309枚比特幣兌1美
元。比特幣價值水漲船高，當年若投資1美元買比特幣，到
了二〇一七年初價格已衝破100萬美元，可見這項新型貨幣
驚人的成長潛力。

　　細究中本聰這個時期的文章，可以看出他堅定地追求打
造另一種金融體系、以供替代使用，即便這個體系並不會完
全取代現行體系。比特幣平台設立運作一個多月之後，中本
聰寫道：「比特幣平台完全去中心化，沒有中央伺服器、也
不需要可信任方，因為一切都是靠加密證明而非信任度來運
作。我想，這是世界上首次嘗試使用去中心化、非以信任度
為基礎的體系。」

　　二〇一〇年十二月五日，中本聰罕見地展露出電腦技術
以外人性化的一面。當時，許多信用卡發行機構都拒絕支援
讓卡戶刷卡支持維基解密，而中本聰也要求維基解密不要接
受比特幣捐款。「別說『來啊，誰怕誰啊！』比特幣需要空
間，慢慢成長茁壯。我想呼籲維基解密，不要接受比特幣。

比特幣還在發展初期，禁不起衝突；維基解密就算獲得捐款也沒幾個錢，但帶來的爭議卻足以讓我們毀滅。」

不久之後，中本聰便逐漸消聲匿跡。有些人猜測是他為了比特幣平台著想；畢竟，他發明的技術有可能取代既有的金融體系，這可是會惹毛政府與私人企業的事情。人間蒸發正好讓比特幣平台無人可找，猶如形成一個單點故障；但承繼其後的則是其他成千上萬的存取點與好幾百萬用戶。

另一方面，華爾街正遭遇到多點故障。美國政府耗費鉅資，才讓華爾街的塵埃逐漸落定，花費金額遠超過TARP一開始設定的7000億美元，總共投入了2.5兆美元——這還不含為了恢復大眾對金融機構的信心所投入的12.2兆美元。

一如所知，華爾街連死都死得榮華；相較之下，比特幣的誕生卻一毛未花。它是一種開放原始碼軟體技術，完成後就馬上被丟了出來，就像沒有媽媽的嬰兒。假如全球金融體系再健全一點，或許比特幣就不會有那麼多人支持了，也就沒有機會變得這麼強勁有力。

歡迎來到比特幣開啓的世界

中本聰消失之後，比特幣捲起的浪潮，瓦解了全球金融與科技體系，讓許多人開始有所反思。模仿比特幣的山寨幣相繼出現，例如以太幣、萊特幣、門羅幣、大零幣，均是運用區塊鏈技術所設計，因此區塊鏈技術可說是中本聰送給全世界的禮物。同時，許多金融與科技業者也開始採用區塊鏈技術，掀起一陣陣革新浪潮與隨之而來的混亂，直接影響了創新型投資人。下一章的內容，我們會加強讀者對區塊鏈技

術、比特幣軟體、比特幣、加密資產的了解，還有其中隱含
的投資機會。

第二章
比特幣與區塊鏈技術的基本概念

　　首先我們應該先釐清，比特幣軟體（Bitcoin, 首字大寫B）、比特幣區塊鏈、比特幣貨幣（bitcoin, 首字小寫b）及區塊鏈技術，這幾個各自不同、但互有關聯的概念。一開始，許多人會覺得這個領域充斥著陌生術語，讓人摸不著頭緒。事實上，也就只有那幾個由新造字詞衍生出來的概念，容易讓新手卻步。人們在討論比特幣軟體或區塊鏈技術的各種應用時，常常使用這些新發明出來的字眼，因此，才讓這個領域顯得艱澀而難以理解，但事實並非如此。其實我們只需要集中理解幾個關鍵的概念，就能夠掌握區塊鏈技術應用的基本知識架構。

　　首字為大寫B的比特幣軟體（Bitcoin），指的是比特幣貨幣（bitcoin, 首字小寫b）流通及託管的相關軟體技術：

- Bitcoin（首字大寫B）為比特幣軟體
- bitcoin（首字小寫b）為比特幣貨幣本身

　　這本書中提到的比特幣，會以比特幣軟體Bitcoin（首字大寫B）為主，它可以說是整個區塊鏈技術演進的起源。了解比特幣的概念非常重要，因為它的發展歷程最悠久，每當有新的區塊鏈技術問世的時候，比特幣經常成為被拿來比較的基準。

　　然而，要真正了解比特幣，首先我們要停止把比特幣想

像成類似龐氏騙局、或是由罪犯操控的不法體系之類的東西，至今我們仍會不時在媒體報導中，看到這些老掉牙的說法。二〇一六年七月，來自倫敦政經學院、德國聯邦銀行（相當於德國央行）以及威斯康辛大學麥迪遜分校的研究學者，共同發表了一篇名為〈比特幣經濟演進〉的研究報告，這些富有盛名的研究機構可不會浪費時間，或者不惜毀掉名聲，去研究一個沒有發展前景的邪惡貨幣。

在該篇報告當中，研究者描述了他們是如何去分析比特幣區塊鏈，以及當中的交易模式，以下是他們的研究結果摘要：

在此研究中，根據二〇〇九年到二〇一五年的交易資料，我們蒐集了作為比特幣交易身分的最小單位（個人地址），然後將它們歸類近似於企業實體（我們稱為超級集群）的交易身分，雖然這些集群都是匿名，我們還是可以從一些特定的交易模式，辨識出這些身分來自哪些領域。接著我們就能夠從這些集群中，整理出一個交易關係圖，來分析各個領域的交易行為。

我們把比特幣從起步到發展成熟的演進過程，分為三個主要時期：早期測試階段；第二階段成長期，此時期的交易以所謂的「罪惡經濟體」，例如賭博或黑市交易為主；到第三階段，比特幣出現大幅度的成長進化，從見不得光的黑市貨幣，發展成為合法的商業服務。

的確，比特幣的早期使用者，有部分是遊走於法律邊緣的罪犯，但在大部分變革性科技的演進過程中，我們都會看

到類似的情形，總是會有一些想玩弄法律的人，把新科技當成一種犯罪的工具。下一章節，我們會談到關於比特幣這類型加密資產的風險，但顯然地，比特幣發展至今，已經不只是一個用來做黑市交易、購買非法產品及服務的支付方式，曾有不只一百篇媒體報導並斷言比特幣將走向衰亡，但實際上，現實已經不只一次證明，這些說法是錯誤的。

如果我們能單純將比特幣視為一種廣義的科技演進，我們會發現比特幣的出現，正符合當下的科技發展趨勢。世界上人與人的交流不再受限於地理位置或社經地位的不同，溝通模式變得更加即時而平等，而比特幣的概念，剛好也吻合了這個趨勢。從前，要完成跨國的金融交易，需要好幾個工作天，現在只需要不到一小時，在商家與消費者的關係趨於平等互惠的趨勢之下，如Uber、Airbnb、LendingClub等不同領域的共享平台，也紛紛成為市值上百萬的大公司。比特幣的誕生，讓每個使用者都能成為類似銀行的角色，一般使用者將握有更大的控制權，全球將逐漸「去銀行化」。

然而，相較於Uber、Airbnb及LendingClub，比特幣更容易引起關注及爭議的原因是，上述這些公司的共享模式較容易理解，而且平台一開始就以同儕共享的概念為前提來運作，就像許多人請朋友載他們去機場一程、寄宿在國外的親戚家、跟父母借錢一樣，但如果要將貨幣徹底去中心化，取消由上而下的管理機制，則需要全球的使用者都能接受這樣的支付與儲值模式。

貨幣的誕生源自於交易需求，把「以物易物」這種需要媒合雙方需求的交易行為， 衍生出更方便的形式，並逐漸演變成現在普遍使用的紙幣。這些紙張本身並沒有太多價

值，除非人們公認它們的價值，而政府為了財政管理，也規定人民必需要認可其價值，在這樣的條件之下，紙幣被賦予公認的實用價值，也就是自由意志主義者所說的「公認的虛幻價值」，因為紙幣這個物體本身不是什麼有價值的東西。比特幣的價值，也同樣來自於這種公認價值的概念，只是它沒有形體，也沒有一個由上而下的管理機制，撤除了這些障礙——發展至今，市值甚至可高達上億，靠的全是數學運算的奧妙。

比特幣區塊鏈的運作方式

比特幣軟體技術的其中一環，是建構比特幣區塊鏈。我們可以把比特幣區塊鏈想成一個數位帳本，我們可透過帳本追蹤用戶的存款及信用帳戶明細，比特幣區塊鏈則是一個可記錄其原生貨幣——比特幣交易流向的資料庫，然而，這個數位帳本有甚麼特別之處呢？

比特幣區塊鏈是一個不可變的加密分散式資料庫，藉由工作量證明（Proof-of-Work）來同步整個資料庫，讀到這裡，你可能覺得我在叨念一些讓人聽不懂的科技術語，這的確是很內行的描述，但也不難理解。

分散式

分散式，指的是比特幣區塊鏈中的資料被存取及維護的方式，大部分的資料庫，都會嚴格限制存取權限，但任何一台電腦，都能存取比特幣區塊鏈的資料，如今比特幣已經發展成全球通用貨幣，因此，比特幣區塊鏈的分散式特性，顯

得格外重要。任何地方的任何人，都能夠檢視不同帳戶之間的交易明細，全體用戶構成一個全球化的的信任體系，一切紀錄都是透明的，用戶之間的地位也是平等的。

關於密碼學（CRYPTOGRAPHY）

密碼學，一開始就被認為是個艱澀的字眼，但其實它就是一種保障資訊不外洩的溝通方式。接收資訊、將資訊打散，讓資訊混雜到只有指定接收者可以理解，且接收者只能為了達到指定任務，而利用這項資訊。這個打散資訊的過程，稱為加密，將資訊重組的過程，叫做解密，整個過程需要運用到複雜的數學運算技巧。

密碼學領域可說是一個如同競技場般的領域，以加密方式傳輸資訊的人，及試圖破解並操縱資訊傳播的人在這裡互相較勁。近年來，密碼學更進一步發展出如同公開金鑰密碼學、把資訊提供給指定擁有者的功能，這也是密碼學應用於比特幣軟體技術的重要基礎。

加密資訊傳輸技術從古代沿用至今，早在古羅馬共和時代，尤利烏斯・凱撒大帝便開始在戰爭時期，用簡單的加密方式來通知將軍作戰計畫：使用在字母表上的後三順位字母，來取代原本應該呈現的字母，例如：原本要寫ABC，為了加密改寫成DEF，將軍接到訊息後需要自行解碼讀取訊息，但可想而知，這樣簡易的加密方式很容易就會被破解。

另一個比較近代的例子，出現在二次世界大戰時期，就像電影《模仿遊戲》當中所描述的，一群英國密碼專家，費盡心思想破解被納粹用恩尼格瑪編碼裝置加密的情報，最後

由艾倫・圖靈——著名的機器學習與人工智慧專家負責破解恩尼格瑪密碼系統，因此成功削弱了德軍的作戰策略，促使戰爭走向結束。

密碼學跟我們的生活息息相關，當我們輸入密碼、使用信用卡及WhatsApp通訊軟體，都是在享受密碼學所帶來的便利，當我們要把資訊的使用權，保留給特定對象的時候，我們會需要使用密碼學，沒有密碼學的存在，不法之徒非常容易就能竊取我們的敏感資訊，並加以利用。

加密性

在比特幣的交易過程中，每一筆被記錄在區塊鏈資料庫的交易都需要經過密碼驗證，以便確認支付者手上的確擁有那一筆金額，在登錄交易資料時也必須經過加密程序。交易資料並不是一筆又一筆的被登錄進資料庫，而是以區塊的形式被鏈結在一起，因此衍生出「區塊鏈」這個名詞。

之後的章節，我們會再深入地描述在區塊鏈當中，所謂工作量證明的詳細運作流程，不過，在這個階段，我們可以先建立一個簡單的概念：加密機制，讓使用者的電腦之間建立起一種互相協作的信任體系，構成所謂的比特幣區塊鏈，而體系的建立，來自於數學運算機制，每一筆交易的認證，都不是任何人的主觀認定，純粹就是運算的結果。如果想更了解密碼學這個領域，我們會推薦大家去看看由賽門・辛所寫的這本《密碼書：編碼與解碼的戰爭》。

不可改變

　　由於交易紀錄的認證，是由全世界電腦網路上的使用者，經由加密的方式形成區塊鏈來完成，而比特幣區塊鏈中的資料庫是不可被竄改或抹滅的，資料量只會隨著時間過去一直成長，但不會被刪除，這就像是在數位世界的花崗岩上，刻下一道無法抹滅的軌跡一樣。在比特幣區塊鏈當中，資料一但經過驗證，就會永久留存，無法抹滅，在數位世界中，資料通常可以輕易被刪除，因此，區塊鏈資料庫的不可變性，其實是一個相當罕見的特性，在比特幣軟體技術當中，時間越久，資料庫的不可變性就顯得更加的重要。

工作量證明

　　以上提到的三個概念：分散式、加密性及不可變性，都是構成區塊鏈的重要條件，不過這三個條件，本質上都不是什麼嶄新的概念。而是在分散式的電腦網路，透過工作量證明，將這三個條件串連在一起，並決定接下來哪些交易會被加入比特幣區塊鏈當中。工作量證明牽涉了交易紀錄如何被歸類並形成區塊、這些區塊如何互相連結，而形成比特幣區塊鏈。

　　分佈在世界各地的計算裝置，通常被稱為「礦工」，這些礦工們透過工作量證明，爭取將交易區塊資料新增到比特幣區塊鏈，以驗證交易紀錄的特權，當礦工成功地新增區塊，他們就會得到比特幣作為獎勵，礦工們會加入這場競爭，就是為了得到比特幣

　　這種互相競爭、爭取獎勵金的行為，也有助於維持比特

幣區塊鏈的安全性，就算有心懷不軌的使用者，想要去竄改資料，他還得先擊敗世界各地的競爭者，為了在工作量證明中取勝，這些競爭者在硬體設備上投資的金額幾乎破億。礦工們像是在參加一場加密猜謎競賽一樣，得出正確解答的礦工，才能成功地將交易新增到比特幣區塊鏈。*

在這場加密猜謎競賽，正確的答案包含了以下四個變因：時間、交易內容摘要、前一個區塊的身分識別，以及一個被稱為「nonce」的變因。

所謂「nonce」，指的是結合了其他三個變因，再透過密碼雜湊函數而得出的一個符合困難條件的隨機數字，而條件的參數會不斷地被調整，因此每位礦工每十分鐘就會得出一個新的答案。如果讀到這裡，已經覺得資訊量太大難以吸收也無妨，這是新手的正常反應，針對這個部分，在本書第四章會有更詳細的描述，在第十四章，我們會再講得更進階深入一些。

在工作量證明流程中，最關鍵的部分是前一個區塊的身分識別資訊，身分識別資訊包含了生成區塊的時間、區塊當中的交易資訊、該區塊的前一個區塊的識別，以及符合該區塊的nonce。只要照著這個邏輯，創新投資人就能明白，在比特幣區塊鏈當中，每一個區塊都是互有關聯的，因此，任何區塊都是不可變的，就算是已經存在好幾年的區塊也是一樣，只要更動其中一塊，勢必會影響到之後的所有區塊，在這個分散式系統內的礦工們，都不會允許這樣子的更動，這

＊ 編註：以太幣預計於二〇二二年八月（此書繁體中文版出版後）升級成權益證明
（PoS，Proof-of-Stake），以「持幣數量」及「持幣時間」取代算力及設備比拚。

也是比特幣區塊鏈中的資訊，具有不可變性的原因。

當礦工成功地建立了一個新的區塊，並獲得獎勵，獎勵內容包括新比特幣以及交易手續費，這個交易過程，稱爲「創幣交易」（coinbase transaction），在比特幣供應鏈當中，創幣交易是發行少量比特幣的一種方式，這個部分我們之後會再說明。

用比喻來說明比特幣生態系

在準備進入第三章，開始討論比特幣技術的應用之前，我們可以先用一個簡單的比喻，來串連整個概念（如圖2-1），把比特幣系統中的各個角色，比喻成硬體、軟體、應用程式以及個人電腦使用者，對讀者而言會比較好理解。

透過工作量證明流程，建立起整個比特幣區塊鏈系統的礦工，就像是MacBook Pro之類的個人電腦硬體，而硬體的運作，靠的則是作業系統（OS），在比特幣領域裡，作業

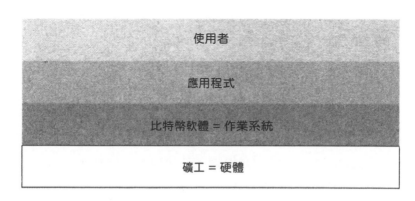

圖2-1　由硬體、操作系統、應用程式及使用者組成的比特幣生態系

系統指的則是由一群開發人員，志願開發的相關開源軟體，就像Linux雲端作業系統，也是由一群志願的開發人員在維護；在硬體與作業系統架構的上層，則是應用程式，就像蘋果作業系統裡面的Safari瀏覽器；比特幣作業系統中的應用程式介面，用於傳輸比特幣區塊鏈中所有必要資訊；最後則是應用程式的使用者。或許有一天，使用者再也不會意識到硬體或軟體的存在，因為他們只需要知道怎麼操作就好。

私有鏈 v.s. 公有鏈

整體來說，區塊鏈硬體可分為兩種實體類型：公有鏈及私有鏈，兩者的差別就如同網際網路跟內部網路，一般公用網站上的資訊是沒有瀏覽限制的，大家都看得到；另一方面，如公司或集團企業要傳送僅供內部人員瀏覽的資訊時，通常會使用內部網路，我們可以把公有鏈想成網際網路，而私有鏈就是內部網路。直至今日，網際網路與內部網路仍分別發揮著不同的作用，雖然在八〇及九〇年代時，關於網際網路的資安爭議逐漸增加，但大家仍公認，網際網路所創造的價值遠勝於內部網路，歷史驗證了網際網路的存在價值，就如那句據傳是作家馬克吐溫所說的名言：「歷史不會重演，但總是驚人地相似。」

公有鏈與私有鏈的主要差別，在於使用者如何存取與登入，別忘了，區塊鏈是不同裝置構成的分散式系統，透過加密及共識機制來同步所有區塊鏈社群成員的資訊，一個使用集中式資料庫、不與其他區塊鏈結的區塊鏈，是沒有用處的。一個由不同裝置所形成的區塊鏈社群，判斷其是公有鏈

還是私有鏈，要看使用者進入社群之前，需不需要經過許可。

公開的區塊鏈系統，如比特幣，任何人只要使用相應的硬體跟軟體，就可以加入比特幣網路來存取資訊，不像進入夜店之前，還得向保全出示證件一樣，加入比特幣系統不用提供個人資訊。相對地，使用者的參與，能夠促進比特幣區塊鏈，達到一種供需平衡的狀態，如果使用者想要獲得更多利潤，他們就會投入更多資金來購買硬體設備，其他像以太坊、萊特幣、門羅幣、大零幣等也都屬於公有鏈，我們在本書的第四、第五章會進一步說明。

另一方面，私有鏈則需要類似夜店門口保全的機制，只有獲得許可的使用者才能加入這個系統。在比特幣問世之後，有些企業開始想要仿效比特幣的同步機制，但又沒辦法使用所有人都能加入、自由傳播資訊的公用鏈機制，因此發展出了私有鏈。

目前私有鏈機制已被廣泛使用於金融機構，這大概是西元兩千年的千禧蟲危機以來，金融業的IT系統所做的最大變革，企業因私有鏈的方式使資訊的存取權限僅限於內部員工使用。雖然這種作法有它的好處，但還是有些人主張，這些對資訊控管甚嚴的大型企業，應該要合作共享資訊，來降低服務成本，進而讓消費者受惠。我們認為，開放網路（open networks）是趨勢所在，私有鏈機制，會逐步取代中心化的權威管理制度，更進一步走向採用公有鏈的去中心化世界。

對於需要建立安全交易機制的銀行，及其他金融中介機構來說，私有鏈帶來的好處顯而易見，這也是私有鏈在金融業的普及程度特別高的主因，但除了金融業以外，私有鏈系

統還可以延伸出更多應用之處，包括音樂產業、房地產、保險業、醫療業、網路通訊業、市調公司、供應鏈、公益組織、槍枝管理、法律及政府部門等，都在尋求能應用區塊鏈技術的方式。

在本書當中，我們會把重點放在公有鏈及相關的原生資產類型，也就是我們所認定的「加密資產」，因為對創新投資人來說，這是最重要的商機所在。有些加密資產類型的名稱，跟他們的區塊鏈技術名稱，是一模一樣的，只是字母大小寫不同。像比特幣區塊鏈（Bitcoin's blockchain，開頭字母大寫B）的原生資產是比特幣（bitcoin，開頭字母小寫b），萊特幣區塊鏈（Litecoin's blockchain，開頭字母大寫L）的原生資產是萊特幣（litecoin，開頭字母小寫l）；有些名稱則會有所區別，像是以太坊區塊鏈（Ethereum's blockchain）的原生資產，名稱是以太幣（ether）。

目前不同的公有鏈之間，存在著顯著的差異，有些從早期就投入比特幣社群的人，主張應該要給區塊鏈更加明確的定義，例如，要使用工作量證明（Proof-of-Work）作為共識機制，才能被稱為區塊鏈。然而，我們並不同意像這樣狹隘的觀點，事實上，在區塊鏈的領域，已經發展出各種有趣的共識機制，例如權益證明、存在證明（Proof-of-Existence）及流逝時間證明（Proof-of-Elapsed-Time）等。

就像機器學習並不是一個單一領域，而是涵蓋了記號學、神經網路學、進化論、貝氏定理、行為類比學等各流派的思想，區塊鏈技術的發展也是百花齊放。在《大演算》這本書當中，作者佩德羅‧多明戈斯曾預言，在機器學習領域當中，各種學派彼此競爭，甚至互相牴觸，但這些思想終將

合流，區塊鏈技術的發展也很有可能走上同一條路，如果這些分散式的資料庫具有變革性，我們遲早會需要整合這些技術，讓他們發揮更大的價值。

「區塊鏈」（blockchain）一詞的各種用法差異

隨著區塊鏈技術越來越受到關注，人們對於到底什麼是區塊鏈，也時有困惑，這個情況源自於區塊鏈（blockchain）一詞，本身就沒有一個精確的用法。例如：a blockchain、the blockchain、blockchain、blockchain technology指的可能都是不一樣的東西。

一般而言，當我們說the blockchain，通常指的是起源最早的比特幣區塊鏈。在本書中，為了精確表達，即使有點冗贅，我們一律稱之為比特幣區塊鏈（Bitcoin's blockchain）。另一方面，當我們提到a blockchain跟blockchain technology，通常指的是後期衍生的區塊鏈，跟比特幣沒有太大的關係。而blockchain就是指區塊鏈這個概念本身，而不包含實務面的用法，blockchain是一個最籠統含糊的字眼，因此在本書中，我們極少使用它。

第三章

「啥？區塊鏈，不是比特幣？」

在為公有區塊鏈和私有區塊鏈劃清界線的同時，我們就進入到備受爭議，但所有創新投資人都應該要了解的領域了。這兩種區塊鏈間的差異，以及兩邊擁護者的分歧局面相當緊張，因為雙方陣營對這項技術的發展目標不一致。這樣說或許有過度簡化的疑慮，但私有區塊鏈的支持者多是各企業的內部人員，而公有區塊鏈的支持者則多是所謂的顛覆者。

創新投資人若想要以更充實的背景知識來面對加密資產，就得先了解區塊鏈的世界如何從單一區塊鏈（也就是比特幣的區塊鏈），演進到囊括公有區塊鏈和私有區塊鏈。否則，當聽到有人說比特幣的重要性不如從前，或者比特幣已經被取代了的這種言論時，投資人可能會感到困惑。上述兩種說法都不正確，但是，去了解發表這些言論的人他們背後的動機以及他們的思考邏輯，對我們還是很有幫助。

比特幣的早期發展

我們在第一章中提到，二〇一〇年十二月五日，中本以比特幣還不夠成熟，難以抵禦攻擊為由，懇求維基解密不要接受比特幣捐款。這件事發生在比特幣區塊鏈誕生後的約兩年，這兩年間，它一直過著書呆子般的平靜生活，但是，這一切即將徹底改變。

在中本提出請求的幾個月後，比特幣還是隨著一個新軟體的發行而爆紅了。這個名為絲路（Silk Road）的軟體在二○一一年二月正式發行，這是一個去中心化，且沒有任何規範的購物平台，可以針對任何商品進行交易，而平台上所使用的交易貨幣就是比特幣。基本上，只要你想的到的，絲路上面都有販售。《高客網》在二○一一年六月刊出的文章〈可以購買任何你想像得到的藥物的地下網站〉*，算是總結了該平台的特性。當然，這也是比特幣之所以獲得不少負面風評的原因之一，但我們必須澄清，比特幣和其開發團隊絕對沒有為該網站背書。絲路只是利用了這個新興的去中心化數位貨幣，來創建自己的平台。

　　《高客網》的文章刊出後，比特幣在Google搜尋的統計中達到第一次高峰（如圖3-1），而且價格也在一週內，從大約十塊美金漲到約三十塊美金。但是，這一波由《高客網》文章所帶起的漲勢，和二○一三年三、四月間Google全球搜尋量暴增，並在一個月間，帶來將近八倍的漲幅，讓比特幣從30美元一路漲到230美元相比，就相形失色了。引起這一波比特幣漲價的原因，不如《高客網》事件來的明顯，不過，有許多人將矛頭指向賽普勒斯紓困案，以及相關的財產損失，造成一般民眾戶頭虧損。比特幣因為不受政府單位控制，不會受到類似事件影響，因此引起一般民眾的廣泛興趣。《彭博商業周刊》在二○一三年三月二十五日，刊出了一篇標題非常吸睛的報導：〈比特幣可能是全球經濟的最後一個安全避風港〉

　　比特幣在二○一三年春天的表現固然亮眼，但相較迎接國際關注的盛大排場之下，充其量也只是個預告片罷了。六

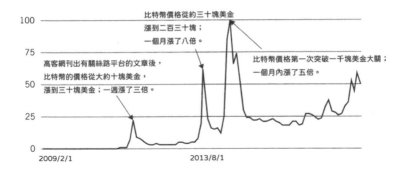

圖3-1　「比特幣」的Google搜尋統計高峰
來源：Google搜尋螢幕截圖註解

個月後，在二〇一三年十一月，中國對比特幣的需求增加，美國參議院對此興趣也逐漸提高，導致比特幣價格狂漲，破了1000美元，也因此登上國際各大媒體的頭條。

Google搜尋趨勢的用途

　　想要了解現在主流群眾關心的議題，Google搜尋趨勢是個非常好用的指標。創新投資人可以上：https://trends.google.com這個網站，研究一般大眾搜尋各式關鍵字的模式。Google甚至還提供用地理位置來區分搜尋趨勢的功能，能幫助我們了解哪個地區的人對某個特定關鍵字較感興趣，還能顯示搜尋量正逐漸成長的其他相關趨勢。比如說，輸入「比特幣」之後，投資人能檢視過去一年，或是過去五年的Google搜尋趨勢，投資人也能自訂搜尋工具的時間區間，

或是研究奈及利亞和印度的搜尋趨勢有何不同。我們強烈建議讀者去熟悉這項功能，甚至用加密資產之外的關鍵字來練習，因為這是個進入全球思維網路的迷人窗口。

這個時候，比特幣的價格飆升吸引了中國人民銀行的注意，並立刻制定了相關規定，限制比特幣的使用，並宣稱其為「不符合真正意義的貨幣」。隨著中國的裁定公諸於世、美國聯邦調查局逮捕絲路創辦人羅斯・烏布利希，以及緊接而來的當時最大的交易平台Mt.Gox垮台，種種事件都讓當時的比特幣投資人非常緊張，無不擔憂在政府和執法單位的打擊下，比特幣是否能長期存活下去。接著，比特幣價格在二〇一四年一整年持續下跌，到二〇一五年跌到谷底，對當時受到這項新科技吸引的早期投資人來說，是波動不安、冗長，且令人沮喪的時期。

儘管比特幣的價格持續下滑，開發團隊卻依舊努力不懈，持續改善其程式協定，並在其上建立更多應用程式。在這段時間，有關比特幣背後技術的討論聲量大增，一如早期的比特幣玩家不斷強調的，比特幣的重要性不只在於創造了去中心化，更在於它背後的架構。強調注意比特幣技術的論點，和大量新聞頭條激起了開發者和企業概念開始投入研究比特幣的時間點相符。很明顯地，這其中一定有什麼蹊蹺，而剛開始接觸這項技術的人就是想一窺其中的秘密。

靠著現任比特幣玩家維護和解釋比特幣技術的顛覆潛力、比特幣價格暴跌，以及新玩家投入相關技術研究的三重效應，比特幣的敘事內容出現了翻天覆地的變化。新玩家不見得視比特幣為他們理想的區塊鏈技術應用，而且隨著二〇

一四年比特幣價格持續下滑，他們也更加深了自己的信念。然而，對比特幣玩家而言，比特幣和區塊鏈一直都是一體兩面。資產，也就是比特幣，只是驅策玩家生態系——礦工、開發者、公司、使用者——運作的獎勵，其目的是維護和建構比特幣區塊鏈，為世界提供另一種交易方式和價值儲存服務。

詳細檢驗比特幣背後的技術後，在區塊鏈的領域中誕生了兩股運動勢力。第一股勢力導致支撐全新公有區塊鏈的新興加密資產數量大增，其中就包括了以太坊（Ethereum）。這些新的公有區塊鏈提供了比特幣範疇以外的用途，比如說，以太坊的目標是成為去中心化的世界電腦，而比特幣的目標只是要成為去中心化的世界貨幣。隨著這些加密資產彼此競爭，其差異也導致玩家間的對立，但這個情勢遠不及比特幣和第二股勢力間的對立來得緊張。

上述的第二股勢力，則質疑比特幣和其他加密資產，汲取區塊鏈技術價值上的必要性。這一章中，我們要深入探討的重點就是這股第二勢力，因為創新投資人有必要了解，為什麼有人會認為比特幣及其他加密資產對於維護區塊鏈的安全和運作是沒有必要的——那麼，歡迎來到私有區塊鏈的世界。

中本聰從沒提過區塊鏈

中本聰在二〇〇八年提出的白皮書中，根本沒有提到區塊鏈這個詞。這個詞是由早期的比特幣公司，在當時的利基社群中炒熱起來的。舉例來說，有個相當受歡迎的比特幣錢包服務就叫blockchain.info，但它的上線時間是二〇一一年八月。相反地，中本聰卻經常以「工作量證明鏈」來稱呼這個系統。他曾說過最接近區塊鏈這個詞的話，也頂多是「區塊被串連在一起」或「一串區塊」等說法。由於中本聰只有把「工作量證明」這個概念放在「鏈」這個字之前，許多早期的比特幣玩家相當堅持除非是以工作量證明為基礎的概念，否則就不能稱之為區塊鏈。請記得，工作量證明指的是讓所有共同建構比特幣區塊鏈的電腦都保持同步的機制。

區塊鏈，不是比特幣

如英格蘭銀行在二〇一四年第三季發表的文章，就提出，「數位貨幣的的關鍵創新，就在於『分散式帳本』的概念，這使得整個交易系統能以去中心化的方式運作，而不需要倚靠任何中介單位，如銀行」。透過強調技術而非原生貨幣的論點，英格蘭銀行的文章為原生貨幣是否有其必要性，打上了一個問號。

在二〇一五年四月舉行的「深入比特幣」會議中，許多資深比特幣玩家都提到現場有許多華爾街金融客。儘管比特幣依舊是會議的主角，其中也有不少「區塊鏈不等於比特

幣」的竊竊私語，而這聽在比特幣玩家耳中簡直是異端邪說。

區塊鏈這個詞獨立於比特幣外單獨使用，是從北美洲開始流行起來的。二〇一五年秋天，兩份重要的金融雜誌促進了大眾對這一概念的注意。首先，《彭博市場雜誌》發表了一篇文章，標題是〈布萊絲・馬斯特斯警告銀行，區塊鏈將改變一切：提出信用違約交換的銀行家再度出手顛覆金融業——這次用的是比特幣背後的程式碼〉。藉由強調「比特幣背後的程式碼」，這篇文章悄悄地對原生貨幣的必要性提出質疑，並把焦點放在背後的技術上。馬斯特斯在金融服務業是相當受人敬重的知名人物，而且一般人常將她和金融創新聯想在一起。她離開自己在摩根大通集團的全球大宗商品交易經理一職，選擇加入當時還鮮為人知的數位資產控股公司，就足以證明區塊鏈技術不再是商業領域的邊緣人。文章中引用馬斯特斯的一段話，引起了讀者的注意：「你對這項技術的重視程度，應該要像在一九九〇年代初期面對網際網路發展時，所應投注的重視程度相當。這就好比金錢版的電子郵件革命。」

二〇一五年十月三十一日出刊的《經濟學人》雜誌，封面報導是一篇題為〈信任機器〉的文章。儘管文章也向比特幣致敬，但是內容焦點卻放在應用更廣泛的「比特幣背後的技術」，且通篇也不斷使用區塊鏈這個詞。

馬斯特斯、《彭博市場雜誌》、《經濟學人》三管齊下，大幅刺激了眾人對區塊鏈技術的興趣，「區塊鏈」在全球Google搜尋量自此便不斷攀升，至今依舊沒有趨緩。在二〇一五年十月十八日到十一月一日，也就是《彭博市場雜

誌》和《經濟學人》的報導刊出後的兩週間,「區塊鏈」這個關鍵字的Google全球搜尋量就成長了七成(見圖3-2)。

　　有關區塊鏈技術在金融服務上的應用,馬斯特斯關注的焦點是私有區塊鏈,私有區塊鏈的性質和和比特幣區塊鏈非常不同,而其中最關鍵的一點就是,私有區塊鏈不需要原生貨幣。由於進入相關網路的控管非常嚴謹——主要是透過專屬性(exclusivity)進行安全管控,因此,支撐該區塊鏈的電腦所扮演的角色也大不相同。這些電腦不需要擔心來自外部的攻擊——它們在防火牆之內進行運作,且合作的都是已知的實體,因此就不需要原生貨幣做為獎勵,來鼓勵礦工幫忙建構強健的網路。

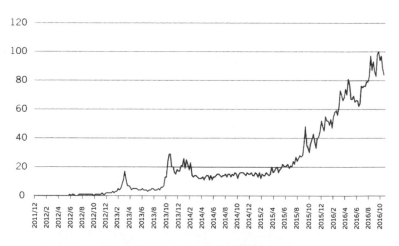

圖3-2　「區塊鏈」一詞在Google搜尋趨勢的成長情況
資料來源:Google搜尋趨勢

私有區塊鏈一般來說，都是用來加快執行速度，讓既有流程更有效率，藉此來獎勵創造軟體及維護電腦的實體。換句話說，價值創造來自於節省成本，而擁有這些電腦的實體，就能受益於這些省下來的成本。這些實體不需要接受原生貨幣做為工作獎勵，這就和公有區塊鏈大異其趣。

　　另一方面，比特幣機制若要鼓勵這些來自世界各地的志工團隊——也就是所謂的礦工——把錢投入能確保比特幣交易安全運作的挖礦機器中，就必須要產出原生貨幣來支付礦工投入工作的報酬。原生貨幣能為這項服務建構一套由下而上，完全去中心化的支持系統。公有區塊鏈並非資料庫，而是由下而上從各處冒出來的系統結構，用以協調、創建全球性的去中心化數位服務。隨著時間流逝，礦工獎勵會從獲得新的比特幣，轉變成獲得交易手續費，而要是全球的使用情況夠理想，這些交易手續費就足以支持礦工持續工作。

　　許多私有區塊鏈的熱衷擁護者，其核心信仰都是認為原生貨幣（如比特幣）並不重要，甚至可以從架構中移除，僅僅留下區塊鏈技術最精華的部分。以他們所追求的使用方式來說，確實沒錯；但以公有區塊鏈來說，卻不是這麼回事。那些想藉由區塊鏈技術來升級現有技術堆疊——通常是資料庫形式——的企業，往往都會落入私有區塊鏈的領域中。許多提供金融服務的企業很早期就有了這樣的想法。

　　除了質疑原生貨幣的必要性——這自然很容易激怒那些非常重視其加密資產的社群，其他的分歧還公有區塊鏈的支持者，將私有區塊鏈視為區塊鏈技術精神的不孝子。舉例來說，相較於努力將現有金融服務去中心化和民主化，馬斯特斯的數位資產控股公司，目標是幫助既有的金融服務產業公

司去運用這項新科技，也就是幫助在位者去對抗那些企圖顛覆現況的叛亂者。

區塊鏈做為通用技術

儘管我們對於區塊鏈技術最令人驚豔的應用為何，有一定的想法，但我們也不會堅持只認定單一的世界觀。相反地，我們相信比特幣區塊鏈是目前既存最重要的區塊鏈之一，而且它的誕生也帶來了一個全新型態的「通用技術」，其成就遠超過比特幣本身。

通用技術是會慢慢滲透的，漸漸地，它就會開始影響廣大的消費者和所有企業行號。隨著時間推移，它會跟著緊縮的科技發展一起獲得改善，更重要的是，它也是可以供未來創新技術立基的平台。最有名的幾個範例包括蒸汽機、電力、內燃機，以及資訊科技等等。我們認為區塊鏈技術也該被放入這個名單之中。儘管這樣的想法對某些人說太有野心，但我們眼前的這項技術確實具有如此的規模。

做為通用技術的區塊鏈技術，同時包含將會對無數產業帶來深遠影響的私有區塊鏈，以及除了比特幣之外，無數蓬勃發展的公有區塊鏈。公有區塊鏈和其原生貨幣的領域，對創新投資人來說較為重要，因為私有區塊鏈尚未產出能供大眾投資的新興資產類別。

區塊鏈技術的技術成熟度曲線在哪個階段？

　　現在，對於創新投資人來說，區塊鏈技術的領域還在試著找出路，而且接下來幾年都會是這個狀態。讓人著迷的技術就是能像地心引力一樣，吸引想法新穎、觀點各異的各方人馬一起加入，而這個特點就是能夠不斷擴大技術發展的關鍵。

　　新興技術的發展，以及該技術隨著心智心占率（mental mind share）增加的同時所展現的演進方式，便是顧能公司提出《新興技術發展週期報告》的核心（顧能公司是具領導地位的技術研究和顧問公司），並將新興科技的發展過程歸納成五個較常見的階段。

● 科技誕生的促動期（Innovation Trigger）
● 過高期望的膨脹期（Peak of Inflated Expectations）
● 泡沫化的底谷期（Trough of Disillusionment）
● 穩步爬升的光明期（Slope of Enlightenment）
● 實質生產的高峰期（Plateau of Productivity）

　　首先，「科技誕生的促動期」就是該技術剛被發明出來的時期。儘管能見度不高，就像比特幣在早期的能見度也不高，但隨著口耳相傳，人們對該技術的期待也開始膨脹。隨著時間過去，耳語開始有了力量，聲量逐漸增強，便進入了顧能公司所稱的第二階段，「過高期望的膨脹期」。膨脹期也會對該項技術一開始的定義帶來相當大的混淆，因為人們

經常過度樂觀地將技術名稱套用在所有東西之上。但沒有一項技術是真的萬靈丹。

隨著公司開始成長，試圖將想法化為現實，工作也從概念驗證轉變到實際施做，因此常常會發現，要實現一項新的破壞性科技，比想像中困難許多。新技術必須和其他許許多多的系統結合，這通常需要大規模進行重新設計。同時，公司也需要重新訓練員工和消費者。這些困難會一步步將新興技術推向「泡沫化的底谷期」，人們也會開始感嘆，認為這項技術永遠不會成功，或是太難以使用。

當放棄的人到達了一定數量，但是真正忠誠的追隨者依舊努力不懈地進行改善，這項技術又會重新站起來，而這次，早期發展中不理智的行動不再，取而代之的是持續釋出的改良方案和高生產力。漸漸地，技術逐漸成熟，最終便能成為穩定營運的平台，進入「實質生產的高峰期」，成為其他技術能夠加以利用的基礎。

雖然說，現在要斷定區塊鏈技術究竟發展到了顧能公司技術成熟度曲線的哪個階段還有點困難（通常是回過頭去看的時候比較容易判斷），我們會假定比特幣技術現在正要從「泡沫化的底谷期」翻身。同時，剔除原生貨幣的區塊鏈技術（即私有鏈），則正從「過高期望的膨脹期」開始往下掉。該技術在二〇一六年夏天，進入了「過高期望的膨脹期」，就在The DAO遭駭事件發生前不久（我們會在第五章詳細探討這起事件的來龍去脈）。

比特幣以外的加密資產技術發展，則大約落在「科技誕生的促動期」和「泡沫化的底谷期」之間。會有如此差異，是因為各項加密資產誕生的時間點不同，其中有許多甚至才

剛剛萌芽。我們可以說，未來一片光明，各陣營緊張對立，而創新投資人還有許多大好機會。現在，就讓我們一起來看看，當今世上有哪些各式各樣的加密資產吧。

第四章

加密貨幣的種類

　　比特幣點燃了加密資產變革，它的成功也促成許多其他開放式（公開）區塊鏈系統、與各自的原生加密資產的誕生。可以說，這些新興區塊鏈系統是比特幣的數位兄弟姊妹。截至二〇一七年三月，市面上總共有超過800種加密資產，它們或多或少互有關連，總計網路價值超過240億美元，而比特幣是其中最大宗、交易最廣的一項，網路價值達170億美元，約占全體加密資產網路價值的70%。網路價值第二大的加密資產是以太坊的以太幣，市值超過40億美元。當然，從那時到現在這些數字已有大幅改變*；在加密資產的領域，變化是非常快速的。

　　隨著加密資產投資的範圍持續成長、不限於比特幣，所以對於這些比特幣的數位兄弟姊妹們，創新型投資人有必要了解其歷史脈絡、種類、與可能的應用，以利於發掘潛在的投資機會。因此，我們希望針對其中幾項主要的加密資產，介紹其崛起的歷史背景、發明人是誰、與動念發明的原因。同時也介紹更多詳細的概念，作為創新型投資人評估未來投資新加密資產的工具。

＊　編註：比特幣於此書繁體中文版出版時市值約7500億美元，以太幣約3500億美元。

加密貨幣、加密商品、加密代幣

　　加密資產過去常被稱為加密貨幣，但這種說法容易造成混淆、也限制了對這些資產潛力的討論。大部分的加密資產都不能歸類為貨幣，而是數位商品（亦即「加密商品」，意指尚未經過加工的數位資源）、或數位代幣（稱為「加密代幣」，亦即已完工的數位貨物與服務）。

　　貨幣有明確的定義，必須符合三個條件：能作為交易媒介、有價值儲藏功能、能作為記帳單位。但貨幣本身的形式，則通常幾無價值。例如，我們錢包裡的紙鈔，紙張本身的價值跟印表機裡面的紙其實差不多；但是紙鈔具有「價值幻覺」，只要流通範圍夠廣、並得到政府背書認可，就能被用來購買貨品與服務、擁有保值作用以便之後從事購買行為，也能作為其他東西定價的度量單位。

　　「商品」涉及的範圍就很廣了，通常是指尚未經過加工、用來投入生產製作成品的基礎原物料，例如石油、小麥、銅。然而，生活在各個經濟產業都正在「離線轉線上」的時代，我們不能再假定商品一定是實體物了。數位化的世界一定會有數位商品，比如電腦運算效能、儲存容量、以及網路頻寬。

　　雖然運算、儲存和頻寬是原物料商品的概念尚未普及，但它們可說是跟實體原物料一樣重要的基礎元素；在區塊鏈網路的脈絡下，更是定義明確的加密商品。

　　在加密貨幣和加密商品之外，同樣透過區塊鏈網路提供的還有數位貨品與服務，例如媒體、社群網絡、線上遊戲之

類，是以加密代幣所構成的「成品」。實體世界中，貨幣和商品是經濟發展的燃料，以此製出成品、產出服務。數位世界也是一樣，用加密貨幣和加密商品作為基礎來支持、產出前述的加工數位貨品與服務。加密代幣目前仍處於發展的早期，可能會是最晚才流行起來的項目，因為它需要仰賴健全的加密貨幣與加密商品等基礎建設，才能確實運作。

總結來說，我們認為區塊鏈架構這個美麗新世界，包含了加密貨幣、加密商品與加密代幣，這樣才是完整的說法，就跟上個世紀我們也有貨幣、商品與經過加工的貨品和服務一樣。不論是貨幣、商品或服務，區塊鏈架構都是以分散式、以市場為導向的方式來提供數位資源。

這一章，我們聚焦在現今最重要的加密貨幣，包括比特幣、萊特幣（litecoin）、瑞波幣（ripple）、門羅幣（monero）、達世幣（dash）、大零幣（Zcash）。下一章則會說明加密商品與加密代幣；由於被譽為「去中心化的世界電腦」的以太坊的出現，加密商品與加密代幣的發展熱度正在直線上升。以太坊不但是目前網路價值第二大的加密資產，也孕育了許多其他加密資產，以創新方式來利用以太坊網絡。

要把所有加密資產全部討論過一輪不大可能，但我們聚焦的這幾項，相信能幫助創新型投資人獲得最大的視野。對於沒能討論到的加密資產項目，我們在此向開發者致歉；在本書撰寫的期間，持續有許多令人驚艷的計畫推出，如果要一一加以蒐羅，那麼書恐怕永遠都寫不完了。

為何稱為「加密」？

「加密」會讓有些人看了有點卻步，或許是因為這個字眼容易讓人聯想到非法活動。但事實上這只是偏見，而克服這種偏見非常必要。「加密」二字只是在向這些系統背後的關鍵技術「密碼學（cryptography）」致敬，也是這種技術的縮寫罷了。我們在第二章提過，密碼學研究的是如何妥善、安全地進行資料傳輸，以便只有指定的對象才接收得到並予以利用。運用密碼學，是為了確保加密資產能安全地轉匯給指定對象。有鑑於我們生活在數位時代、駭客事件也越來越多，因此資料傳輸的安全性，也越發顯得重要，而加密資產無疑具有這種安全的特性。

貨幣的本質就是持續演化

早在比特幣出現的幾十年前，人們便已經在開始追求去中心化、私有化的數位貨幣。比特幣和它的數位兄弟姊妹們，只是幾世紀以來貨幣演化的一部分而已。貨幣的出現，一開始是為了解決以物易物不夠精確的問題；而本身的使用材質就具有價值的硬幣，一直是好幾百年來貨幣的首選。法定貨幣（政府發行的紙幣）後來則因為便於攜帶，成為硬幣之後的創新做法，但其必須仰賴政府許可、並委以法定貨幣的地位，才完全具備法幣價值。我們認為，脫離所有實體形式會是貨幣演化的下一個階段，也是網路時代大勢所趨。

隨著網路新技術發展得如火如荼，大家也開始意識到我

們會需要一種安全的數位支付方式。比特幣最知名的前身，是大衛‧喬姆所創立的DigiCash公司，他至今仍被奉爲加密貨幣史上名列前茅的密碼學專家。一九九三年，在安德里森創立網景公司之前，喬姆就已經發明了一個數位支付系統，取名爲ecash。這個系統支援透過網路進行支付，具有安全匿名的特性、而且不限金額多寡。

　　喬姆的發明顯然正是時候，因爲隨後發生了科技熱潮，從九〇年代中期開始一路持續到世紀末。他的公司曾有過幾次成長茁壯的機會，每一次都足以讓DigiCash變成家喻戶曉的品牌。然而，雖然喬姆是公認的科技奇才，但講到做生意可就不盡人意了。比爾蓋茲曾向他接觸，打算把ecash整合進Windows 95，此舉倘若成眞，ecash馬上會能夠在全球通行，但喬姆拒絕了這筆生意，據傳當時微軟開價1億美元。網景也探詢過合作的可能性，但喬姆的態度很快就讓管理部門打了退堂鼓。一九九六年，Visa公司想對DigiCash投資4000萬美元，但喬姆要求7500萬美元（這些傳聞倘若爲眞，那麼可以看出各大公司對ecash的出價一直在下滑）。

　　假如當時一切順利，DigiCash的ecash平台早就整合進每一種網路瀏覽器、成爲全世界的網路支付機制，如此一來線上支付也根本不需要用到信用卡了。可惜，管理不善最終導致DigiCash無力回天，在一九九八年宣布破產了。雖然DigiCash沒能成爲家喻戶曉的品牌，但有些參與開發的人會在接下來的故事中再次露面，像是被譽爲「智慧型合約之父」的尼克‧薩博、大零幣的創始人祖克‧威爾考克斯，他們都在DigiCash工作過一段時間。

　　在ecash之後，也有其他人嘗試開發數位貨幣、支付系

統、或價值儲存平台，例如e-gold和Karma；但前者因為捲入犯罪事件被聯邦調查局找上，後者則從來沒有躍居主流。這些追求網路貨幣的努力，引起很多人的注意，其中有許多都是今日的科技巨擘，像是彼得‧提爾、伊隆‧馬斯克*，這兩位都曾參與線上支付系統PayPal的打造。除了Karma以外，這些後來宣告失敗的數位貨幣，問題都在於它們沒有完全去中心化，多少都依靠著一個中心單位運作，這種特性容易成為腐化的溫床、也讓駭客攻擊有機可乘。

比特幣的奇蹟

比特幣最驚人的是它如何以去中心化為前提，達到自我擴展的方式。它是第一個達成這個目標的貨幣，其重要性和困難度不言可喻。比特幣運作的方式還鮮為人知的時候，常有人批評比特幣根本沒有貨幣價值，因為它看不到、摸不著，沒有實體，跟大家熟悉的不一樣。紙鈔之所以有價值，是因為整個社會都同意它有價值；政府的參與，則會讓這個社會共識更容易達成。比特幣之所以特殊，在於它沒有經過政府背書，就讓全球社會都認同某個沒有實體的東西具有價值、可以用來作為貨幣，這真是貨幣史上最偉大的成就。

比特幣剛發行時是沒有價值的，因為它買不到任何東西。最早開始使用比特幣的人在主觀上賦予它價值，因為這項電腦科學身兼賽局理論實驗，真是太迷人了。使用結果顯示，比特幣區塊鏈是相當可靠的貨幣網路協定技術

---

* 編註：於此書繁體中文版出版前已接近買下Twitter。

（Money-over-Internet-Protocol，MoIP），這讓比特幣的使用案例開始增加，其中包括電子商務、匯款、與國際B2B*支付。

與此同時，投資人也開始猜測接下來比特幣還會有什麼使用情境、使用時要花多少幣。既有使用案例、再加上投資人預測比特幣的使用會增加，兩者加乘之下，讓比特幣的需求大增。買家願意出多少錢買一樣東西（出價）、以及賣家願意以多少價格來賣出（喊價）？任何市場都一樣，出價與喊價的交集所在，就是東西的定價。

以數學計量的比特幣供應量

比特幣的發行模式，是維持其貨幣價值的關鍵。我們在第二章提過，礦工（也就是使用電腦裝置協助產生比特幣區塊鏈的人）每次新增一個交易區塊，都能獲得比特幣作為獎勵。他們的獎酬，就是從每個區塊的生成交易（coinbase transaction）建構出來的新的比特幣。在比特幣誕生後的頭四年，每次生成交易會發給礦工50枚比特幣作為出塊獎勵。這是一種工作量證明機制，每兩個禮拜由系統自動調節一次難度，目的是讓新區塊生成所需的時間維持在平均十分鐘。換句話說，每隔十分鐘就會發出50枚新的比特幣，而且挖礦的難度會由比特幣平台自動增減，以便維持發幣的間隔時間不變。

比特幣發行後的頭一年，系統每小時發出300枚比特幣（一小時有六十分鐘，每十分鐘生成一個區塊，每個區塊發

---

* 編註：企業對企業（Buiness-to-Buiness）的縮寫。中文相關領域中常稱B2B。

50枚比特幣）、一天7200枚、一年就是260萬枚比特幣。

從演化的歷史來看，人類認定某物有價值的關鍵在於稀缺性。中本聰明白，不可能永遠以每年260萬枚的速度發出比特幣，否則比特幣最終會因為不具有稀缺性，而失去價值。因此，他決定只要每生成21萬個區塊，系統會自動把生成交易所發出的比特幣數量砍半——以每十分鐘生成一個區塊的速度換算下來，大約需時四年。這個做法稱為「區塊獎勵減半」，簡稱「減半」。

二〇一二年十一月二十八日實施了第一次區塊獎勵減半，比特幣獎勵從50枚減到25枚；第二次減半則在二〇一六年七月九日發生。第三次減半在二〇二〇年七月實施。這種做法，讓比特幣的供給表，呈現線形成長（見表4-1）。

但是，如果我們退後一點、改從長期的趨勢來看，比特幣的供應量就完全不是線形成長（見表4-2）。事實上，到了二〇二〇年代晚期，成長曲線會接近水平漸近線，每年增

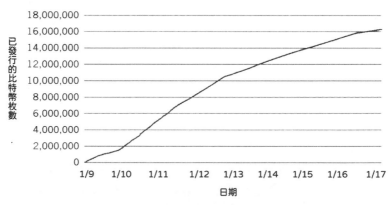

表4-1　比特幣供給表（短期）
資料來源：Blockchain.info

加不到0.5%。換句話說，中本聰給予早期使用者最多的比特幣獎勵來獲取支持，以此建立了足夠的貨幣流動，進而讓比特幣網絡得以運作。他知道，比特幣一旦成功，其現金價值就會增加，他也因此可以降低發幣速度、但同時仍持續獎勵比特幣的支持者。

長期而言，中本聰希望比特幣最終能徹底融入全球經濟，便再也不需要發行新的比特幣來爭取支持。到那時候，礦工會改以協助完成交易、保障網絡安全、並收取手續費爲報酬。

很多人都已經知道，比特幣的供應量會在二一四〇年達到巔峰，總共2100萬枚，這個機制的原理是持續每四年就把發行出去的枚數除以二。截至二〇一七年一月一日，已經有76.6%的比特幣被挖出；到了二〇二〇年下一次獎勵減半發生時，被挖出的比特幣將達到87.5%。二一〇〇年的幾年後，比特幣供應總數會達到20,999,999枚、亦即將近2100

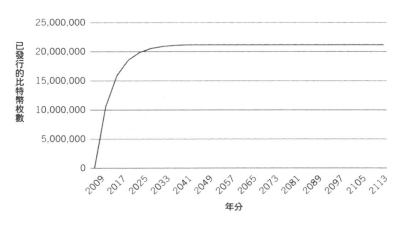

表4-2　比特幣供給表（長期）

萬。許多人把比特幣視爲數位金礦，就是因爲它的供給具有稀缺性。

山寨幣的誕生

比特幣發行後，幾年內就躍居主流，是史上第一個完全去中心化的加密貨幣，但它有些特性還是讓大家不太滿意。例如，每十分鐘才能生成一個區塊的設計，意味至少要花上十分鐘才能把一筆交易加進比特幣的區塊鏈。隨著買家點選「送出」的時間不同，可能還要比十分鐘更久。

這種時間上的延遲不影響買方，但對賣方而言會是個問題，因爲賣方得先確認已經收到錢，才會發出貨品或是提供服務。有些人則對工作量證明機制使用的雜湊函式有疑慮，因爲爲了符合函式，已經開始有人特別專門打造專業挖礦機，這會導致挖礦趨於中心化。對一個去中心化貨幣來說，用來處理交易過程的機器變得中心化，是一個令人擔憂的警訊。幸好，比特幣的協定是開放原始碼軟體，這代表開發者可以下載所有原始碼，然後修正他們認爲需要改善的部分。完成更新後，開發人員也可以釋出軟體，就跟比特幣軟體一開始釋出時一樣。新的軟體運作方式跟比特幣類似，但只有開發者有權限做維護、由礦工提供硬體設備，並另有一條獨立的區塊鏈來記錄新的原生資產的借貸。

因爲有開放原始碼軟體、再加上14位程式設計師的匠心獨運，開發出了其他加密貨幣。這些以比特幣爲原型再稍作修改的加密貨幣，通常稱爲山寨幣（altocoin）。

比特幣的第一個數位手足

　　域名幣（Namecoin）是比特幣之後第一個重要的山寨幣。有意思的是，域名幣出現的本意不是為了發明一種新貨幣，而是想要利用區塊鏈不能修改的特性，下一章我們會舉出一個應用案例來說明這一點。用域名幣架設的網站都使用.bit網域（而不是.com網域），能提供更好的保密性並抵禦審查。

　　域名幣源起於二○一○年比特幣論壇上討論BitDNS時的發想（DNS是網域名稱服務〔domain naming service〕的縮寫，主要目的是處理網址問題）。二○一三年，有人推出一種名叫NameID的服務，必須使用域名區塊鏈來架設與進入有域名身分的網站。

　　Namecoin系統自己為自己提供DNS服務，讓使用者擁有更多主導權和隱私。通常，網站要註冊都得透過某個政府掌控的系統（例如ICANN）；但域名系統下的網站註冊，則是透過域名網絡中每一台電腦都有的系統。這種做法提升了保密性、隱私性與速度。而架設.bit網站一定要使用域名幣，於是便產生了對這種原生資產的需求。

萊特幣

　　二〇一一年出現的幾種山寨幣中，唯一還能維持住價值至今的是萊特幣。萊特幣是李啓威（Charlie Lee）所發明。他從麻省理工學院畢業後，曾在谷歌擔任軟體工程師。李啓威接觸了比特幣後，很快就意識到它的威力，促使他開始挖礦賺幣，隨後更動念研發自己的版本。二〇一一年九月推出Fairbrix失敗後，他隨即在十月再度嘗試推出萊特幣。

　　萊特幣試圖在兩個面向與比特幣做出區別。首先，萊特幣的區塊生成只需時2.5分鐘，速度是比特幣的4倍，這對賣方來說非常重要，因爲他們需要更快地確認買方是否付款完成。

　　其次，萊特幣的工作量證明機制使用了不同雜湊函式，名爲「區塊雜湊算法（block hashing algorithm）」，讓業餘礦工也能更容易地挖礦。客觀來看，比特幣開挖早期那幾年，礦工使用的是中央處理器（CPU）、也就是個人電腦上的核心晶片，等於是強迫電腦只能被拿來挖礦。二〇一〇年，爲了追求更高的效率，有人開始使用電腦的顯示卡（GPU）來挖礦。

　　包括李啓威在內，許多人都認爲未來會演變出更專業的專門挖礦機，稱爲專用集成電路（application-specific integrated circuits，ASIC）。ASIC需要客製化生產與特別設計的電腦。因此，李啓威認爲，比特幣的挖取將會超出業餘礦工與他們個人電腦的能力範圍──他的預測是對的。

　　李啓威希望創造一種加密貨幣，除了保留點對點的特性以外，也讓使用者不需要專業昂貴的挖礦機也能擔任礦工。

萊特幣運用名叫「Scrypt」的區塊雜湊算法成功做到了，這種演算法會占用大量內存記憶體，讓ASIC之類的專門晶片比較難占到上風。

除了這兩處修正以外，萊特幣大致上跟比特幣非常類似。但是創新型投資人會發現，假如萊特幣區塊生成的速度是比特區塊的四倍，那麼發幣總數也會是四倍。實際情況正是如此，萊特幣總數最高會趨近8400萬枚，而比特幣則是其四分之一，約2100萬枚。李啓威也修改了減半機制，讓萊特幣減半會發生在生成84萬個區塊的時候，而不是比特幣的21萬個區塊。這個設計讓萊特幣的供給表跟比特幣曲線類似、但是量卻比較大，如表4-3所示可以明顯看出，從發行時開始起算，這兩項加密貨幣的供給年增率是一樣的。

很重要的一點是，如果在同樣規模的市場分別使用比特幣和萊特幣（意味兩者具有相同的網路價值），那麼一單位

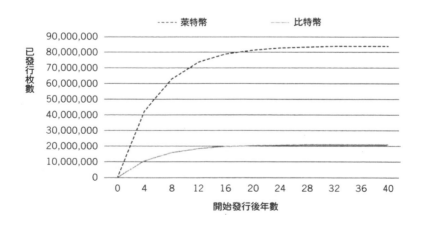

表4-3　萊特幣與比特幣的供給表比較

萊特幣的價值就會是一單位比特幣的四分之一，因為前者的總幣量是後者的四倍。這一點很值得留意，因為所有加密貨幣設定的供給表都各自不同，所以如果想判斷不同加密資產未來增值的潛力，那麼直接比較其價格不會是好方法。

由於萊特幣的單位貨幣價值比比特幣小、靈活度高，因此萊特幣網路常被拿來當作比特幣軟體更新的測試場，也用來作為其他加密資產的基礎框架。二〇一七年年初，萊特幣是當時網路價值第四大的加密資產。

瑞波幣

瑞波幣是加拿大溫哥華的網頁設計師萊恩·福格在二〇〇四年發明的加密貨幣。事實上，瑞波幣的開發還早於中本聰與比特幣。福格想找出一種以信任鍊為基礎的貨幣系統，例如愛麗絲信任鮑伯、鮑伯信任坎蒂斯、坎蒂斯信任大衛，那麼愛麗絲就可以把錢轉給大衛（雖然他倆彼此不認識）。做法如下：愛麗絲先把錢轉給鮑伯、鮑伯把相同金額轉給坎蒂斯，坎蒂斯再轉存到大衛的帳戶。利用這種概念，款項就透過這條信任鍊，像連漪一樣散播到別人手中。福格為這個概念取名為RipplePay.com。

雖然RipplePay的用戶成長到4000人，但沒有像比特幣一樣引起熱潮。二〇一二年八月，知名金融創新家克里斯·拉森和傑德·麥卡萊布聯繫了福格，尋求合作。拉森創辦了「E-貸款」和「繁榮市場」兩間公司，前者提供了首見的線上辦理抵押貸款，後者則是P2P借貸的領頭羊。麥卡萊布是Mt.Gox的創辦人，這間公司是當時全球最大的比特幣與加密貨幣交易所。

福格宣布這項合作案時，說「我相信，要把瑞波幣推展到全球，只有他們辦得到。他們的系統是以比特幣區塊鏈的概念為基礎，過去幾年，我們已經就此討論多次、再加入「減少礦工」這個新的概念，以利於即刻確認交易是否成功。

有趣的是，二○一二年十一月，福格的這項聲明出現在一個專門討論比特幣的論壇上，這個論壇走的是類似Reddit網站直言不諱的辛辣路線，文章標題是「瑞波幣對上比特幣，相殺還是互補？Mt.Gox創辦人即將發行瑞波幣」。對於新的加密貨幣是否會取代比特幣，一直是很多人好奇的問題。

不久之後，拉森和麥卡萊布宣布他們共同創立、開發瑞波幣協定的Opencoin公司，獲得了包括安霍創投在內的許多知名創投公司挹注資金。這是一項重大的進展，代表享譽國際的創投集團也認可了加密貨幣的可行性。OpenCoin後來改名為瑞波公司。

瑞波幣技術做到了幾項創新：首先，系統不需要礦工，改用以可信任子網路為基礎的共識算法（consensus algorithm），讓更廣大的去中心驗證網路同步化。光是這點改變，已經讓創新投資人一頭霧水了。無論如何，重點是瑞波幣的共識算法，要依靠某種形式的信任來運作，這一點和比特幣「假定每個人都有可能幹壞事」的工作量證明機制迥然不同。

瑞波幣也使用了信任門戶系統（trusted gateway）作為使用者端點，這些門戶可以在任何一組資產對（asset pairs）中收款、償還債務，包括傳統的法幣。這讓福格起初

「信任鍊」的概念，得以成長到全球多元資產的規模。透過瑞波幣網路完成交易，就像透過網路發送封包訊息，在互相連結的伺服器之間叮叮作響。

如果使用者不想用這些門戶，瑞波幣系統也有自己的原生加密貨幣瑞波幣，代稱是XRP。XRP可以用來在瑞波幣網路中，連接兩個原本互無信任的端點。

但這正是瑞波幣團隊引起爭議的地方，雖然發想的初衷是善意的。因為沒有挖礦過程，所以也就沒有發送XRP的管道；替代做法是瑞波公司創了1000億枚瑞波幣，並在一開始完全持有（當時公司還叫作OpenCoin）。儘管當時希望這些瑞波幣都能發送給第一批使用者（現在依然如此），但截至我們撰寫本書的此時，瑞波幣仍大部分由瑞波公司持有。

這種情形造成了加密貨幣圈子對瑞波協定無法信任。二〇一三年二月，維塔利克‧布特林*就在比特幣雜誌上發表文章，寫道：「OpenCoin很可能會因其貨幣分配策略，面臨艱難的挑戰；他們得說服幣圈——自己是可以信任的。」布特林就是後來以太坊的創辦人。

瑞波公司把瑞波幣的總供應量列為1000億枚，但CoinCap等訂價組織則只列入已對外發行出去的幣量，約370億餘枚。我們對創新型投資人的忠告是——遇到新的加密貨幣，一定要去了解它的發行方式與發行對象（第十二章會進一步討論）。如果幣圈普遍認為發行方式不公平，那麼可能就會阻礙該貨幣長期成長。

---

* 編註：以太坊創辦人，人稱「Ｖ神」，可說是繼中本聰後真正開啟加密貨幣時代的領袖人物。

瑞波幣目前已經不再以處理一般用戶之間的交易為主要業務，改轉往「協助銀行透過網路進行國際即時支付」。這個轉變對瑞波公司可說得心應手，因為瑞波幣的目標就是希望改善款項收付過程、加快收付速度（但仍需某種程度的信任），這種特性非常適合銀行。

多吉幣（狗狗幣）

二〇一三年十二月八日，一個有點「滑稽」的加密貨幣問世了（就在比特幣市值衝上新高的1,242美元的兩週內），稱為多吉幣（狗狗幣）。多吉狗（Doge）是個風行一時的網路迷因主角，二〇一三年被《連線》雜誌封為年度迷因，多吉幣則是從多吉狗延伸出來的產物。多吉是一隻日本柴犬，牠的照片配上一些代表內心獨白的文字，使得當年在網路上爆紅。（此章後稱狗狗幣）

發行狗狗幣，一開始只是為了好玩而已。傑克森·帕瑪當年是Adobe雪梨分公司的電腦工程師，同時熱衷研究密碼學。他發了一則推特，寫道：「趕快投資狗狗幣，我確定它要紅了。」他推出多吉幣本來只是覺得好玩，不料收到熱烈的迴響，於是他便買下了Dogecoin.com這個網域。帕瑪的舉動引起了比利·馬克斯的注意，他是一名來自美國波特蘭市的程式設計師，一直計畫著想推出新的加密貨幣。馬克斯受訪時說：「那時我第一句話就說『這真的太好玩了！』然後又說『我應該把這個幣弄出來。』」

馬克斯利用萊特幣的原始碼，生出了狗狗幣，由此讓狗狗幣跟比特幣之間的分別變得更加明顯。如果說萊特幣是比特幣的小孩，那麼狗狗幣就是比特幣的孫子。狗狗幣的一大

特點是預備發行的幣量比比特幣大得多、甚至比萊特幣還多。系統預計要在一年半後，流通1000億枚狗狗幣，將近是比特幣最大發行量的5000倍。

馬克斯的團隊後來決定每年發出大約50億枚多吉幣，這個計畫讓多吉幣的供給表與比特幣和萊特幣截然不同，後兩者走的是通貨緊縮路線。狗狗幣大多數是網友打賞時用的；它的供給表，讓每個多吉幣的價值維持在不到一美分，很符合它希望達到的使用情境。在一場早期的訪談中，帕瑪曾表示：「我不想把這個幣弄得太嚴肅正經，它不是給一心想發財的人玩的……狗狗幣的目的，是要透過分享來表達感謝或致敬。」

帕瑪專業的的行銷手法，也是狗狗幣的一大特色。狗狗幣圈曾用狗狗幣募款5萬美元，送牙買加的雪橇隊去參加奧運；也用狗狗幣籌集了5萬5000美元，贊助一位NASCAR賽車手，車身貼上狗狗幣標誌，開上塔拉迪加超級賽道。甚至透過Doge4Water專案，募款支持肯亞的乾淨水源計畫，透過推特上的小費支付功能，完成計畫的捐款。

雖然狗狗幣的出現只是想開個玩笑，但迷因梗、給人感覺輕鬆愉快以及靈活的行銷手法，讓狗狗幣迅速崛起，發行後僅僅七週，網路價值就攀升到7000萬美元。但榮景並未維持太久，到了二〇一七年三月，狗狗幣的網路價值已經下跌到2000多萬美元*。

加密貨幣搭配流行文化，這種結合雖然古怪、卻不讓人驚訝，因為二〇一三年當年比特幣的價格起伏極大，一月還

---

* 編註：此書繁體中文版出版時已漲至180億美元（市值）。

只有13美元、十二月初卻飆破1,000美元。雖然此書主要的出發點是以投資為主，狗狗幣圈的能量和熱情仍然不應被忽視。狗狗幣儘管有其缺點、但還是持續存在，而且它教了加密貨幣界重要的一課，便是如何在網路時代匯集公眾支持。

極光幣：冰島國營的加密貨幣？

就如同真實身份不明的中本聰，極光幣的創造者也化名作「博德‧弗利加‧奧丁森」。博德以萊特幣的編碼為基礎研發出極光幣，並決定要把這種加密貨幣「空投」給冰島人，目標是讓冰島居民持有的極光幣達到其總量的50%。他希望這樣的分發計畫，能帶動全國使用這種加密貨幣。

博德計畫的一大關鍵是他能使用冰島的國家身分證明系統，這樣許多人猜測認為極光幣背後其實有政府的支持。由於對極光幣從天而降的預期心理，極光幣的網路價值一度喊到超過10億美元。

等到二○一四年三月二十五日「空投」開始的時候，投資人稍微降溫，因此極光幣網路價值降到了1億美元左右；到了該月底更跌破兩千萬美元，因為許多收到幣的冰島居民紛紛把幣脫手，希望能賺一筆。隨之而來的還有對極光幣的信心和熱度喪失。願意接受極光幣的商家少得可憐，極光幣很快就被認為是「一場失敗的實驗」，有些人甚至認為這根本是一場騙局。直到現在，極光幣仍然穩居「試圖把加密貨幣推展到全國的偉大計劃」的第一名。

不過極光幣並未消失，仍有一群冰島工程師還在努力嘗試重啟這個概念和技術。二○一六年，冰島首都雷克雅維克

開始公開宣傳廣告，預告極光幣即將回歸。因此，冰島開始有人用極光幣買啤酒，也有其他零售商加開始接受極光幣。不久後冰島發生了政治醜聞，總理因涉入「巴拿馬報告」一案，不得已宣布請辭。這件事導致冰島「海盜黨」的支持度大增，這個政黨對加密貨幣向來持支持的態度。一時之間，有人開始猜測極光幣將要重返冰島，成為國家發行的加密貨幣。隨著極光幣接受度增加、政壇變化，極光幣未來的發展非常值得觀察。

隱私保護的競賽：達世幣、門羅幣、大零幣

雖然萊特幣、瑞波幣、多吉幣都對加密貨幣有所修正改善，但卻依然沒有提供比特幣早期支持者所渴望的隱私。很多人會誤解加密貨幣系統是匿名的，其實並非如此，就連比特幣系統也不是。比特幣交易使用匿名，而且因為每一筆交易第三方都看得見，因此只要有心，任何人都有大把資料可以看出交易人的身份。當然，存心從事犯罪行為的人，知道用現金會比比特幣穩當。每發生一筆交易，比特幣都會在區塊鏈上留下無法去除的數位紀錄。

目前，市面上有三種加密貨幣把隱私度和匿名性視為首要任務。按照問世的順序，分別是達世幣、門羅幣、大零幣。這三種加密貨幣保障隱私與匿名的方式都不一樣。門羅幣應該是跟創新型投資人最有關的，因為它營運紀錄持久、密碼技術完整、也有健全的發行模式。而達世幣雖然有其優點，但來源卻有爭議。大零幣使用了世界上最尖端的加密技

術、卻是本書介紹的加密資產當中歷史最短的，因此只適合經驗老到的加密資產投資人。

門羅幣與他的前身 —— 百特幣

百特幣比較鮮為人知，是門羅幣的前身。百特幣的機制和比特幣不太一樣，運用的是CryptoNote應用層協議技術。CryptoNote的區塊雜湊算法，其目標與萊特幣的scrypt類似，都是希望避免挖礦機的挖礦過度集中，而是改以個人電腦中的通用晶片（例如CPU）來維持系統運作的秩序。除了公平的工作量證明機制以外，CryptoNote的付款機制也強調無法追蹤、交易去連結化、抗區塊鏈分析的特性。亞當・貝克被認為是激發了中本聰工作量證明機制的靈感來源、也是比特幣界的領銜公司「區塊流」（Blockstream）的總裁。二○一四年三月，他在Twitter上發了一則推文，表示在加密貨幣圈中，CryptoNote是比特幣以外少數「夠格存在的基礎技術」。

有些人可能會好奇，門羅幣是如何搶走百特幣的鋒頭的？百特幣區塊鏈與百特幣的發行起始於二○一二年七月四日，但直到將近兩年後的二○一四年三月十二日，bitcointalk.org論壇公開宣布這個幣種，百特幣才比較廣為人知。許多人既好奇又納悶，百特幣團隊為何過了兩年才將其公開。有些人認為，是因為開發人員希望在引起公眾注意之前，先確定技術確已成熟、平台能順暢運作；也有人認為背後有刻意隱瞞的原因，也就是「預挖（礦）（premine）」。

團隊原本的計畫是要在挖礦過程中，陸續發出184億

6000萬枚百特幣，但等到其向大眾公開時，已有1500億枚幣發出，約占總發幣量的80%。此舉就是典型的「預挖」，悄悄地大量發幣，不利於廣大的虛擬幣社群。比特幣與公開區塊鏈運動的宗旨是公平與透明，因此相當反對「預挖」的做法。雖然預挖無法完全杜絕，但有許多案例實際上就是詐騙，創新型投資人應該謹慎以對。詐騙與善意的預挖之間最大的差異，在於發行模式背後所隱含開發團隊的訊息傳達與邏輯根據。

二〇一四年四月八日，bitcointalk.org論壇上代號「eizh」的用戶發了一則評論：「我覺得很意外，居然沒有人想要另外開發一種虛擬幣，讓貨幣分配更公平、發展也更活躍。」這個用戶後來成為門羅幣的創始人。二〇一四年四月九日，在百特幣對外公開的僅僅一個月後，一位代號「thankful_for_today」的相關用戶在bitcointalk.org論壇上發了一篇文章，題為「比特門羅幣發行了：運用CyptoNote技術的新型虛擬幣」，並打算在九天後開挖。比特門羅幣隨後更名為門羅幣，代號XMR。

門羅幣的招牌特色就是使用環簽名（ring signature），這種密碼技術自一九九一年起就不斷演化至今。要理解門羅幣的環簽名機制，最好的方式是將其與比特幣做對照。比特幣系統中，必須要有個已知身份的人簽收想要送出的比特幣結餘，交易才能成立。但門羅幣系統中，是由一群人簽收交易、產生環簽名，但只有其中一人擁有門羅幣。CryptoNote網站對此做了簡潔的說明：

每個環簽名中都有一個群組，群組成員各自擁有自

己的私鑰和公鑰。環簽名能證明簽名來自群組成員，它與一般數位簽名最主要的差異在於，簽名者需要私鑰，但驗證者無法區分簽名者的具體身份。因此，如果有一個環簽名有愛麗絲、鮑伯和凱蘿的公鑰，你只能確定簽名者是他們其中之一、但無法確定到底是哪一個。

　　儘管許多人很懷疑環簽名到底能達到怎樣的隱私性，但不可否認的是，這種做法有利於同質性（fungibility）。同質性指的是一枚貨幣跟另一枚同樣面額的貨幣具有相同的價值。比特幣有個缺點（對於被拿來作非法用途的款項尤為如此）：如果交易所或其他機構把一筆款項列入黑名單，那麼該筆款項就會失去流通性，價值當然也就不如其他筆比特幣款項。失去流通性的負面影響或許並不明顯，卻有可能導致分散式數位貨幣的消亡，傷害的不只是用來從事非法活動的部分，而是貨幣整體。幸好，門羅幣沒有這種問題。

　　門羅幣的供給表結合了萊特幣和多吉幣的特性。把一個新的門羅幣區塊加到區塊鏈上需時2分鐘，跟萊特幣的2.5分鐘差不多。另一方面，自二○二二年五月起，門羅幣會開始持續小幅度的通貨膨脹，這一點跟多吉幣一樣；屆時系統每分鐘會發出0.3枚門羅幣，相當於每年157,680枚幣。到那個時候，總計將有1810萬枚門羅幣在外流通，換算下來第一年通貨膨脹率只有0.87%。時間越久，隨著在外流通的門羅幣越來越多，通貨膨脹會持續下降。有趣的是，到了二○四○年，在外流通的比特幣和門羅幣數量會達到幾乎一致，而且在二○一九年到二○二七年這段區間，門羅幣的貨幣供應膨脹率會低於比特幣，但在其他時期則相反。

門羅幣保護交易隱私性的能力，無疑是技術上的一大突破，廣泛受到幣圈與市場的肯定。二〇一六年底，門羅幣已躍居價值第五大的加密貨幣、也是當年表現最佳的數位貨幣，一整年下來已漲價二千七百六十倍，顯示了投資人越來越注重對於加密貨幣的隱私性保護——當然，背後的原因有些不是很光彩。

達世幣

另一個也很注重隱私與同質性是達世幣。二〇一四年一月十九日，達世幣的區塊鏈就上路了，還比門羅幣早上幾個月。達世幣的主要開發者艾文・杜菲爾德修改比特幣的協定、創造了達世幣，其特點是非常注重隱私性，並能快速完成交易。杜菲爾德與其它作者共同撰寫了達世幣白皮書，裡面便提到了他的目標：「達世幣是以中本聰的比特幣為基礎，在開發過程中針對比特幣進行了幾項修正，例如兩層式激勵網路（two-tier incentivized network），或稱Masternode網路。此外還有提高同質性的Darksend系統，以及不需要中心機構就能進行即時交易確認的InstantX系統。

不過，達世幣一開始起頭並不順利。達世幣沒有使用預挖機制，而是採用「瞬時挖礦」機制，在發行後的24小時內就挖出了190萬枚達世幣。三年後的二〇一七年一月，達世幣量僅稍高於700萬枚，兩相對照之下，一開始的發幣量顯然占比甚高，明顯有利於發行後24小時內就開始支持達世幣網路的電腦，也就是達菲爾德自己。

達菲爾德辯稱自己並無惡意，表示：「剛開始開發達世幣的前幾週，我白天還另有一份難度超高的工作。所以我每

天晚上火燒屁股般忙著解決問題、白天也密切注意著達世幣的動態；好幾次還被老闆破口大罵，因為他抓到我沒有專心上班。」

從我們的角度來看，一項加密貨幣的發行如果有明顯缺失或錯誤、嚴重程度甚至影響其貨幣分配，那麼就有必要重新投放。對達菲爾德來說，重新投放達世幣其實相當容易，尤其是大家開始對瞬時挖礦議論紛紛時，達世幣系統也才剛上路沒幾天，但是達菲爾達沒有這麼做。重新投放並不罕見，因為其他加密貨幣就有先例──修改過原始碼後再重新投入。例如，門羅幣的幾位創始者就曾經因為預挖機制被認為不公平，而決定不要繼續開發百特幣。

大零幣

二○一六年討論最熱烈的加密資產，便是大零幣了。每次只要在匿名性與隱私性上有新的進展，比特幣和區塊鏈圈子討論的熱度就會升高，而大零幣把這種熱度提升到新境界，才剛發行價格就一飛衝天。大零幣跟比特幣一樣，發幣講究符合道德原則。不過，比特幣剛剛起步、半枚都還沒開始流通的時候，幾乎沒有人知道比特幣是什麼；但是大零幣不一樣，一個幣都還沒發出去之前，整個幣圈似乎就已經知道了，每個人都想賺一點大零幣。

供幣初期的稀缺性、加上消息大肆炒作，使得大零幣的價格飆破天際，很快地衝上每幣1000美元，比當時比特幣的價格還高。加密貨幣交易所Poloniex網站上，一度出現一個大零幣兌3,299個比特幣，相當於200萬美元左右。但到了二○一六年底，熱潮散去、大零幣價格趨於穩定，在45到50美

元之間來回。

　　大零幣團隊由威爾考克斯領銜，我們之前提過這個人，他早期曾在喬姆的DigiCash公司任職。由於DigiCash的工作經驗、以及對密碼學與加密資產的長期鑽研，讓威爾考克斯成為這個圈子備受尊敬的成員。大零幣最重要的一項創新就是運用一套名叫zk-SNARKs的「零知識證明」*系統，交易雙方只需要證明交易確實成立，不需要揭露任何資訊。雖然大零幣仍在發展的早期階段，但我們相信祖克與其團隊的操守和技術能力都是頂尖的，預示著這個新興加密貨幣的未來，相當值得期待。

　　二〇一六年底，比特幣價格已攀升到近1,000美元（這個價格高點，旋即在二〇一七年一月被比特幣自己打破紀錄），同時市面上總計有超過800種加密資產，總值超過170億美元。當時名列前茅的資產項目，按照網路價值高低，依序為：比特幣、以太坊、瑞波幣、萊特幣、門羅幣、以太坊經典、大零幣。

　　創新型投資人或許有注意到，這份清單中，以太坊緊追在比特幣後面。以太坊的故事裡，有傑出的開發人員、對區塊鏈技術更廣泛的定義、以及迄今為止對加密資產圈最大規模的駭客攻擊。下一章，我們就來看看以太坊的創立、以太坊的重要性與未來對幣圈會產生的影響。

---

* 編註：「神鬼駭客」史諾登，美國重大國安機密洩漏者，在二〇二二年四月與威爾考克斯來往的訊息中，同意公開他身為見證大零幣創建及其「零知識證明」機制第六人身分。經過多年終於承認這神秘的第六人是他本人。二〇一六年十月的最終儀式，他們銷毀自己所持有的私鑰，大零幣就此完成創立。二〇二二年六月此書繁體中文版出版時，史諾登將在CoinDesk的大會上演說。

■ 第五章
加密商品及加密代幣

　　加密資產領域中的主要類別基本上是加密貨幣，在本書第四章中，我們僅提到其中一種，另外兩種是加密商品及加密代幣，也是近年來崛起非常快速的資產類別，首先，我們先來了解一下加密商品。

　　某種程度上，相較於加密貨幣，加密商品的價值更爲具體。以目前市值最高的加密商品以太坊爲例，以太坊是一個去中心化的全球電腦，全球的使用者都可以在上面建立應用程式，且不需要被審查，以太坊提供了一個具體的數位平台，讓所有人都可以使用這台全球電腦並享受它帶來的價值。這個被稱爲以太虛擬機的全球電腦，概念有點類似學校或圖書館的公用電腦，使用者坐到位子上，使用過後離開，讓下一個使用者接替使用。

　　以太虛擬機的運作方式就像公用電腦，只是全世界多個使用者，都可以同時上線使用，如同任何地方的任何人，都可以檢視比特幣系統中的交易資訊，以太坊程式的運作也是對外公開的。雖然本章節會著重介紹以太坊這個加密商品，不過，市場上仍有許多新興類型的加密商品，提供各式各樣的去中心化資源如雲端儲存、頻寬、轉碼及代理重加密等。

以太坊的核心概念：全球電腦

　　以太坊及其原生資產以太幣的研發團隊，並不是歷史

上第一個想到全球分散式電腦軟體（一般通稱智能合約）的人。著名計算機科學家尼克・薩博，也是第四章提過的DigiCash創辦人喬姆的學生，他在九〇年代早期就提出了智能合約及數位財產的概念，一九九六年，薩博曾在科學雜誌《負熵》進行他的研究發表，發表了一篇以智能合約為題目的文章。

智能合約是一個很重要的概念，然而大家可能很容易被「智能合約」這個字眼誤導，把它誤解成某種對己方有利的法律文件，但其實完全不是這麼一回事。智能合約是用「如果……則……」（If then）這種條件式語法邏輯寫成的程式碼，可以被視為一種條件式的交易。例如像「如果傑克錯過班機，而且原因出在航空公司身上，航空公司就會賠償他機票費用。」就是一個可以被寫成智能合約的語法，販賣機的運作，也是很常見的智能合約設定，如「如果使用者投了足夠的錢，並輸入了正確代碼，就會得到一包多力多滋。」依照流程及條件變因不同，條件還可以設得更多更複雜，甚至形成一個瀑布式的條件佈局。

雖然智能合約的概念是由薩博先提出的，不過的確是以太坊的研發團隊率先將這個概念應用在去中心化的平台，使這個概念越來越普及而受到關注，研發團隊的核心成員維塔利克・布特林，還被人稱為「以太坊的中本聰」。

布特林出生於俄羅斯，在加拿大長大，他的父親財力雄厚且思想開明，早在二〇一一年就帶著當時十七歲的布特林開始認識比特幣，那時比特幣問世才兩年，市場上也沒有什麼競爭對手，而同年十月左右，李啓威就發行了萊特幣。

於是，布特林很快就一頭栽進比特幣的世界，他成為了

首批專精加密資產領域的記者之一，並與人合夥創辦了《比特幣雜誌》，該雜誌至今仍被譽為是報導區塊鏈技術架構最深入詳實的媒體之一。身為該雜誌的主要撰稿者，布特林在他的報導當中加入了深入的技術分析內容，且結合了他個人對於區塊鏈發展的熱忱及樂觀看待的想法。布特林從小就被視為數學天才，三位數的心算速度為同年齡人的兩倍，十八歲就拿到國際資訊奧林匹亞競賽銅牌，他也運用自己的數學天份，思考如何讓比特幣區塊鏈技術升級。

到後來，布特林在參與比特幣相關工作計畫的過程中得到靈感，進而開發出了以太坊，在他的部落格文章〈以太坊即將上市〉的開頭，布特林也特別向比特幣致意：

在十一月某個寒冷的日子裡，我在舊金山寫下了以太坊白皮書的初稿，這份初稿，是我數個月以來鑽研加密貨幣2.0這個領域，試圖拓展比特幣區塊鏈在金錢交易以外的應用，集結無數思考及受挫的過程所獲得的成果。在這段時間內，我有幸參與了包括彩色幣、智能財產等各種關於去中心化交易的計畫，這些過程，也促成了以太坊的誕生。

布特林所提到的計畫，主要是利用比特幣區塊鏈為基礎，附加一些更為抽象的功能，如同之前所提到的，在比特幣交易過程中，經過資料傳輸後，使用者的錢包地址就會顯示帳戶的交易明細。

布特林在部落格中提到彩色幣的概念，彩色幣是一種在自己的錢包地址中，除了交易明細之外，另外加上標記的方

式，讓使用者可以賦予同一個錢包地址中的比特幣，不同的身分識別，例如，某個識別代表一棟房子的所有權，因此當該貨幣從原本的錢包地址，移轉到另一個地址時，表示房子的所有權也跟著移轉了。

依照這個邏輯，當使用者把比特幣轉移給他人，也就同時把該比特幣代表的房屋產權轉讓出去，不過，在現實生活中，還是必須經過合法機關的認可，才能真的以這樣的形式來轉移房屋產權，以上舉的例子只是讓大家了解，理論上任何形式的資產，都可以透過比特幣區塊鏈來交易。

合約幣：比特幣平台上的智能合約

合約幣（Counterparty）在二〇一四年一月首度上市，是一種研發概念有點類似以太坊、在比特幣平台上交易的加密商品。在初上市的時候，就已經發行了固定總數量的原生資產——XCP，發行量為兩百六十萬個單位。根據合約幣官方網站的說明，透過合約幣，每一個使用者都可以自行編寫數位協定，或是被通稱為智能合約的程式碼，然後透過比特幣區塊鏈執行，因為比特幣平台本來就允許在交易過程中包含少量的數據傳輸及儲存，平台扮演的角色就像是一個讓合約幣功能維持彈性的記錄系統，所有交易都是在比特幣區塊鏈上執行，合約幣也沒有自己的挖礦生態系統。

當初比特幣的研發團隊，之所以沒有將更多功能或外掛寫進軟體，是因為比起追求功能的複雜性，他們更重視的是安全，軟體的功能越複雜，被駭客攻擊或盜用交易資訊的可能性越高，一旦被入侵，整個系統都可能受到影響。

比特幣的研發團隊並沒有繼續研發更複雜的東西，而是專注在全球去中心化交易上面，但其他的開發者可以比照合約幣的方式，將比特幣區塊鏈當成一個記錄系統及安全保障平台並在系統中執行自己需要的功能；或是乾脆像以太坊研發團隊一樣，建立另一個獨立的區塊鏈系統。

　　許多人都嘗試過在比特幣平台上開發更多去中心化的功能，但執行起來並不容易。考量系統的可擴充性及安全性，比特幣對於使用者在在錢包地址上設定不同身分識別、執行不同交易這件事，限制非常的嚴格。對於中本聰來說，成功地做出一個去中心化的貨幣交易平台，已經算是得償所願了，他並不需要把所有的功能都掛到同一個平台上。然而，布特林並不滿足於比特幣既有的功能，他對於功能擴充有更多不同的想法，他腦中理想的區塊鏈平台，不只是一個能夠記錄交易明細的計算機，更像是一台多功能的電腦。

　　二〇一三年，布特林開發了以太坊，但直到二〇一四年一月，他參加北美比特幣大會，在這個被媒體記者（其中很多人還曾經跟他共事）重重包圍的場合中，他才正式地公開了以太坊的存在，在那之前，布特林其實已經取得超過十五家的開發者及許多社群成員的支持。在以太坊白皮書中，布特林清楚地描述以太坊的未來願景：

　　關於以太坊，更有趣的是，以太坊協定的可能性遠遠不僅止於貨幣交易，包括去中心化檔案儲存、去中心化運算及去中心化市場預測等，這些概念有助於促進運算產業的效能穩定成長，同時更首度納入了經濟層，有

效帶動P2P協定的成長。

　　相較於在以太坊出現之前，那些出現在市面上的山寨幣，以太坊及其原生資產——以太幣的不同之處在於，布特林並沒有打算讓以太幣成為比特幣平台上眾多變種幣的其中之一。

　　為了不與其他幣種產生混淆，從一開始的命名：Ethereum，以太坊就避開了coin這個字，以太坊的出現，讓加密資產的交易，從貨幣延伸至不同類型的加密商品交易。比特幣平台上的交易行為通常是人與人之間的金錢支付，而以太坊則是運用圖靈完備程式語言（Turing complete programming language），讓不同軟體之間在去中心化的世界電腦上互傳資訊，開發者也可以在平台上設計自己的軟體或應用程式，就像蘋果提供硬體環境，讓大家可以開發自己的應用程式一樣，以太坊的使用者，也可以在這個分散式的全球系統上開發各種程式。關於以太坊的原生資產——以太幣，根據官方網站說明：

　　以太幣是如同燃料一般、驅動以太坊這個分散式平台運作的必要元素，平台上的客戶可以使用以太幣購買他們指定的機器操作服務。另一方面，以太幣扮演著誘因角色，因為不必要的程式碼，會讓開發者付出更多成本，相對地，就能促使開發者寫出品質更好的應用程式，讓平台運作順暢，根據使用者對平台的貢獻程度，他們也會收到相應的報酬。

以太坊平台使用者在挖礦的時候，處理的不只是以太幣的交易資訊，還包括軟體之間交換的資訊，如同比特幣的獎勵機制，以太坊的礦工若成功協助處理系統上的交易資訊，也會得到以太幣獎勵，同時，以太坊也使用類似於比特幣的工作量證明共識機制，來判定誰能夠得到獎勵*。

以太坊大獲成功的主因

布特林深知要從無到有，建立一整套系統是一件耗時費力的工作，因此，在他於二○一四年一月，在公開場合介紹以太坊之前，他已經成功爭取到超過十五個認同以太坊理念的開發者、及多個社群成員加入平台；反觀中本聰的作法就低調許多，他介紹比特幣的方式，是建立一個陌生清單，收件者包括學術界人士及一群頂尖密碼學家們，然後將比特幣白皮書寄給清單上的每個人。而比特幣軟體後續的開發過程，也幾乎僅靠中本聰及哈爾・芬尼兩個人協力完成。

布特林也知道，雖然以太幣本身，足以維持以太坊平台的運作，但是開發以太坊的過程中，還是需要實際的資金來支持，而他預估至少還需要一年以上的時間，以太坊才能真正上線。於是，布特林申請了著名的提爾獎學金作為他的資金後盾。

提爾獎學金的創辦人彼得・提爾，是個身家上億的資本家，也是PayPal的共同創辦人及臉書第一位外部投資者，他創立的提爾獎學金，資助對象主要是針對脫離學校體制、有

---

* 編註：未來將改變成權益證明（PoS）機制。

獨特思維天份、志在改變世界的年輕人，經審核篩選後，入選者可以獲得10萬美元的獎學金，用於從事一個爲期兩年的計劃，如科學研究、創業、或是其他跟改善社會運作有關的事情，這個獎學金的申請，比世界排名頂尖大學的申請難度更高，競爭非常激烈。在二○一四年六月，年僅二十歲、剛退學離開滑鐵盧大學的布特林，獲得了提爾獎學金，開始全心投入開發他熱愛的以太坊平台。

對布特林及以太坊寄予厚望的，除了提爾之外，還有其他投資者，同年，布特林獲得了世界科技獎的資訊科技軟體獎項，同年，特斯拉創辦人伊隆・馬斯克也獲得了同機構頒發的能源科技獎，曾執筆賈伯斯傳記的華特・艾薩克森則獲頒了新聞媒體獎。

雖然對布特林而言，獲得提爾獎學金，具有指標性的意義，不過10萬美元的金額，還是不足以支撐團隊的運作，因此，布特林在二○一四年七月二十三日到九月二日，舉辦了一場爲期四十二天的群眾募資，開放大家認購以太幣這項以以太坊作爲底層技術的加密商品。

在募資期間，投資人可用1枚比特幣，買進1337至2000枚以太幣，遊戲規則是這樣的：在募資的頭兩週，投資人用1個比特幣，可買到2000枚以太幣，兩週過後，以太幣的價格就會被調高，投資人用1枚比特幣可買到的以太幣數量，會從2000逐漸減少到1337枚，這是布特林用來吸引投資人搶先預購的策略。募資過程中的金融及法律相關細節，則是交給總部位於瑞士楚格的以太坊基金會（Ethereum Foundation）來處理。

這一波快閃募資不僅創新，同時也締造了破紀錄的成

果：總計售出60,102,216枚以太幣，募集了31,591枚比特幣，價值相當於18,439,086美元，亦即，一個以太幣的價值相當於0.31美元。以當時的群眾募資規模來看，這樣的成果可說是相當亮眼，甚至有人認為一個沒有實質產品的區塊鏈平台，能夠募到超過1800萬美元，真的是太離譜了，在比特幣的發展史上，也沒有過這樣的事情。

一般的創投募資，是由投資人挑選前景看好的創業概念及團隊，來挹注資金，而以太坊則是開放讓不僅是創投投資人、而是所有人都能購入以太幣，直到二○一七年四月，以太幣的市值已經上升至1枚以太幣相當於50美元，意味著從第一波募資起不到三年，以太幣市值漲了超過160倍，當初參與第一波募資的9000多個投資人，平均投資金額為2000美元，不到三年，這筆投資市值已超過32萬美元。

根據以太坊白皮書所述，這一波群眾募資所募得的資金，將全數用在開發團隊的薪資及獎金，與各種以太坊及加密貨幣生態系統相關的營利及非營利項目。除了募資售出的6000多萬枚以太幣，另發行的600萬枚以太幣，將會分配給從初期就參與開發的早期貢獻者，還有600萬枚以太幣，會拿來作為以太坊基金會的長期預備金。

這一筆用在開發者與基金會身上的資金，總計1200萬個以太幣，後來引起了一些爭議，有人認為這會引發雙重利益（double dipping）的問題。然而，以募資當時的市值來計算，600萬枚以太幣分配給15個開發者，每個開發者平均分配到的以太幣市值10萬美元，相較於當時的軟體工程師薪水行情，這其實是一個合理的數字。

我們可以從這件事學到，創辦人從群眾募資當中獲得多

少利益，是一個需要謹慎拿捏的課題，所謂的「創辦人獎勵」的合理性應該考慮的是，創辦人是不是對建立及擴張整個平台有貢獻，或只是想把投資人的錢放到自己的口袋，我們認為，以太坊這一波群募的分配方式，開發者其實已經做到了利益共享，而非中飽私囊，跟後期某些加密資產發行人的作法比起來，已經算是很節制了。

在首波募資後，布特林的團隊花了一年時間，終於讓以太坊正式上線運作，在這一年的時間，平台社群人數越來越多，也時常協助評估進行概念驗證（Proof-of-Concept），以太坊團隊也持續舉辦研討會、資助相關計畫，並勤於更新部落格，來增加以太坊的能見度。或許是借鏡狗狗幣發行的經驗，以太坊深知在一個去中心化的平台上要吸引使用者的支持，社群經營是很重要的，雖然區塊鏈的架構是由冷冰冰的程式碼所組成，但仍然能夠將它經營成一個溫暖的社交平台。

相較於中本聰的小規模比特幣團隊，有了外界資金的挹注，以太坊團隊擁有更多資源來進行平台網路的上線測試。從二〇一四年底到二〇一五上半年，以太坊基金會進行了一連串的對抗測試（battle testing），除了一般使用者可以參加漏洞回報獎勵計畫（bug bounty program），以太坊也委託了專業的第三方軟體資安公司，幫忙進行正式的資安稽核。有了大零幣的案例在先，加密資產的創新投資人，理應好好地關注對抗測試的結果。這些測試結果會是檢視核心開發者是否重視去中心化平台資安問題的指標。

以太坊：去中心化應用平台

以區塊鏈為底層技術的以太坊，於二〇一五年七月三十日正式上線，在開發團隊努力完成以太坊的軟體技術之後，輪到礦工們在這個區塊鏈平台上大顯身手了。為了克服以太幣的技術問題，團隊花了好一段時間才讓以太坊正式上線，成為一個軟硬體均完備的平台並納入使用者開發的去中心化應用程式（dApps）。所謂去中心化應用程式，就是智能合約的概念，不在以太坊核心編制內的獨立開發者，也能自行編寫智能合約，一同協助普及開發這平台的技術。

我們以區塊鏈公司Etherisc為例，來解釋去中心化應用是如何運作的：Etherisc這間公司針對某個以太坊研討會活動，推出了去中心化飛航保險，總共有三十一名研討會參加者購買了這個保險。在此我們用圖5-1來做簡單說明，開發者可以在以太坊平台上，自行設定保險理賠條件，還能針對有特定理賠需求的消費者，推出自己的保險商品，從這些消費者身上賺取利潤，因為相關資訊都是公開的，一切都是根據程式當初設計的條件來判定，所以消費者可以放心購買。

去中心化應用與加密代幣崛起

在以太坊平台正式上線後，各式各樣的去中心化應用程式（dApps）也隨之出現，當中有許多程式擁有自己的原生單位（native unit），一般稱為appcoin，在此我們統稱為加密代幣。擁有加密代幣的dApp通常會使用以太幣支付在平

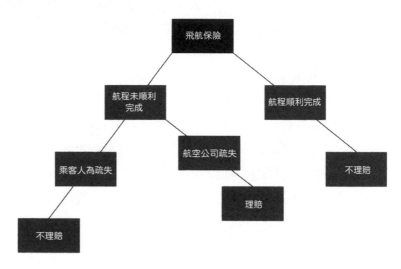

圖5-1　去中心化飛航保險模擬示意

台上進行去中心化程式交易的成本。

　　目前許多dApp都擁有自己的加密代幣，但有些dApp的交易單位，其實性質比較類似以太坊最上層的加密商品，如Golem，在以太坊上提供一個如超級電腦般的環境以解決其他開發者算力不足的問題，Golem的原生交易單位——GNT就是一個類似加密商品的代幣。我們可以這樣歸類：提供原生數位資源的dApp，使用的單位為加密商品，而針對消費者提供完整版數位商品或服務的dApp，使用的單位為加密代幣。

　　大多數的加密代幣交易都不是使用自己的區塊鏈，而是利用像以太坊這樣的加密商品區塊鏈於應用程式中進行交易的。就如同在蘋果的App Store上架的應用程式，都是在蘋

果的操作系統上運作，而不需要自己建立一套操作系統。由
於以太坊大獲成功，也吸引了許多類似的去中心化世界電腦
平台，如Dfinity、Lisk、Rootstock、Tezos、Waves等紛紛加
入市場，這些平台也都有自己專屬的dApp操作系統，也如
同許多山寨幣以比特幣為模仿對象，想要青出於藍，這些加
密商品平台也想效法以太坊以吸引更多開發者來開發自己的
應用程式，以及專屬的加密代幣。完整的以太坊dApp清單
可在這個網頁瀏覽；*dApp所使用的程式碼可在這個網頁找
到。**

　　為了讓創新投資人對於dApp及加密代幣的未來發展方
向有個概念，之後我們會介紹一些較為著名（或惡名昭彰）
的dApp，首先我們要強調，在加密資產領域，dApp及其原
生單位可說是發展最為快速的項目之一，在我們撰寫這本書
的同時，幾乎每個禮拜都有新的dApp出現，因此，本書只
來得及介紹其中的冰山一角，如果讀者有興趣，可以到以上
網頁搜尋更多資訊。

去中心化自治組織（THE DAO）的崛起與墜落

　　去中心化自治組織（The DAO）是一個在以太坊平台上
運作的dApp，可把它理解成以太坊平台上的去中心化創投
基金公司，The DAO的持有者就像是基金公司的股東，可以
投票決定要支持哪個開發計畫，如果開發者在The DAO爭取

---

*　http://dapps.ethercasts.com/

**　https://live.ether.camp/contracts（編註：原作者提供此連結已失效，請改至Github搜
　尋關鍵字ether.camp）

到足夠的支持，就可以獲得需要的資金來進行自己的計劃，而投資者則有機會獲得股利，或者是該服務的使用權。

　　The DAO這類型去中心化自治組織的發展脈絡跟自駕車有點類似。過去車子都是由人類來駕駛的，但越來越多車子發展出自駕的功能；同樣地，像操作推紙機、同意決策、統整等工作項目，過去都是由人類來執行，但透過一個去中心化自治組織，就可以將這些工作步驟寫進程式碼，以增進公司的運作效率。雖然這個概念很吸引人，但事實上，The DAO帶來的災難，幾乎拖垮了整個以太坊平台。

　　當初The DAO的開發團隊，發起了群眾募資，且募資成果創造了當時群眾募資的最高紀錄，募得金額市值超過1億6800萬美元，這是以太坊本身募資所得金額的將近十倍，因投資人被規定要使用以太幣來加入募資，募資結束時，The DAO總計募得1150萬枚以太幣，相當於當時以太幣總發行量的百分之十五。

　　雖然募資成果充分顯示The DAO受歡迎的程度，但有些開發者開始有些疑慮，包括迪諾·馬克、弗拉德·札姆菲爾、艾敏·根賽爾等電腦科學家們，仔細檢視過The DAO的運作程式碼後，發表了一篇報告，他們對於它的安全性表達了擔憂，認為The DAO有一些重大的資安漏洞，這些漏洞可能會危及它在以太坊平台上發布的時程。報告中指出：「以The DAO現在的狀況，若受到攻擊，將導致非常嚴重的後果。」

　　接著，當時有其他人表示希望在克服資安問題之前，暫緩上市計畫，然而核心團隊並沒有理會這樣的聲浪，二〇一六年五月二十八日，募資結束後隔天，從The DAO的群眾募

資中募得的以太幣，以DAO代幣的形式，正式開放交易。

　　然而，過了不到三個禮拜，事情急轉直下，二〇一六年六月十七日，駭客對The DAO發動攻擊，並盜走了三百六十萬個以太幣，相當於The DAO募得以太幣數量的三分之一，如同日本的加密貨幣交易所Mt.Gox遭遇的駭客事件，以及其他廣為人知的比特幣駭客攻擊，這次的駭客，跟交易所並沒有任何關係，但是這次的事件，讓The DAO留下了一個資安汙點。

　　The DAO是一個在以太坊區塊鏈平台上運作的dApp，大家對The DAO及以太坊的安全性也深信不疑，然而，就如同之前的批評聲浪所言，The DAO的程式碼寫得並不完善，由於之前The DAO的募資太過成功，不難想像它會成為駭客盯上的目標。The DAO的募資計畫，原本可望成為首屈一指的成功募資，還能同時讓以太坊一炮而紅，最後，一切統統化為泡影。

　　The DAO及以太坊核心團隊成員，包括布特林本人，立刻著手處理這次的駭客問題，有趣的是，以太坊是一個去中心化的世界電腦平台，開發者可以自行開發在平台上運作的dApp，但是應用程式的安全稽核，並不是以太坊承諾要負責的事情，就像蘋果雖然會審核要上架到App Store的應用程式，但那些程式運作是否良好，也不是蘋果的責任。而現在，以太坊的核心開發者親自跳出來支援The DAO，這就像蘋果的工程師去幫忙拯救App Store上某個漏洞百出的程式一樣。

　　而他們遲遲找不到一個理想的方案來導正這雜亂的現況，團隊提出的主要解決辦法，是直接在以太坊上進行軟體

更新，刪除The DAO的被駭紀錄，讓被盜的金額回到原本的持有者手上，也就是所謂的「硬分叉」＊（hard fork），對以太坊區塊鏈進行小幅度的更新，把被盜的金額歸還給投資者。主導The DAO開發的區塊鏈公司Slock.it創辦人及營運長史蒂芬·圖爾，對硬分叉的解釋如下：「簡單來說，採用硬分叉這個作法，可以直接拿回那些被駭客盜走的資金，如果你已經購入了The DAO發行的代幣，這筆交易會直接被轉移到一個智能合約上，直接撤銷你的購買紀錄，沒有購買紀錄，The DAO的代幣數量沒有改變，等於沒有任何損失。」

然而，對比特幣或以太坊社群而言，採用硬分叉這個方式，與區塊鏈去中心化的精神背道而馳，在比特幣或以太坊的社群中都會引起爭議，強制將資金從某個帳戶中刪除，這件事本身就違反了區塊鏈的不可變性，而且還是由一群去中心化的開發者，做出這個決定，這只會讓爭議越演越烈。此外，除了道德危機爭議，一旦開了這個先例，往後美國政府或其他管轄機關，就有可能用其他的理由，要求以太坊比照辦理。這對於所有人、包括布特林來說，都是個艱難的抉擇，雖然布特林沒有直接參與The DAO的開發過程，但他仍然需要負起管理者的責任。

考量過各種作法及爭議之後，布特林最終贊成採用硬分叉這個解決方案，他認為以太坊仍在發展成長階段，像這樣的慘痛經驗，也能夠促使以太坊在技術面繼續往前邁進，發展得更加完善。布特林表示：「我們現在採取這樣的做法，

＊ 編註：二〇二二年五月LUNA被惡意攻擊至泡沫化後，創辦人Do Kwon也提出硬分叉：將LUNA的平台Terra用此做法分成LUNA Classic（LUNC）和新生LUNA的重生方案。

不代表以後就要比照辦理。」最後，布特林及以太坊團隊的成員，發揮他們的技術專長竭盡所能，讓這次The DAO被駭事件順利落幕。

然而，硬分叉同樣會帶來風險，用這個方式來幫The DAO解套，可能會讓以太坊付出沉重的代價。的確，硬分叉是一個更新區塊鏈架構的常用手法，但通常是在社群成員都認同這個作法對平台有利的時候，才會去做硬分叉。而以太坊碰到的狀況是，有許多成員表態反對硬分叉，在仍有爭議的時候，去執行硬分叉是很危險的，會導致區塊鏈更新後，分裂成兩個不同的操作系統。雖然這兩個系統的源頭是一樣的，帳本裡的交易紀錄資訊也相同，但硬分叉之後，兩個系統就會分別在不同的區塊鏈上運作，使用不同的原生交易單位。或許有些使用者會以為這樣一來，就可以擁有兩個帳戶及兩倍的資金，覺得自己賺到了，但事實上，由於投資者會擔憂區塊鏈繼續分裂，所以硬分叉之後，兩邊帳戶的資產市值，都有可能大幅下跌（如圖5-2）。一旦區塊鏈分裂成兩個系統，原本平台上的礦工、開發者以及應用程式開發商，也得面臨選邊站的問題，雖然許多人仍主張對以太坊而言，硬分叉是一個成功的解決方案，但同時，開始有某些大盤資金，針對較少人支持的那一方，積極買進該區塊鏈上的原生資產。

二〇一六年七月二十三日，另一個全新誕生的以太坊區塊鏈——以太坊經典（Ethereum Classic）在著名的加密資產交易所Poloniex掛牌上市，它的原生交易單位統稱為ETC。能夠在Poloniex這樣知名的交易所掛牌，以太坊經典打開了市場知名度，許多投資人也開始部署搶進，吸引越來越多礦

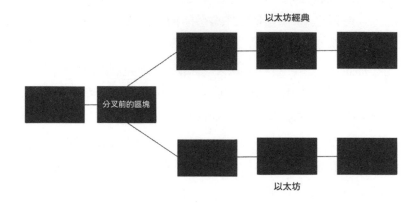

圖5-2　針對The DAO遭駭事件，以太坊的分叉處理方式

工投入以太坊經典平台，在我們撰寫本書的同時，以太幣經典的市值已經上漲到約為以太坊的百分之五。

以太坊經典的誕生及命名，在加密資產領域中有其象徵意義：命名為以太坊經典，表示這是一個源自於以太坊區塊鏈平台、沒有外力干預、交易紀錄也沒有經過任何主觀竄改的「經典版」以太坊。

雖然The DAO被駭引發了一場大災難，但外界對於去中心化自治組織這個概念的觀感，並沒有被這次事件影響，這幾年來，我們觀察的結論是，更多類似的應用程式及相關加密代幣出現在市場上，對創新投資人來說仍然是一件好事，且許多去中心化應用程式或自治組織，在資安控管方面都比當年的The DAO來得完善。

舉例來說，就像許多商家會抱怨，銀行收取百分之二到三的信用卡手續費太貴了，但像Airbnb或Uber這樣媒合服務

提供者與消費者的中介平台，收取的平台服務費甚至高達百分之二十到三十，我們可以由此推論，像去中心化保險公司或Airbnb、Uber這類的共享平台，收取較高的服務費，背負著使用者的期待，也同時要處理各種消費爭議的問題。而發行加密代幣的開發商，使用區塊鏈底層技術來進行去中心化交易，要付給區塊鏈平台的服務費，比起Airbnb等平台便宜許多，也因此吸引許多開發者進駐像以太坊這樣的平台，隨著開發者越來越多，素質有好有壞，平台實在不太可能一個一個仔細把關。

用去中心化平台預測未來

在以太坊平台上，另一個引人注目的去中心化應用發展是預測市場，如區塊鏈博弈平台Augur，開放讓使用者針對特定事件下注，來驗證自己的預測是否準確，後來就衍生出了「預測市場」這個專有名詞。例如，使用者可以自創一個預測市場，讓大家來下注預測是唐納・川普或希拉蕊・柯林頓會贏得二〇一六年的總統大選（假設當年已經開發出這樣的去中心應用服務）。

Augur所使用的加密代幣稱為信譽幣（Reputation, REP），是一種鼓勵使用者誠實回報事件結果的誘因機制，回報者跟下注者不一樣，像這種去中心化預測市場平台，會碰到的的困難就是，沒有任何中央權威機制來判定事件的結果，為了解決這個問題，Augur使用信譽幣來獎勵誠實的回報者，而說謊的回報者，帳戶中的信譽幣會被扣除作為懲罰。關於信譽幣制度，Augur官方說明如下：

每幾週為一個週期，手上持有信譽幣的使用者應針對被隨機指定的事件，正確回報結果，若回報不正確或意圖說謊，Augur系統會將失格的回報者手上的信譽幣，分配給同一週期的合格的回報者。

二○一五年，Augur發起了群眾募資，售出了占總發行量（1100萬枚信譽幣）八成的信譽幣，募得的平台開發資金超過500萬美元，在加密資產領域具領導地位的交易所Coinbase執行長布萊恩‧阿姆斯壯，大讚Augur是個具有驚人潛力的計畫，以太坊創辦人布特林也對Augur深表肯定，稱它為「知識平台中的Uber」。

Augur將加密代幣的運用機制，設計得十分清楚易懂，且Augur所獲得的成功，同步帶動了加密代幣的普及應用。另一個類似的市場預測平台Gnosis，在二○一七年四月發起群眾募資，成功地募得相當於市值超過3億美元的資金。

加密商品與加密代幣的進一步發展

以太坊平台社群持續穩健成長，借鏡以太坊的經驗，有越來越多平台陸續做出自己的區塊鏈，如先前提過的Dfinity、Lisk、Rootstock、Tezos及Waves等平台，在我們寫這本書的當下，有些平台正在做前期募資，也有些已經上線，運用各自的技術，提供各種不同版本的去中心化世界電腦平台。

Rootstock是一個性質類似合約幣，用比特幣區塊鏈技

術來運作的平台，創辦人是曾經替比特幣稽核程式碼的資安專家——瑟吉歐·雷納，雷納與他的開發團隊所做的事情，是在比特幣區塊鏈上建立一個如同以太坊的智能合約平台，而這個平台上所有的去中心化應用程式（dApp），都要能跟以太坊平台上的dApp相容，如同以太坊使用以太幣為原生交易單位，Rootstock則使用自己的原生貨幣——RSK作為交易單位。

雖然有人斷言Rootstock的存在，將會威脅到以太坊的地位，但我們認為，Rootstock與以太坊同時並存在市場上，反而能夠形成一個有益的冗餘（redundancy）狀態，如果有兩個以上的去中心化世界電腦，同時在運作，也能夠提供dApp更有彈性的備援機制。假設其中一個平台遇到嚴重的故障問題，在上面的dApp就可以運用另一個平台來備份，並繼續處理原先的交易。雖然這樣的轉移過程，有可能造成不小的市場波動，但對於dApp開發者來說，不用把雞蛋放在同一個籃子裡，確實是比較安全的作法。

最後要提醒的是，一個dApp有可能因應不同操作目的，來使用不同的加密商品。這種說法有可能讓創新投資人感到混淆，我們舉例說明：一個dApp除了使用以太坊來進行操作，同時也可以使用像文件幣（Filecoin）這樣的去中心化雲端儲存系統，來儲存大量資料，還能再使用另外一種加密商品，進行匿名頻寬交易。

創新投資人在觀察以上這些超前沿技術平台（bleeding-edge platform）的時候，需要格外留意開發者的思維，以及平台與礦工間的合作狀況，這些都是觀察平台能否存續成長的長期指標。當出現問題時，開發者要能迅速除錯，礦工也

要能及時提供相應的硬體及資源，共同確保平台的安全與穩定，在去中心化的系統環境裡，效率與安全性一樣重要，惟有做好這兩件事，才能吸引開發者持續在平台上建立更多dApp。

至此，創新投資人對於什麼是加密資產，應該已經建立起初步的概念，我們接下來會解釋，為什麼投資人應該將加密資產納入投資組合裡。雖然加密資產領域的變化極端快速，可能會讓投資人覺得霧裡看花，然而，有一些經過時間考驗的基本投資原則，仍然適用於這個領域。當投資人覺得自己的投資組合太過於五花八門，找不到方向的時候，建議大家回顧一下基本的投資理論，來幫助自己在更有效、更穩健地在加密資產領域獲利。

PART 2

為什麼要投資加密資產？

第六章

投資組合管理和另類資產的重要性

二○一三年八月，我（傑克[*]）還在《市場觀察》網站擔任專欄作家時，經過一番思考後，決定將比特幣加入我的投資組合中。儘管一開始確實是受好奇心所驅使，但隨著日子慢慢過去，我對比特幣的興趣也漸臻濃厚和認真。身為專精退休規劃的作家，我自己的堅持是，除非我有勇氣將某項商品放進自己的退休投資組合中，否則我絕不會向他人推薦該商品。

我不僅決定開始投資比特幣，我甚至決定將當年度「簡式雇員退休金」制度所存入的全部款項，都拿去投資比特幣。當我在自己的文章〈比特幣適不適合放進退休投資組合中？〉中公開了這個做法後，馬上在網路以及金融社群中掀起了一股風波。我這幾年來的文章總是不斷強調，做任何投資決定時都要保持謹慎，務必理性地規劃你的投資組合，使風險和報酬能保持平衡。

追求平衡的投資法，來自我長年擔任財務顧問的心得。我過去不僅在金融領域的公司內擔任顧問，和一般投資人合作也有將近十年的資歷，協助他們達成自己的金融目標和投資目的。我曾坐在上百張不同的廚房餐桌旁，向客戶以及投資人解釋我的信念，那就是只要透過有紀律的省錢和正確的資產配置，就能實現他們想要退休或是送孩子上大學的夢

---

[*] 編註：作者之一。

想。我深深相信，根據各個客戶的需求和風險來規劃嚴謹的投資組合，才是最有利的做法。

對某些人而言，我決定投資比特幣的做法，簡直是自打嘴巴。儘管我以謹慎的態度來管理自己和他人的投資組合，但我對新興科技的興趣，過往也為我招來不少批評。在網際網路投資熱潮正盛的時候，我確實因為投資了不少看似很有價值，但空有其表，最後墜落在現實中的公司而賺（也賠）了大筆資金。我現在投資比特幣是不是也會落得一樣的下場呢？就連我那對科技和投資都極有見解的兒子艾瑞克，一開始也對我的決定大加撻伐：「你知道有個東西叫紙鈔嗎，爸？用那個就好了。」

不過，我確實看到了加密貨幣的潛力。我花了幾個月時間去評估比特幣，我用平常為我自己或客戶評估其他投資商品的方法來進行評估，這套評估方法我已經用了超過三十年。我仔細考量並量化比特幣的市場行為（使用的工具如下所述），以了解我面對的是什麼樣的毒蛇猛獸。我不斷地反覆思考，要以理性資產配置做為最高指導原則去管理股票、債券，以及另類資產時，在投資組合中撥出多少百分比給比特幣，才算是負責任的做法呢？接著，我又研究了將比特幣放進退休帳戶的機制。分析資產的整體過程都相同，我早就做過無數次了，唯一的差別是，我今天要分析的資產是比特幣。

現代投資組合理論

在評估任何投資決定時，最開始的考量點一定都是個人

的金融目標、週期設定，以及風險耐受度。目標就是資金未來的用途，週期設定則是指這筆資金被使用的時間。風險耐受度則需要更進一步分析。每個投資者面對投資組合的價格波動時耐受度都不同，舉例來說，他們會因爲投資組合的波動而輾轉難眠，還是能放眼未來，不論價格起伏都一夜好眠，夢想著長期的投資報酬呢？一旦目標、週期設定、風險耐受度都確定了，就能開始研究自己的投資組合，看看要怎麼在這些指標的界線之內，爲自己創造出最大的收益。

諾貝爾獎得主哈利·馬可維茲在一九五二年提出了一個打造投資組合的新方法，至今仍爲絕大多數的投資顧問和投資人所使用。他因開創了「現代投資組合理論」贏得諾貝爾獎，這項理論以給定的風險等級，預期最大化的收益，並以此來制定投資組合。他的研究指出，高收益來自高風險，但他同時也提出了所謂的效率前緣（efficient frontier），能根據給定的風險等級，找出預期的最大收益。

應用現代投資組合理論的投資者最應注意的關鍵，就是詳細考量風險。儘管一般散戶投資人都不太喜歡聽到風險這個詞——大多數人比較喜歡想像自己能以零風險獲得百萬收益，但是沒有風險就沒有收益。美國證券交易委員會，也就是管理美國證券市場的機構，對投資者提出了以下的忠告：

說到投資，風險和報酬是密不可分的。你也許有聽過「沒有付出，就沒有收穫」這句話，用這句話來形容風險和報酬的關係相當貼切。若有人想說服你這不是眞的，千萬不要上當。任何投資都有一定程度的風險。若你想購買證券——如股票、債券、共同基金等，最重要

的是在投資之前一定要了解，你有可能會賠掉一些或所有的錢。而承擔這些風險的回報，就是有機會獲得比投入的金額更高的報酬。

　　我們很快就會討論到量化風險的具體內容，且主要是透過對波動性的討論來進行探討。同樣地，我們也會解答要如何掌握絕對報酬、每單位波動的報酬，以及風險報酬比。

　　了解投資組合中的每一項資產固然重要，但是，現代投資組合理論看的不只是單項資產，而是強調對整體投資組合的風險和報酬全面處理。這個概念大概就像教練對待一整支球隊的方式，了解隊上每個成員的強項和缺點固然重要，但更重要的，是去了解球隊成員打起球來的默契。平庸的球員可能可以組成一支優秀的隊伍，而把出色的運動員勉強湊合在一起，也可能僅僅造就一支平庸的隊伍。

　　馬可維茲提出的效率前緣理論，就是在給定的風險等級上將報酬最大化，靠的是聰明地把各項資產包裝成一個投資組合。透過有技巧地組合不同資產，甚至能讓整個投資組合的風險降低至比其中任一項資產的風險都還更低（不包括零風險的項目），這也是加密貨幣表現特別亮眼的領域之一。在我們大致介紹各項資產的三大核心特色後，我們便能再回來討論投資人要如何打造這樣的投資組合。

標準差

　　報酬標準差，也就是一項資產的價格會偏離其平均價值的範圍，是最常用來衡量風險的指標。儘管馬可維茲很清楚

地表示每個投資組合都必須有一定風險，絕大多數投資人還是有一定程度的風險規避（risk-averse）傾向，因此要讓他們甘願冒更大的風險，就必須以「有可能獲得更高的報酬」來利誘他們。為了緩和投資人對風險的焦慮，現代投資組合理論便以量化的方式來歸納風險，盡可能排除不確定性。一般來說，光是掌握足夠的資訊，就能讓投資人睡得更安穩。

報酬標準差是根據統計學常態分佈的鐘形曲線而來的。如果該鐘形曲線的平均值是10，而標準差是5，則從樣本中隨機挑一個實體，其落在5到15之間的機率為68％。5是落在平均值10左邊的標準差，而十五則是落在平均值十右邊的標準差。按照常態分佈曲線的機制，一個隨機樣本會落在平均值兩個標準差之間的機率為95％，以我們現在舉的例子來說，就是落在0和20之間，其圖形呈現如圖6-1。

舉例來說，如果有一支股票的預期報酬（平均值）是7％，而報酬標準差為5％，則該股票在來年就有68％的機率，能帶來2％至12％之間的報酬。較不進取型的資產，如預期報酬率為4％，報酬標準差為1％的債券，在來年則有68％的機率，能帶來3％至5％之間的報酬。債券上漲和下跌的潛力都比較低，股票則較有可能連著幾年大漲，或是承受連續幾年的慘澹。因此，投資人便能用預期報酬標準差，來了解自己持有單一資產時所必須承擔的風險。

要獲得更全面的觀點，就比較一下報酬標準差為4％的投資組合，以及報酬標準差為8％的投資組合。如果兩者的預期報酬都是7％，較謹慎的做法就是不要去投資波動大的投資組合，因為兩者的預期報酬相同，在這個情況下，去承擔較高的風險就沒有任何好處。此外，要是該投資組合的組

成情況不佳，投資人可能還會白白蒙受較高的風險，卻沒有得到相對應的報酬。

夏普比率

和現代投資組合理論很類似的是，提出夏普比率（Sharpe ratio）的威廉·F·夏普，也是一名諾貝爾獎得主。夏普比率和報酬標準差的差異在於，夏普比率會校正承擔每單位風險所獲得的報酬。這個比率是將某資產的平均預期報酬（減掉零風險利率），除以其報酬標準差。舉例來說，預期報酬若為8％，而報酬標準差為5％，那麼其夏普比

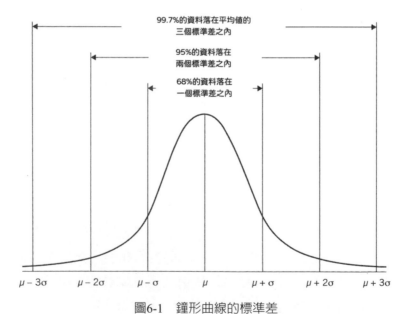

圖6-1 鐘形曲線的標準差

來源：https://www.spcforexcel.com/files/images/nd.gif

率就是1.6。夏普比率越高，就表示投資人所承擔的每一絲風險，都能帶來更高的報酬。夏普比率數值為負的資產，波動值為負，也會害投資人賠錢。

重點是，絕對報酬只是夏普比率的一部份而已。絕對報酬較低的資產，其夏普比率也可能高過一個絕對報酬直衝天際，但是波動率也極大的資產。舉例來說，假設有個預期報酬為12%，波動率為10%的股權資產，以及一個預期報酬5%，但波動率只有3%的債券，前者的夏普比率為1.2，而後者則為1.67（假設兩者的零風險利率都是0%）。這項比率提供了一套數學方法，來比較各項資產，看看在投資者承擔相同風險的情況下，何者能給予較高的報酬。如此一來，便能使差異如蘋果和橘子般的各類型資產，如債券和股權，更容易被比較。

報酬相關性和效率前緣

現代投資組合理論的重大突破，是指出高風險的資產也能放進投資組合中，而且，要是這項組合的市場行為和組合中的其他項目都非常不一樣，它反而可能降低該投資組合的整體風險。但是，高風險的資產要怎麼降低投資組合的整體風險？其中的關鍵，就是報酬相關性。

相關性能測量各項資產間的動態關係，量測值的範圍介於±1之間。如果兩項資產呈現完全正相關，它們就會同步移動：一個上漲10%時，另一個也會同步上漲10%，這樣它們的相關性就是＋1。同樣地，若兩者為完全負相關，相關性數值為－1，則其中一個上漲10%時，另一個則會下跌

10%。若兩者的相關性爲零，則兩項資產間呈現獨立狀態，任一項在市場中的表現如何，不會影響到另一項的表現。

顧問和投資人在建立投資組合時，要是裡頭的資產相關性偏低，他們就常常用股票和債券來做爲拉低整體風險的主要工具。自古以來，股票和債券的行爲模式就大不相同。當經濟蓬勃發展時，股票市場都會上漲，投資人會把購買債券的錢拿去投資股票，因爲他們不想錯過這一波賺錢的機會，如此一來，債券的價格就會往下掉，而股票價格就會大漲。投資人要是安然無恙，便會更勇於承擔風險（risk-on）。當股票價格不穩時，投資人就會開始擔心潛在的損失，並把錢從股票市場轉到較安全的債券市場，也就是所謂的「安全投資轉移」（flight to safety）。不願承擔風險（risk-off）的市場風氣，就會壓低股票市場的價格，而使債券價格上升。

在相同的情境下，兩種資產會往不同方向移動，就好像在蹺蹺板兩端的人。用股票和債券來平衡風險，必須盡可能做到越精準越好，否則只要市場出現任何無預期的動盪，都會造成創新投資人的投資組合遭受巨大衝擊。

挑選具有不同相關性的資產來組成投資組合，可以創造出不管在熊市或牛市都有好表現的組合。就算有幾名選手身體不適，不代表整支球隊都會倒下。馬可維茲的現代投資組合理論中最精彩的，就是效率前緣的概念，可以指出投資組合在給定的風險等級下，能達成的最佳預期報酬爲何（見圖6-2）。這項概念的應用對創造投資組合非常重要，因爲它能以視覺化的方式，指出有些資產組合提供的報酬和需承擔的風險不成比例。

在金融服務產業中，人們一般會將風險分成兩類：系統

（systematic）和非系統（unsystematic）風險。系統風險指
的是我們投資會受到總體經濟事件——如國內生產毛額成
長、貿易關係、戰事等等——影響的資產時，固有的風險，
這類風險也稱為不可分散風險（undiversifiable risk），因為
所有資產都會受其影響。另一方面，非系統風險指的則是
各項投資本身所獨有的風險，像是市場部門分類、管理、
產品擴增、地理曝光等，也被稱做公司風險（firm-specific
risk），且可以靠聰明的投資組合搭配來拉低風險。

　　只要投資組合內各項資產的公司特有風險能互相抵銷，
則整體投資組合的非系統風險就可以壓很低。最理想的投資
組合組成方式，是當其中一項投資受到特定事件影響而獲利
下滑時，其他資產卻可以因該事件而獲利。舉例來說，若美
國開始徵收「碳稅」，則完全依賴石油和煤炭開採的企業，

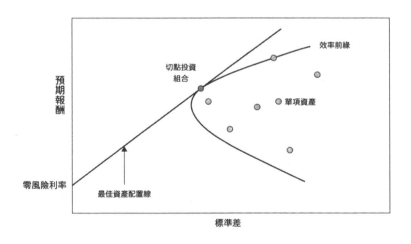

圖6-2　現代投資組合理論的效率前緣
來源：https://www.ways2wealth.com/Portals/0/Images/Efficient%20
Frontier.jpg?ver=2016-03-14-220603-923

便會受到衝擊，但是太陽能相關的企業卻會大幅成長。碳稅不算是系統風險，因為它不會全面性的影響整體經濟，相反地，它是只影響市場中特定企業的非系統風險。這個例子中的石油公司股票和太陽能公司股票，在這次事件中就會呈現負向報酬相關性。

同一資產類型內各項資產間的互動方式，在各資產類型間也一樣通用。若是靠選用報酬相關性低或甚至是負向的資產和資產類型來組裝投資組合，以徹底中和非系統風險，則該投資組合就只會受到系統風險的影響。現代投資組合理論則更進一步表示，以長遠來說，投資人只需承擔系統風險就能獲利，而且，若是讓自己暴露在非系統風險中，長久下來只會帶來不利的影響。

有了現代投資組合理論這套工具後，我們就能在個別投資人所能承擔的風險等級內，打造出能帶來足夠報酬的投資組合，來幫助他們達成長期金融目標和投資目的。創新投資人知道那些可以靠和傳統資本市場不相關的資產項目，如比特幣和其他數位手足，來降低其投資組合的整體風險。

傳統資產配置

一直以來，傳統資產配置模型都只專注定義股票或債券在投資組合中所占的比例。舉例來說，美國散戶投資人協會以簡化版的模型將投資人劃分成以下三類：[4]

● 進取型投資人：90％各類股票及10％固定收入
● 溫和型投資人：70％各類股票及30％固定收入

● 保守型投資人：50%各類股票及50%固定收入

　　上述這三種簡化模型，可以套用在不同年齡，投資週期設定也不同的投資人身上。所謂的「各類股票」可以包括一整筆股權，而「固定收入」也可以包括各式各樣的債券。舉例來說，股權可以用公司大小、成長特性、評價、部門類型、地理曝光等指標來考量，而債券則包含政府發行的公債和一般私人企業發行的公司債，各有其不同的存續期間、信用評等、稅賦優惠等。

　　傳統資產配置方法在二〇〇八年金融危機中踢了個大鐵板，投資人赫然發現，即使投資組合中同時有股票和債券，這兩者還是可能同時崩盤。股票和債券互不相關的走勢模型本是經過驗證且深受信賴的法則，但是這次，廣大投資人普遍都感到自己被背叛了。二〇〇八年的大崩盤，把投資人從溫和的「經濟搖籃曲」中搖醒了。在漸趨全球化的今日，資本市場資產的關係越來越緊密，我們可以越來越清楚地看到，二十世紀的多元模型，在二十一世紀的投資市場上可能已經不受用了。

　　儘管二〇〇八年的金融危機幾乎重創了所有人，但是我們很快就看到，其中有些人不只是平安度過了這次風暴，甚至還抓緊機會撈了一票。過去一直相對默默無聞的對沖基金經理人，現在甚至被稱為新一代的「宇宙大師」，因為他們在這次大崩盤中不僅成功避開大規模損失，其中有些人還大賺了一筆。

另類投資的興起

在二○○八年金融危機之後，許多財務顧問和財富管理專家都開始評估創建投資組合的新方法，尋找股票和債券之外的選項。對沖基金在金融危機中獲得的報酬被視為一種典範，顯示出另類、非傳統的投資機構確實可以提供正向（在某些案例中甚至是極高）的報酬績效。

約翰・鮑爾森因為在這次危機中，靠著基金操盤的功力，為自己賺進超過10億美元的報酬，而成為對沖基金億萬富翁的代表人物，他所操盤的基金也包含（事件導向的）鮑爾森優勢基金。光是這一個基金，就在二○○六到二○○八年之間，靠著將近63%的年報酬率高居所有基金之冠。另一個同樣成功的案例，則是詹姆斯・西蒙斯的文藝復興科技公司大獎章基金，這個基金在二○○八年的報酬率高達80%。當時，世界前二十五大對沖基金經理人在二○○七年一共賺進223億美元，在二○○八年也賺了116億美元，這個消息傳出後，一時之間，所有有商業頭腦的學生一窩蜂都將生涯目標設定為晉身對沖基金經理人。

有了這樣輝煌的數字，對沖基金一躍成為了媒體新寵。投資人懷疑這些基金經理人和這次大崩盤有所關連，同時又對他們的獨門投資祕方感到好奇，也想知道自己是不是也能跟著做。

首先，我們必須了解對沖基金是什麼，各種對沖基金之間又有什麼差異。我們很難將對沖基金一概而論，因為它們各有不同的投資目的和方法。綜觀歷史，要辨識對沖基金最

容易的方法，就是它高昂的收費結構。舉例來說，許多對沖基金是以所謂二二〇或甚至三三〇模式收費，也就是除了每年2%的管理費用之外，還會額外收取當年度收益的20%。對沖基金的其他特色還包括只有特定人士能參與的獨家性，以及普遍的神秘感。

在二〇〇八年的金融危機前，看中其出色的績效和另類投資項目而選擇對沖基金的投資人，一般都是身價極高，手上握有龐大可投資資產的人，因為對沖基金的入門最低投資金額往往是一百萬元美金起跳。除此之外，投資人也必須同意對沖基金經理人設定的一段資金閉鎖期。

相較於共同基金必須提出一份「公開說明書」，詳細列出其投資方式和使用的資產類別，對沖基金往往蒙著一層神秘面紗。對沖基金也許會公開宣傳其廣泛的投資策略，但對其中許多細節卻秘而不宣，以免洩漏了自家的獨門祕方。總之，對沖基金經理人對客戶要求相當大的彈性和寬容。

比如說，對沖基金經理人可以購買房地產，或是取得他們認為被低估了的公司（公有或私有）的所有權。若他們認為未來的政策對石油業有利，他們可能會開始出租油桶或是大量投資國外石油公司。他們也可能投資其他資產如木材、放空股票（也就是賭股價會下跌）、期貨衍生性商品（commodity derivatives），當然還有就是和本書最密切相關的，比特幣和其他加密資產。

即使透明度和流動性都極低，資金充足的投資人依舊紛紛投奔對沖基金的懷抱，只為追求如鮑爾森、西蒙斯等經理人同樣的投資績效。此外，能夠投資對沖基金的投資人都具有一個特色，那就是他們都有足夠的資產，能夠承擔對沖基

金經理人操盤方式和資產固有的高風險和高波動性質。對一般普遍投資人來說，對沖基金的高資產要求、低流動性、低透明度等特性，都使其難以親近。幸運的是，要在任一投資組合中加入另類投資項目，並不如多數人想的那麼難。

定義另類投資項目

所以到底該如何定義「另類投資項目」呢？網路搜尋的結果，以及字典上的定義，都導致讀者認為這個專有名詞難以定義，因為其中的投資項目太包羅萬象了，從對沖基金到私募股權（private equity），甚至是直接投資自然資源如黃金或木材，都算的是上另類投資項目。

事實是，要將另類投資項目分類不大容易，因為投資項目和趨勢總是日新月異。許多投資人的投資組合中早已經包含了另類的投資機構，只是沒有用這樣的專有名詞來指稱它們而已。像是專精套利策略或是期貨契約的指數股票型基金（exchange traded fund，ETF），雖然表面上看起來只是一般的指數股票型基金，但事實上可以被視為另類投資的一種。實際持有金、銀、不動產、藝術收藏，或是個人公司等，都算是個人身價的一部分，因此，也可以被視為是另類投資的一種。

一個較新穎也較簡明的定義方式，則是將另類投資定義為具有其獨特經濟和價值特色的資產，且和主流投資項目（如股票和債券）有明顯分別者。對投資人來說，最重要的一點，是這個資產的績效表現必須和股票和債券——絕大多數投資人的投資組合中都包含這兩者——不相關，而許多另

類資產都符合這個條件。

做得好的話，當整個市場再經歷像二○○八年那樣的大崩潰時，投資組合中的某些另類投資也不會貶值。同樣地，當市場回升時，這些資產也不一定會隨著升值，它們可能還會反過來貶值，但這就是要達到整體避險所要付出的代價。做爲創新投資人整體投資組合中的一小部分，另類投資能有效分散風險，並在股票或債券市場崩盤時扮演緩衝的角色。

另類投資和創新投資人

今日的創新投資人可以在充分了解風險和報酬的情況下，設計自己的投資組合和資產配置策略，而另類投資項目也可以在這方面助投資人一臂之力。財富管理公司現在更積極投入，研究另類投資如何能爲客戶帶來更高的報酬。

比如說，摩根士丹利公司就勾勒了數個資產配置模型，供高身價投資人參考，對於手上可投資資產在2500萬美元以內的投資人，這些模型大都建議投資人做56％股票、19％債券、3％現金、22％另類投資的分配；而對於手上可投資資產超過2500萬美元的投資人，資產配置模型則建議他們做50％股票、19％債券、3％現金、28％另類投資的安排。美林證券公司（Merrill Lynch）提供給一般客戶的資產配置模型，則建議在投資組合中包含大約20％（或是稍高）的另類投資項目。

很明顯地，納入另類投資項目的投資方法，不應只限身價高的投資人使用。長久以來，另類投資項目一直沒有被納入散戶投資組合的原因，是由於流動性不足的緣故。許多散

戶投資人沒辦法保證，自己可以十年都不需要動用這筆資金，因此，許多另類投資項目對他們都遙不可及。然而，這一切都將改變。

過去十年間，為了解決以另類投資項目來增加傳統資本市場的多樣性，並降低相關性，財富管理公司不斷為一般投資人創造新的投資選項。指數股票型基金的增加，帶來了另類資產如黃金、能源、不動產等的短期投資，以及操弄市場波動的方法。因為透過資本市場，很容易可以接觸到這些產品，所以這些機構便悄悄地進入了投資人的投資組合中，許多財務顧問也開始將這些產品列入推薦清單中。二〇一五年，一項針對財務顧問所做的調查充分反應了此一現象，該項調查結果顯示，這些財務顧問所經手的客戶中，有3％都參與了另類投資，而且，有將近四分之三的顧問打算繼續維持現有的另類投資配置。

調查同時也指出，以資產配置而言，絕大多數的財務顧問都建議客戶在投資組合中，納入6％至15％的另類投資。另外有一小部分的顧問──比例較低，但人數也不容小覷──則建議客戶在投資組合中，納入16％至25％的另類投資項目。

比特幣和其他加密資產，都可以安全成功地納入多樣化的投資組合中，以符合上述的資產配置建議。然而，每一項另類投資都有其獨特之處，創新投資人也必須對這些特色多加了解。

比特幣和其他加密資產的潛能相當之大，我們認為它們應該被視為一個獨立的資產類別。這樣的分類方式，在許多創新投資組合中也確實越來越普遍。我們接下來將解釋，為

什麼我們認爲主流散戶投資組合納入加密資產的比例會逐漸攀升，而在那之前，我們會先探討比特幣從誕生以來的風險、報酬、風險報酬及分析各方面的演進。

第七章
二十一世紀最引人注目的另類資產

　　比特幣是二十一世紀最令人興奮的另類資產，它也爲自己眾多的數位同胞手足，開創了一條通往成功的康莊大道。在本章中，我們將一探比特幣做爲一項資產，在絕對報酬、波動性、相關性等方面的演進過程，並說明即使只納入一點點的比特幣，也可能因爲持有時間的不同，對投資組合帶來影響。因爲比特幣是當前最資深的加密資產，所以能幫助我們研究其成熟演進過程的資料量也最大，了解比特幣長期的市場行爲，也可以幫助我們一窺其他加密資產可能的演進方式。

比特幣最早期的價格

　　讓我們回到二○○九年十月五日，這一天，第一次有人爲比特幣定了價，當時的價格是1309枚比特幣兌1美元，也就是一顆比特幣值0.007美分。這個定價是由一個名爲「新自由標準」的小網站所訂定的，當時他們是以開採比特幣所需的電費和放置採礦用電腦所需的房租價格，對比付出這筆資金所能收穫的比特幣來計算其價格。

　　當時，若是有投資人找上世界僅有的幾個比特幣礦工，並根據上述的匯率，以100美元的代價，購買13萬又900枚比特幣，這個投資人現在就擁有1億元美金的資產。一張百元大鈔，變成100萬張百元大鈔：這無疑會登上史上最佳投資

排行榜。

然而，能抓住這樣的大好機會，只能是所有投資人永遠難以忘懷的夢想。當我（傑克）在二○一三年八月，第一次投資比特幣時，比特幣的交易價格是135美元，這已經比一開始的1309枚比特幣兌1美元漲了不少。然而，我當時認為為時還不太晚，便決定出手投資。

同樣地，我（克里斯）在二○一二年第一次聽說比特幣的時候，壓根沒有考慮過要投資它。到了二○一四年底，我終於開始考慮要將比特幣納入我的投資組合中時，交易價格已經來到了350美元上下，是最初匯率的46萬倍。但是我也跟傑克一樣，覺得時間還不算晚，毅然決定投入。也許有創新投資人覺得比特幣現在的價格太高了，但我們的建議是：「考慮一下吧。」我們相信現在還算是加密資產發展的早期階段。

絕對報酬

為了給讀者更多背景資訊，以了解比特幣最初八年的行為表現，我們會拿傳統及另類資產類別中較受歡迎的投資項目來做比較。以絕對報酬來說，和其他資產長期比較下來，比特幣的表現令人瞠目結舌。但我們也別忘了終點敏感度（endpoint sensitivity）的重要性。終點敏感度指的是，我們在選擇比較時間區段的起始和終點日期時，因為幾乎所有資產的價值都會隨時間大幅波動，所以選擇低點做起始點，高點做終點和選擇高點做起始點，低點做終點，會產出截然不同的比較結果。

在這一章中，我們會用二〇一七年一月三日做爲分析終
點，因爲這一天正是比特幣誕生八週年紀念日。有了固定的
終點後，我們就可以更有彈性地訂定起始點（包括比特幣在
二〇一三年最知名的價格高峰）。爲了弭平某些人對於我們
可能挑選對自己的觀點有利的數據進行分析的疑慮，我們想
特別指出，在二〇一七年一月三日，比特幣的價格約在1000
美元上下，但是，在這本書進入最後編輯階段時，比特幣的
價格已經超過了3000美元。儘管如此，我們爲了追求知識的
眞實，還是維持用1000美元的價格，來進行以下各項比較分
析。

　　首先，我們從可信的匯率資料中，找出比特幣最長期
的價格紀錄。圖7-1顯示比特幣和三大股票市場指數：標
準普爾500指數（S&P 500）、道瓊工業指數（Dow Jones

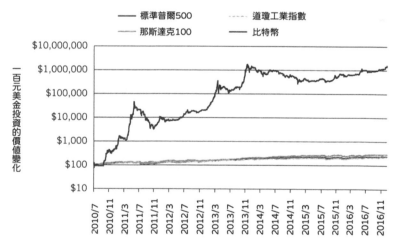

圖7-1　自Mt.Gox開張日起，比特幣績效和美國主要股票指數的比較
　　　　資料來源：《彭博商業週刊》和CoinDesks

Industrial Average，DJIA）、那斯達克100指數（NASDAQ 100）等的個別比較。這項分析的假設是，有人在二〇一〇年七月十九日，也就是在Mt.Gox正式開張，開始提供第一個被廣泛使用的比特幣交易服務前幾天，投資了100美元。

這幾個全市場指數反應股票市場的平均表現，標準普爾500指數約占全美股票市場總市值的八成，道瓊指數代表了全美市值最高的三十檔股票，而那斯達克100指數則包含美國國內和世界各地的大型上市公司，其中組成的產業類別主要為電腦軟硬體、電信、生物科技等。請注意，圖中的Y軸使用了對數尺，以便完整呈現這幾個全市場指數，換句話說，要是用線性尺度呈現的話，有些部分會看不見。

自二〇一〇年七月起，這三大全市場指數的表現就很亮眼，美國股市終於在經歷了二〇〇八年的金融危機後，進入復甦牛市。100美元的原始投資金額，在標準普爾500指數、道瓊工業指數、那斯達克100指數下，分別會成長到242、231、291美元。儘管股票市場的報酬已經相當出色，但和比特幣一比之下，便相形失色。在相同時間內，100美元的原始投資金額，到了二〇一七年一月初便會成長至將近130萬美元。

線性和對數

在表示資產價格變化時，經常使用兩種不同的尺度——線性和對數。使用線性價格尺度時，Y軸的數值改變是固定的，舉例來說，以美元為單位的情況下，每10元的漲幅在圖上看起來都是一樣的，不管是從10元漲到20元，還是從100

元漲到110元；而對數尺度則會調整Y軸的刻度——在金融領域通常都用10的因數——使我們能從圖上看出價格上漲的百分比。舉例來說，Y軸若用對數尺度做刻度，則從10元漲到20元的漲幅，就會比100元漲到110元的漲幅來的明顯，因為前者漲幅百分之百，後者則只有10%；不過，在對數尺度上，10元漲到20元和100元漲到200元的幅度，看起來就會是相同的。對數尺度可以用來比較長時間的價格百分比變化，或是用來將數值差異極大的數據，壓縮進同一張圖表中。

我們也可以拿這些指數的複合年成長率（compound annual growth rate），或是年度增值年增率（annual appreciation year-over-year）和比特幣做比較。後金融危機股市的牛市表現很明顯，標準普爾500指數的複合年報酬率達到將近15%，比自一九二八年至二〇一六年，這八十八年間的平均9.5%高出了五成。圖7-2顯示，儘管美國股票市場表現優異，比特幣在這八年間的複合年報酬率還是明顯高出一大截，來到332%。

與其拿比特幣來跟全市場指數比較，拿它來跟同樣乘著科技創新的浪潮，快速成長的公司來比較，可能更公平一點。以臉書、Amazon、Netflix、Google等五大科技類股組成的尖牙股（FANG stocks），在過去幾年一直是許多科技業分析師的頭牌，不僅表現遠遠超過全市場指數，更形塑著日漸數位化的世界。然而，根據圖7-3所示，即使是尖牙股，自二〇一二年五月Facebook首次公開發行（initial public offering，IPO）後的表現，也遠遠不及比特幣[6]。請讀者注意，這張圖的Y軸一樣用了對數尺度。

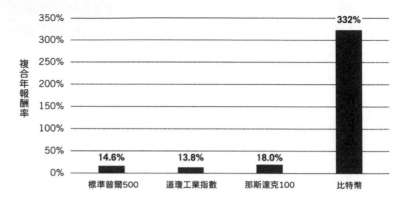

美國主要指數表現（2010年7月19日至2017年1月3日）

圖7-2 自Mt.Gox開張日起，比特幣複合年報酬率和美國主要股票指數的比較
資料來源：《彭博商業週刊》和CoinDesks

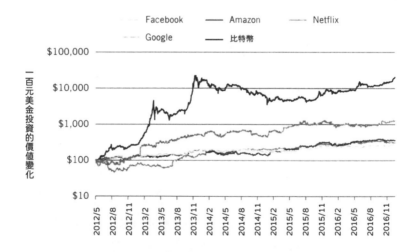

圖7-3 自Facebook首次公開發行起，比特幣和尖牙股的績效比較
資料來源：《彭博商業週刊》和CoinDesks

在Facebook完成首次公開發行那天，投資100美元到Facebook、亞馬遜、網飛、Google，到了二〇一七年一月三日結束時，分別會獲得306、352、1276、262美元的報酬。就算跟這些明星科技股相比，比特幣的表現也贏過10的好幾次方倍，在初始投資金額100美元的情況下，可以得到20133美元的報酬。相較之下，比特幣在這段時間的資本增值，分別是尖牙股成員的六十六倍、五十七倍、十六倍、七十七倍。

要讓讀者更有概念，並讓尖牙股的表現能夠拿來跟全市場指數做比較，我們可以再將上述報酬轉成複合年報酬率（compound annual rate），如圖7-4。如此一來，我們可以看到，在過去兩年間，尖牙股成員的複合年報酬率大約是全市場指數的兩倍，其中又以網飛的表現最突出。然而，一旦拿來和比特幣做比較，各投資項目就都相形見絀了。

請記得，二〇一七年一月時，比特幣的網路價值分別只有尖牙股成員的二十分之一、二十二分之一、三分之一、三十三分之一。因此，在比特幣成長到那樣的大小之前，還有很多投資機會。很明顯地，比特幣也還在發展的前期而已，更不用說它的其他數位手足了。

要是你覺得前面幾張對數尺度的圖表看起來都很像，那是因為它們真的差不了多少。比特幣瘋狂的漲幅讓其他資產顯得渺小，而且那還是在Y軸用對數尺度的情況下。要是Y軸用線性尺度呈現，則可以將前面所有圖表濃縮成如圖7-5的樣子，我們可以看到，只有Netflix的走勢稍微有點不同。另外，我們還納入了美國股票之外的其他資產，如美國債券市場、美國不動產市場、黃金、石油等等。黃金和石油的投

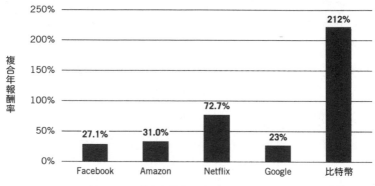

圖7-4　自Facebook首次公開發行起，比特幣和尖牙股的複合年報酬
率比較
資料來源：《彭博商業週刊》和CoinDesks

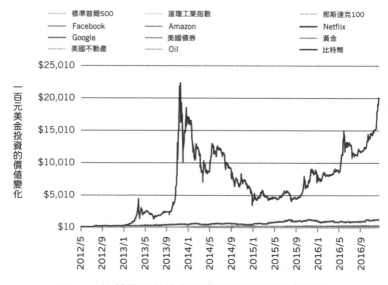

圖7-5　比特幣和其他主要資產類類型的漲幅比較
資料來源：《彭博商業週刊》和CoinDesks

資人的運勢糟透了，截至二〇一七年一月三日，他們分別損失了30％和40％的資產價值。另一方面，自Facebook首次公開發行起，其他資產都有正向的報酬。

現在，創新投資人也許要問，要是他們來不及在比特幣剛誕生，或是在Facebook首次公開發行時就投資呢？現在就讓我們回頭用剛才討論的終點敏感度問題，來解答你的疑惑。要是有投資人真的挑到史上最糟糕的時機，也就是二〇一三年年底，比特幣價格飆升到有如天文數字時買進比特幣，那又會如何呢？

以絕對報酬而言最糟糕的情況：在價格最高時買進

二〇一三年下半，比特幣的網路價值超過100億美元，即使用一般資本市場的標準來看，對於一般散戶投資人而言，也是非常值得投資的資產。在二〇一三年十一月二十九日，比特幣價格來到1242元美金，也就是說，1顆比特幣甚至比1盎司黃金還值錢。

顯然，比特幣的價格已經不可同日而語，要是有創新投資人在這個高點買進比特幣，他的報酬絕對遠遠不及他在Mt.Gox剛開張時，或是在Facebook首次公開發行時就買進比特幣的報酬。事實上，在比特幣價格在二〇一五年一月跌到谷底，再極其緩慢地爬升至原先的高位之前，他就會承受高達八成的損失了。到了二〇一七年一月三日，原先在最高點時花100美元買進的比特幣，現在便只剩83元的價值，但是這筆錢若是投資在標準普爾500指數、道瓊工業指數、那斯達克100等股票市場，則分別會漲到133、133、146美元（見

圖7-6）。

若是在二○一三年十一月二十九日，比特幣價格最高點時，投資人在比特幣和尖牙股任一成員之間，選擇了比特幣，則他獲得的報酬差異就又更大了。如圖7-7所示，臉書、Amazom、Netflix、Google等股票的資本增值，是同時期比特幣的3倍、2.3倍、2.9倍、1.8倍。創新投資人若在臉書首次公開發行後沒多久就買進比特幣，他們確實會因為這個決定而得到不少報酬，但是，要是他們又多等了一年半才出手，那麼故事就完全不一樣了。

同樣在最高點買進的情況，創新投資人若是選擇了非股權投資，像是債券、不動產、黃金或石油等資產類型，他們也較能夠冷靜地度過這一關（見圖7-8）。黃金或石油等期貨商品的表現，從二○一三年十一月開始，就完全稱不上亮

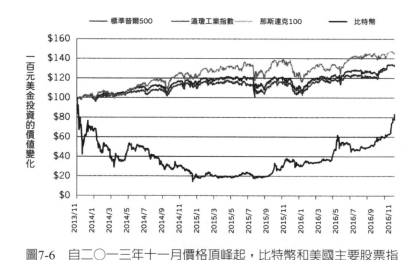

圖7-6　自二○一三年十一月價格頂峰起，比特幣和美國主要股票指
數表現比較
資料來源：《彭博商業週刊》和CoinDesks

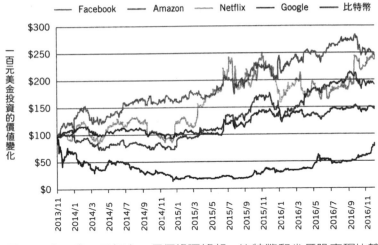

圖7-7　自二〇一三年十一月價格頂峰起，比特幣和尖牙股表現比較
資料來源：《彭博商業週刊》和CoinDesks

眼，而且從這時起直到二〇一七年一月的期間，比特幣的表現甚至超越了石油。而低利率環境則代表，債券雖然可以保存投資人的資本，但卻沒辦法使其有所成長。在這個領域中，美國不動產市場的增值幅度，是唯一可以和股票市場相提並論的。

　　現在，我們已經針對比特幣還算短暫的一生中，可能出現的最佳和最差報酬提出了一些見解。不過，這本書通篇的主旨是要證明我們的看法，也就是比特幣、特定加密貨幣、加密商品及加密代幣等投資項目的價格增值潛能還沒完全發揮出來。

　　採納「定期定額投資法」，可以避免創新投資人過度受投資起始點的影響。相較於拿一大筆錢，一次全部投入單一投資項目，這個策略能讓投資人分次投資，根據自己較能掌

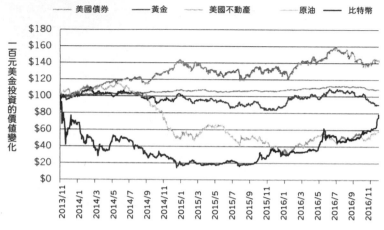

圖7-8　自二〇一三年十一月價格頂峰起，比特幣和非股權資產的表
現比較

資料來源：《彭博商業週刊》和CoinDesks

控的節奏來調度資金。這麼做的話，投資人會在最高點時買進，也會在最低點時買進，只要該項投資有長期的資本增值潛能，最後平均下來，投資人還是能獲得不錯的報酬。

波動性

　　儘管絕對報酬常是眾人經常談論的熱門話題，要是對波動率毫無研究，可能會導致投資人付出與報酬不相稱的巨大風險。換句話說，獲得的報酬恐怕遠低於他們所承擔的風險。因此，創新投資人一定要確保他們獲得的報酬和投資組合的風險相當。

為什麼加密資產在一開始發行時總是波動很大

　　加密資產剛發行時，波動通常都非常極端，這是因為它的交易市場還很小。交易市場大小指的是委託簿大小，而委託簿就是指紀錄買賣交易的列表。換句話說，就是以任一時間點想要買進和賣出該資產的人數來衡量大小。

　　以太坊（以太幣）的委託簿在Poloniex交易平台上。Poloniex是個相當受歡迎的加密資產交易所。每一筆買賣在委託簿上都是一行紀錄，因此，買賣次數越多，委託簿也越厚。要是買進和賣出的次數不多，委託簿就比較薄。不過，這些交易也得有一定的份量，要是每一筆交易都只買進或賣出1美元的資產，則無論有多少筆交易紀錄，委託簿依然很輕薄。

　　委託簿的厚度，便代表著市場的流動性。市場流動性高，交易量就大，其中也可能有較多大筆的交易，在這種情況下，價值就很容易被交易。若是市場流動性低，或是委託簿較薄，則小量交易就會導致巨大的價格動盪，因為一旦有人想買（或賣）大量資產，就會佔去所有可買進（或可賣出）的交易量，導致價格飆升（或下跌）。因此，在委託簿較薄或流動性較低的市場，對市場態度樂觀的投資人就會促使價格大幅上升，而當投資人對市場不樂觀時，大量賣出也會讓價格快速下跌。

　　加密資產一開始發行時，一般來說，因為投資人數量不多、交易頻率低、交易金額小，委託簿往往也就比較薄，這就造成新資產的價格波動性偏高。然而，隨著這些新資產的優點被大量傳播，投資人的興趣和交易量也會跟著增加，委託簿長胖了之後，波動性自然會隨之降低。

將資產波動性視覺化最好的方法，就是去看該資產每天的價格變化，換句話說，就是去看它的每日價格百分比變動（daily percent price change）。每日價格百分比變動越大，該資產的波動性就越大。圖7-9就是比特幣自Mt.Gox開張起，一直到二○一七年一月三日的每日價格百分比變動。

　　這張圖看起來就像地震儀記錄下的圖像，在比特幣早期歷史中，發生過很多次地震，價格在一天之內變動甚至超過50%。不過，隨著時間過去，比特幣地震儀記錄到的價格震盪越來越小。比特幣變得受歡迎，交易量因此水漲船高，市場流動性也變得更大，選擇買進或賣出的人越來越多，市場也能更順利地吸收這些變動。

　　即使比特幣的每日價格百分比變動至今已大幅降低，來到和許多小型成長股相同的範圍內，比特幣依舊屬於波動性高的資產。圖7-10中，我們可以比較比特幣、Twitter和資本市場中堅分子AT&T在二○一六年的每日價格百分比變動波動。

　　在二○一六年，Twitter有三天的價格下跌超過15%，另外有一天的價格則是上升了20%。同時，比特幣只有兩天的價格上升超過10%，且只有一天的價格下跌超過15%。至於介於兩者中間穩健前進的AT&T，這間資本2700億美元的大公司，價格就幾乎沒有什麼變動。

　　取得波動性數值最常見的方式，就是計算每日價格百分比變動的標準差。數字越大，投資人持有的資產就越可能出現大幅度價格動盪，也就是說，該資產的風險越高。圖7-10就顯示了比特幣、Twitter、AT&T在二○一六年的每日價格百分比變動。

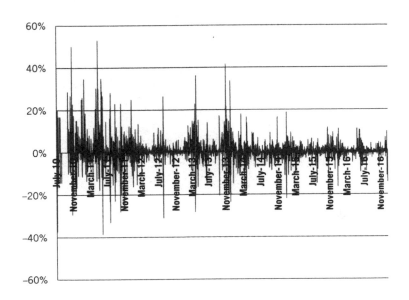

圖7-9　自Mt.Gox開張日起，比特幣每日價格百分比變動
資料來源：CoinDesk

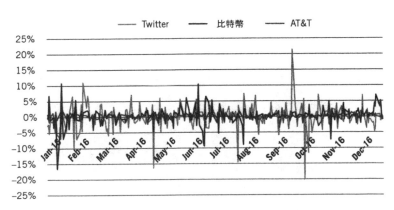

圖7-10　二〇一六年比特幣、推特、AT&T的每日價格百分比變動比較
資料來源：《彭博商業週刊》和CoinDesk

在二〇一六年，Twitter的波動性比比特幣高出50％，而比特幣的波動性更是AT&T的三倍。由於比特幣的網路價值不到AT&T市值的5％，且存在時間不到十年，相較於已有超過一世紀歷史的AT&T，比特幣波動性高出如此之多也是可以想見的。

回過頭來檢視尖牙股，我們會發現一個有趣的波動模式。讓我們回想一下，之前討論現代投資組合理論時說到，根據過去的經驗，波動最大的資產也會是報酬最高的投資。風險（如波動）和報酬關係密切：所有報酬都有其相對的風險。圖7-12可以看到比特幣的波動性最高，其次是Netflix，而這兩項也是表現最好的投資項目。有趣的是，在這段期間，比特幣的年報酬率高達212％，比網飛的73％高出三

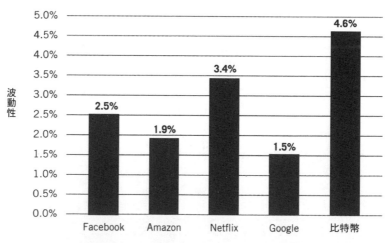

圖7-12　自Facebook首次公開發行起，比特幣和尖牙股成員的波動性比較
資料來源：《彭博商業週刊》和CoinDesk

倍，但比特幣的波動性卻只比網飛高出了35％。我們可以很明顯地看出，比特幣的風險報酬特性比網飛更好。而報酬率只有23％，在尖牙股各成員中表現最不好的Google，其波動性也最低。

如我們在前幾章中所學到的，要直接計算資產的風險報酬率很簡單。算起來，從臉書首次公開發行到二〇一七年一月三日這段期間內，比特幣是上述這些資產中，風險報酬率最佳的資產。

但要確認其真實性，讓我們來看看數字怎麼說。

夏普比率

絕對報酬和波動性各有其重要性，而當我們把兩者放在一起看時，便是所謂的夏普比率，這也是投資人必須考慮的一個重要衡量參數。記得，絕對報酬除以波動性，就可以算出每單位承擔風險所帶來的報酬。夏普比率越高，就表示該資產根據投資人每單位承擔風險所帶來的報酬越高。這項參數在現代投資組合理論中極為重要，因為當進取的投資人只對著大筆報酬流口水時，創新投資人卻能同時注意到賺取該筆報酬所需承擔的風險。

如同前幾章討論中所提到的，將報酬和波動性整合到同一個算式中，我們就能以更對等的方式比較各項加密資產，或是其他傳統及另類資產。以現在來說，加密資產的波動性往往高出其他資產許多，而透過夏普比率，我們便能從報酬的角度，去了解其波動性。

跳脫夏普比率的框架，改從投資人的週期設定去考量波

動性，也很重要。雖然有些波動性高的資產在長期來說，夏普比率可能相當亮眼，但這種資產就不太適合需要在三個月後拿出一筆頭期款來買房子的投資人。

拿比特幣和尖牙股一比較，就可以看到比特幣的波動性確實最高，但到目前為止，比特幣的報酬率也是最高的。其夏普比率不但最高，而且還高出相當多。比特幣投資人的每單位承擔風險可以拿到的報酬，是臉書投資人的兩倍，也比排名第二的網飛投資人高出四成（請見圖7-13）。

比較比特幣和尖牙四股的夏普比率，可以明顯看出兼具穩健報酬和低波動性的重要性。臉書的年報酬率雖然只比亞馬遜略低，又比Google高，其波動性卻明顯高過這兩者，因此，自公開發行日起，臉書投資人因承擔風險而獲得的回饋

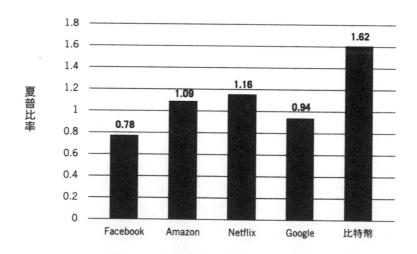

圖7-13　自Facebook首次公開發行起，比特幣和尖牙股成員的夏普比率比較

資料來源：《彭博商業週刊》和CoinDesk

報酬是最差的。

　　如圖7-10「每日價格百分比變動」所示，比特幣的每日動盪隨著時間日漸趨緩，也就是說，其波動性越來越低。然而，隨著波動性下降，其年增值率也漸趨緩和。從圖7-14，比特幣二〇一一到二〇一六年的夏普比率變化中，我們也再次見證了風險和報酬的關係。

　　比特幣的夏普比率只有在二〇一四年時，一度出現負值，其價值在這一年間蒸發了六成。還記得嗎？二〇一四年正是比特幣從二〇一三下半年的高峰，開始往下墜，直到二〇一五年初到達谷底的那一年。那一年，中國頒布了相關法規進行限制，Mt.Gox遭受重創，還有絲路網站的相關活動，都影響著比特幣的價格。而二〇一六年則是自二〇一三年以來比特幣的風險調整後之報酬率（risk-adjusted return）最佳的一年。進一步比較比特幣在二〇一三年和二〇一六年的表現會發現，雖然比特幣在二〇一三年的報酬率比二〇一六年高出非常多，但夏普比率卻只有二〇一六年的兩倍，如圖7-15所示。

　　比特幣在二〇一三年的資本增值是二〇一六年的四十五倍，因此我們可以合理預期，比特幣二〇一三年的夏普比率，也會比二〇一六年高出許多倍，不過，這就是每日波動和夏普比率的計算方式要上場的時候了。首先，二〇一三年的波動率是二〇一六年的三倍，也就是說，投資人在二〇一三年承擔的風險是二〇一六年的三倍。因此，儘管二〇一六年的報酬率低了許多，其風險報酬比還是和二〇一三年差不了多少。再來，夏普比率的計算方式，採用的是平均周報酬，而非一整年的資本增值率。

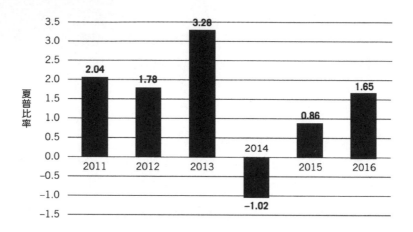

圖7-14　自Mt.Gox開張日起，比特幣的年度夏普比率變化
資料來源：《彭博商業週刊》和CoinDesk

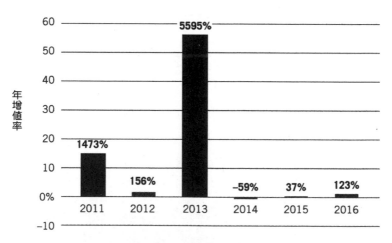

圖7-15　比特幣年增值率
資料來源：CoinDesk

在比較比特幣和標準普爾500、道瓊工業指數、那斯達克100等全市場指數時，從夏普比率也能看出很多細節。我們已經知道這些指數的年報酬率都較比特幣和尖牙股來的低，但因為這些指數包含了豐富多元的股票，而多樣性能降低波動性，因此，這些指數的波動性都較低。此外，這些指數，內含的股票都是市值很高的股票，尤其道瓊工業指數更是如此。一如我們在AT&T身上所觀察到的，這些市值高的股票歷史都非常悠久，因此，相較於變動迅速的科技產業，也更加穩定。圖7-16是比特幣和上述三個全市場指數的夏普比率比較圖，此處採取和之前比較絕對報酬時相同的日期區間：二○一○年七月十九日到二○一七年一月三日。

這張圖表再次顯示，當我們計算夏普比率時，絕對報酬高低會受到波動性的影響。儘管比特幣的夏普比率大約比這三大全市場指數已經高出了60％，這和其絕對報酬的差異相

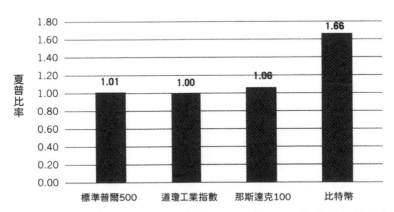

圖7-16　自Mt.Gox開張日起，比特幣和美國主要股票指數的夏普比率比較

資料來源：《彭博商業週刊》和CoinDesk

比，還是小巫見大巫，因為在這段時期，比特幣一年的絕對報酬比這些全市場指數高出約二十倍。

圖7-17是比特幣二〇一六年的夏普比率，和這三個全市場指數的比較圖。因為二〇一六年是比特幣波動最低的一年（大約和一般小型至中型資本股票相當），拿這個時期來和一般股票做比較最為恰當。令人驚訝的是，比特幣二〇一六年的夏普比率幾乎和它自Mt.Gox開張以來的整體夏普比率差不多高（1.65比上1.66）。Mt.Gox是第一個讓主流投資人也能夠投資比特幣的交易所。

有些人認為投資比特幣的最佳時機已經過了。不過，只要看一下夏普比率就會發現，比特幣二〇一六年的風險調整後之報酬率，和從主流市場剛開始能投資比特幣時就出手的投資人所獲得的報酬率差不多。

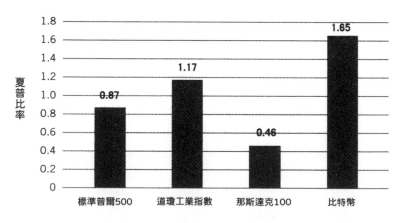

圖7-17　二〇一六年，比特幣和美國主要股票指數的夏普比率比較
資料來源：《彭博商業週刊》和CoinDesk

相關性

建立投資多樣性，靠的是挑選各式各樣，彼此相關性極低或甚至負相關的資產。一組股票自然比單一股票來得更多樣化，因此，波動性也應該較低。另外，加密資產和其他資本市場資產的相關性趨近於零，之所以如此的原因，最有可能是因為加密資產實在太新了，資本市場的投資人大都還沒加入這場遊戲。因此，加密資產不會跟著傳統資本市場資產的消息起舞，至少目前還不會。

圖7-18清楚顯示，當一項資產和投資組合中的其他資產呈現零相關性時，則「有可能大幅降低風險」。量化地來說，從投資組合波動性的降低，就可以看出風險也降低了。

若是一項資產光靠和其他資產呈低相關或負相關，就能降低投資組合整體的風險，則該資產不必有極高的絕對報酬，也能改善投資組合的整體風險報酬比。由於夏普比率是報酬除以風險，只要風險變小，分母就會變小，夏普比率便會變大，報酬高低完全不需做任何變動。

相關係數	多樣化對風險的影響
+1.0	不可能降低風險
+0.5	有可能稍微降低風險
0	有可能大幅降低風險
−0.5	絕大多數風險都能消除
−1.0	所有風險都能消除

圖7-18 多樣牲對風險的相關係數和效應
資料來源：《漫步華爾街》，墨基爾，二○一五

當然，我們也有可能找到一項資產可以在幫投資組合拉低風險的同時又提高報酬。只是要找到這樣的資產不僅非常困難，也會讓人有種作弊違反風險報酬定律的錯覺。畢竟，我們已經知道了，資產的報酬越高，風險也往往越高。不過，投資組合和單一股票不同，投資組合是包含了好幾種投資項目的組合。投資組合中的新資產表現，和既有資產的相互作用，才是讓我們能同時降低風險又提高報酬的關鍵。

加密資產是多樣化的靈丹妙藥

　　大多數人都會合理預期，將比特幣加入投資組合後，絕對報酬會增加，而投資組合的風險也會提升（波動性增加）。然而，我們必須記住，比特幣等於高波動性的現象只存在早期，也就是交易量還很低（委託簿還很薄）的時候。相反地，這個現象在近幾年已經變得更微小：比特幣的波動緩和了，但它和其他資產的相關性依舊偏低。甚至有幾年，比特幣還能施展一下我們之前提的神秘魔法，在提高報酬的同時，還降低投資組合的風險。

　　問題是，比特幣和其他資本市場資產的低相關，甚至負相關性，會如何影響投資組合的波動性？且讓我們用美國散戶投資人協會所定義的「溫和型投資人」做為範例，來進行分析。根據美國散戶投資人協會的定義，溫和型投資人會將七成的資金投入股票，另外三成投入債券，這是常見的資產配置模型。創新投資人也可以走溫和路線，並在股票和債券外增加資產多樣性，納入如比特幣等另類資產。對投資比特幣有興趣的創新溫和型投資人，可以把股權投資組合中的一

小部分，例如1％，拿來購買比特幣。如此一來，他們能繼續維持投資組合的整體風險等級，因爲股票的風險一般比債券更高，所以這裡用高風險資產來替換高風險資產是合理的做法。

我們建立了一個模型，來模擬比較七成股票和三成債券的投資組合，以及1％比特幣、69％股票、30％債券的投資組合，兩者的行爲有何異同。我們會用標準普爾五○○指數來模擬股票的走勢，而債券的走勢，則用彭博巴克萊美國綜合債券指數（Bloomberg Barclays U.S. Aggregate Bond Index），一個大規模的美國債券指數，來進行模擬。

我們利用每季的重新平衡來進行計算，以維持原始的百分比目標。隨著時間過去，價格的起伏會改變各資產在投資組合中所占的百分比，因此，較常見的做法是每一季評估一次，並進行小額買賣交易，把投資組合調整回原來的目標百分比。舉例來說，如圖7-19所示，投資人要是在四年前買進1％的比特幣，到了二○一七年初，該投資組合中的比特幣占比就會高達32％。投資組合配置1％或是32％的比特幣，這項差異會大幅影響投資組合的風險等級，而且不見得適用於原來的投資人。因此，重新平衡是相當重要的一步。

要是創新投資人在二○一三年初、二○一三年價格高峰、二○一五年初，分別將其股權資本的1％分配給比特幣投資，並進行每季的重新平衡，且一直持有該比特幣資產直到我們訂定的二○一七年一月三日，又會發生什麼事？有趣的是，雖然1％的資本投資在其他任何資產都顯得微不足道，但是投資進比特幣時，卻會帶來決定性的結果。

在二○一三年初，比特幣價格約在10美元左右，且還要

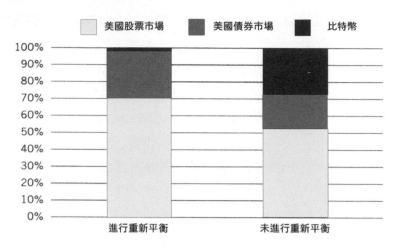

圖7-19　是否進行重新平衡對投資組合的影響
資料來源：《彭博商業週刊》和CoinDesks

經歷動盪的二〇一三和二〇一四年，因此，不意外地，這項
投資帶來更多絕對報酬的同時，也提高了投資組合的波動
性。如圖7-20所示，1%的比特幣配置，使複合年報酬率上
升，波動性也提高了4%。在這個案例中，提高波動性是值
得的，因為加入了比特幣的投資組合，其夏普比率上升了
22%，也就是投資人所承擔的每單位風險，都帶來更高的報
酬（請注意，此處文字敘述是用四捨五入前的數字做比較，
而表格中顯示的則是四捨五入後的數字）。

　　要看複合年報酬率高出3.2%的投資組合，在四年間的
影響有多大，就要看結果。若是兩個投資組合都在一開始投
入10萬美元，有比特幣的投資組合表現較佳，其最終成果會
達到17萬元，而沒有比特幣的投資組合則只有15萬元的成
績，四年下來，差異就高達2萬元美金。

持有四年（2013年1月至2017年1月）

參數	基本投資組合	1%股票換成比特幣
每週波動率	1.13%	1.18%
夏普比率	1.28	1.57
複合年報酬率	10.8%	14.0%

圖7-20　配置1%比特幣的投資組合，與未配置比特幣的投資組合，
四年間的表現比較
資料來源：《彭博商業週刊》和CoinDesk

　　現在輪到比特幣的終極考驗：要是投資人在二○一三年十一月二十九日，比特幣價格最高點時，撥出投資組合的1%來買進比特幣，且一直持有到二○一七年初，又會發生什麼事呢？我們可以合理預測，即使只配置了1%的比特幣，也會明顯拉低投資組合的報酬，並影響夏普比率。不過，這就是重新平衡和定期定額投資法派上用場的地方了。投資人會先遭遇一年的價格下跌（二○一四），然後再享受兩年的漲勢（二○一五、二○一六）。透過重新平衡，投資人會慢慢增加比特幣的持有量，以補足因為價格下跌而縮水的比例。另一方面，投資人也能透過定期定額投資，壓低投資成本。結果呢，在這段期間內，兩個投資組合的複合年報酬率差不多，更令人意外的是，含有比特幣的投資組合，其波動率居然還比較低！多樣化的力量一覽無遺，而且，在投資組合中加入1%比特幣的投資人，其投資組合在這段時期的夏普比率甚至還略勝一籌（見圖7-21）。

持有三年（2013年11月29日至2017年1月）

參數	基本投資組合	1%股票換成比特幣
每週波動率	1.17%	1.16%
夏普比率	0.89	0.90
複合年報酬率	7.5%	7.6%

圖7-21　配置1%比特幣的投資組合，與未配置比特幣的投資組合，
自二○一三年十一月起的表現比較
資料來源：《彭博商業週刊》和CoinDesk

持有兩年（2015年1月至2017年1月）

參數	基本投資組合	1%股票換成比特幣
每週波動率	1.24%	1.22%
夏普比率	0.54	0.61
複合年報酬率	4.7%	5.3%

圖7-22　配置1%比特幣的投資組合，與未配置比特幣的投資組合，
在兩年間的表現比較
資料來源：《彭博商業週刊》和CoinDesk

　　不過，最大放異彩的要算是二○一五到二○一七這兩年
了。如圖7-22所示，配置了1%比特幣的投資組合，其波動
性較低，複合年報酬率又多出0.6%，因此其夏普比率比另
一個投資組合高上14%。在自然情況下，創新投資人便有了
一隻能降低波動、提高報酬的金雞母，使其投資組合的夏普
比率加倍提升。

　　在前面幾章，我們探討了使用現代投資組合理論和資產

配置等工具，來為創新投資人建立有效投資組合，並找出合適又引人注目的投資選項的必要性。在本章中，我們則是透過現代投資組合理論，來觀察比特幣做為長期投資項目的可能性。下一章節，我們將會討論比特幣和其數位手足的共通特性，加密資產晉身全新的投資型資產類型，這是當前的資本市場必須正視的議題。

第八章

加密資產定義為新的資產類別

　　到目前為止，我們討論了比特幣的誕生、區塊鏈崛起成為一種通用技術、加密資產整體的歷史、投資組合管理的關竅、並以現代投資組合理論，檢視比特幣在誕生後的八年期間，可以有怎樣的表現。接下來，創新型投資人需要學習一種架構，用以理解所有加密資產可能出現的基本模式。為了打好學習框架的基礎，我們首先得定義加密資產究竟屬於何種資產。

　　比特幣和它的數位兄弟姊妹，應該定義為商品嗎（這也是美國商品期貨交易委員會的定義）？抑或偏向美國國家稅務局所認定，屬於財產呢？美國證券交易委員會對加密資產的類別屬性，目前則未有定論，不過該委員會在二○一七年七月曾發表一份報告，細述某些加密資產何以被列為證券，其中一項重要的條件就是具備去中心化自治組織。

　　監管單位試圖針對某些加密資產明確地做出定義（儘管不是全部），此舉無疑是認可了加密資產的重要性。然而，現行法令都有個共同的缺點，便是各機構都是用過去的經驗來理解加密資產。

　　此外，不同的加密資產之間價值也完全不同，則讓情況越形複雜。加密資產彼此之間差異性很大，就如同每支股票也都差異甚大，分析師會根據股票市值、產業類別、地理位置的不同，將公司分成不同類別。比特幣、萊特幣、門羅幣、達世幣及大零幣都符合貨幣定義的三個條件：能作為交

易媒介、具有價值儲存功能、能作爲記帳單位。然而,一如大家所知,有些其他的加密資產,其功能偏向數位商品、或稱加密商品(cryptocommodity)。這些加密商品包括以太幣、storj幣、雲儲幣、Golem幣。另外還有其他各式各樣、專爲終端用戶應用的加密代幣,例如augur、斯蒂姆幣、singularDTV,或是各類遊戲幣。此外,所有加密資產不但寫滿密密麻麻的程式碼,而且這些程式碼還在持續改寫,因爲使用案例一直在變,這些開源軟體的核心開發人員也認爲他們的加密資產可以達到更好的附加價值。

這些加密資產,每隔幾年(就算不是每幾個月)就重新自我定義一次、打破自身極限。面對這種情況,監管單位又怎能期望用已經有數百年歷史的分類系統,來區分這些加密資產呢?這根本辦不到。

提這一點的目的不是要批評監管單位,而是想讓大家了解,要歸類一項全新的資產類別有多麼困難;當這項資產是全世界首見的數位原生資產時,尤爲如此。

資產類別到底是什麼?

我們多半都知道,股票和債券是兩種主要的投資資產類別;有些人也知道貨幣市場基金、房地產、貴金屬、貨幣這些常見的資產類別(asset class)。但卻很少有人眞正追本溯源,去了解到底何謂資產類別。

1997年,大和證券集團副總裁羅伯特・格雷爾(Robert Greer)曾在《投資組合管理期刊》發表文章,題名爲〈到底何謂資產組合?〉。文中對「資產類別」有精闢的定義:

資產類別意指一系列資產項目，彼此間具有類似的基本經濟特性，並具備據以與其他資產類別形成區分的共同特徵。

這個定義聽起來還是很模糊。格雷爾繼續定義出三資產的超級類別（superclass）：

- 資本類資產（capital assets）
- 可消耗類／可轉換類資產（consumable/transformable assets）
- 保值類資產（store of value assets）

格雷爾進一步解釋這三種超級類別的區別（粗體爲作者加註）：

資本類資產

資本類資產都有一個共同特徵：**能依照其預期報酬的淨現值，進行適當的估價**。因此，在其他條件都相同的情況下（雖然事實上不可能相同），一項金融資本類資產（例如股票或債券）的價格會隨著投資人的折現率上升而下滑；反之，折現率下降則資產價格上升。此種經濟學特性，就是資本類資產的特徵。

可消耗類／可轉換類資產（C／T）

這類資產會消耗、可以轉換成其他種類資產、也具有經

濟價值，但無法持續產生價值流。此種特性，其重要性在於C／T類資產無法用淨現值分析來估價，因為它本質上不是一種資本。這讓C／T類資產的經濟價值，與資本類資產大相逕庭。C／T類資產的估價，比較常依據的是所流通的特定市場中的具體供需。

保值類資產

第三種資產超級類別是非消耗品、也不能創造收入。但它仍然具有價值，是具有價值儲藏功能的保值類資產，藝術品就是其中一例。另一個用途更廣也更普遍的例子就是貨幣，本國貨幣與外國貨幣都是。在不確定性高的時期，保持類資產具有避險功能（例如美元），也能讓投資組合更多樣化。（作者註：格雷爾沒有說明保值類資產是如何決定價格。）

格雷爾使用的「超級類別」分類方式並非一翻兩瞪眼，因為有些資產同時具有兩種類別的特徵。例如，貴金屬既是C／T類資產、也是保值類資產。貴金屬會使用在電子產品的電路系統中、或被改造成華麗的裝飾物（C／T類資產），但同時也可以單純視為有價值的原物料，不消耗也不做任何改造（保值類資產）。

加密資產顯然偏向C／T類資產，因為它們具有用途、也以數位方式進行消耗。例如，開發人員透過以太幣來進入以太坊電腦，藉此操作執行儲存在以太坊區塊鏈上的智能合約。因此，以太坊這台世界電腦的運作過程中，就必須消耗以太幣。這會引來關注，而公眾關注正是廣告宣傳最大的

助力，創造出以區塊鏈為基礎的「注意力市場」（attention market）。Steemit是一個社交平台，用原生加密資產斯蒂姆幣，來獎勵平台內容的生產者和維護者。斯蒂姆幣創造的經濟系統，讓產出高品質新內容的使用者能獲得獎勵，因為他們創造的內容能增加平台吸引力，進而提高斯蒂姆幣的價值。

　　儘管許多加密資產與傳統C／T類資產相似，都是根據市場的供需動態來調整價格，但對一部分比特幣投資人來說（投資黃金的人也常有類似想法），買幣只是為了保值而已。比特幣之外，其他加密資產的投資人也有類似做法，希望手中所持有的項目會隨著時間增值。因此可以說，加密資產跟貴金屬一樣，同時屬於兩種資產的超級類別。

　　根據格雷爾的解釋，超級類別之下還有類別（class）、類別之下還有子類別（subclass）。這種分類方式，能幫助創新型投資人了解自己的各個投資項目，彼此之間有何關聯性，也有益於投資組合多樣化。

　　例如，在資本類資產這個超級類別下，有一個類別是股票；而股票類別下，還有許多子類別，例如大型價值股、小型成長股。加密資產此類別，介於C／T類資產與保值型資產這兩種超級類別之間。加密資產之下，包括了加密貨幣、加密商品、加密代幣等子類別。

指數型股票基金（ETF）與共同基金
是金融產品包裝形式，不是資產類別

　　要注意的是，不要混淆資產類別跟投資工具。投資工具指的是「承載」標的資產的工具，例如共同基金、指數型股票基金（ETF）、單獨管理帳戶（separately managed account）等。隨著金融工程發展、幾乎每一種資產都能證券化——尤其是指數型股票基金，如今越來越受歡迎——投資人可能會發現，不論何種資產，或多或少都曾經被納入指數型股票基金。例如，目前就有許多比特幣與以太幣ETF，正向美國證券交易委員會（SEC）申請通過。為了明確定義何謂資產類別，我們要特別澄清資產類別、以及資產類別交易的「形式」，兩者之間的區分。

　　將不同的資產類別做出明確的區分，並非易事。對此，格雷爾為我們指出一項重要的指標，便是相同的資產類別都具有「類似的經濟特性」；但除此之外，也只模糊地說「具有與其他資產類別形成區別的共同特徵」。我們已進一步回顧了學術文獻，來釐清不同資產類別之間的差異。這一章中，許多想法源自於二○一五年底至二○一六年，方舟投資（ARK Invest）與比特幣基地（Coinbase）＊共同合作的投資案，當時是這兩間公司首度宣稱應該將比特幣列為新的資產類別。

＊　編註：Coinbase是美國交易量最大的加密貨幣交易所。二○二一年四月十三日於那斯達克上市，成為加密貨幣產業在美國第一家上市的公司。

不同資產類別的區分指標

　　檢視經濟特性的過程中，我們發現主要的差異可以歸納爲管理方式（governance）、預期供應量（supply schedule）、使用案例（use cases）、與價值基礎（basis of value）。經濟特性之外，相同資產類別通常流動性（liquidity）與交易量（trading volume）型態也會類似。先前提過，流動性指的是市場對該資產的需求有多大，而交易量指的是每天進行了多少交易。最後，不同的資產類別其市場行爲也有所不同，其中最重要的是風險、報酬、以及與其他資產項目的相關性。

　　相同類別的資產，會表現出類似的基礎模式。同類別中的不同資產項目表現方式或有稍異，但相較於其他類別，還是比較相似的。

　　同一個資產類別中，全新的資產項目會和其他較爲成熟的資產項目，有不同的表現方式。在加密資產領域，資產成熟度非常重要，因爲歷史最久的加密資產誕生以來也不過才八年，而新的加密資產也密集報到、大概每個禮拜都要蹦出一個。

　　「新興類別」應該是眼下對加密資產最洽當的分類描述。無論何種加密資產，其管理方式、預期供應量、使用案例、與價值基礎，相較於誕生初期，現已相對穩定下來。接下來會持續隨著時間與資產成熟度增加而變動的，是流動性概況與市場特徵。這一章接下來的部分，會聚焦在加密貨幣的經濟特性。此外，不同加密資產會隨著時間過去，展現不

同的流動性概況與市場特徵，我們會在下一章深入討論這種
演變進程、並將其與其他資產做比較。

資產類別的經濟特性

對創新型投資人而言，評估加密資產所需要的分析，與
評估其他資產並無二致。評估的起始點在於能辨識並找到某
些經濟特性；就是這些相同的經濟特性，使某些資產項目被
劃入同一種資產類別。我們認為，檢視以下四個指標，可以
幫助投資人達成評估。

一、加密資產的管理方式

如同國家需要管理，資產也需要管理。一般而言，任何
資產都有三個管理層次：資產管理者、資產持有者、一個或
多個監管單位，來監督經理人與持有者的行為。

例如，一張典型的股票，會有附屬公司的管理階層、公
司股東、及美國證監會等三層監管。

能源商品及其相關衍生商品（例如石油、天然氣）則比
較複雜。對於這些實體商品，管理者與持有者層次的管理通
常較為分散、也遍布全球。至於這些商品的衍生性金融商
品，在美國有商品期貨交易委員會統一監督；指數型股票基
金、共同基金、以及其他以這些資產組成的基金結構，則由
美國證監會予以監督。

貨幣是另一種爭議性較高的資產類別，也有其一套獨特
的管理型態。首先，中央銀行會控管貨幣發行，而該國人
民、全球商業、與國際債權人會共同決定匯率及貨幣使用

方式（雖然在高度控制的國家，這些面向都可以由政府操控）。

不同國家的監管單位各有差異。若某國貨幣管理遭遇困難，則有國際層級的監管單位（例如國際貨幣基金）負責施以援手。

加密資產遵循一項二十一世紀獨有的管理模式，與其他資產類別大異其趣。這套模式主要取經於開源軟體運動。資產管理者及相關的使用案例有三個面向。首先，有一群才華洋溢的軟體開發人員，決定要研發運用原生資產的區塊鏈協定或分散式應用。開發人員遵循了開放貢獻者模式，亦即任何新的開發人員，都可以在過程中透過貢獻技術，加入開發團隊成為其中一員。

然而，開發人員不是唯一負責管理加密資產的人；他們只負責提供程式碼。負責執行程式碼的電腦，其擁有者兼維護者——也就是礦工——也能參與開發過程，因為他們必須下載軟體更新。開發人員不能強制礦工做軟體更新，只能設法說服礦工更新有利於整體區塊鏈的健全，進而讓礦工從中獲得經濟利益。

開發人員與礦工以外，還有第三層管理：提供連結服務的公司，以串起加密資產與社會大眾。這些公司通常會僱用一些核心開發人員；但即便沒有，只要公司在用戶管理方面具有優勢，依然能對系統整體產生重大影響力。

介紹完這三種管理層次後，接下來是加密資產持有者，也就是購買加密資產作為投資、或藉此進入區塊鏈底層架構的終端用戶。開發人員、礦工和公司會持續聽取這些終端用戶的回饋。這確實符合他們的利益，因為用戶不再使用加密

資產，則需求便會下降、價格也會應聲下滑。因此，管理者要持續對用戶們負責。

最後，在監管方面，加密資產也出現新光景。然而，監管單位仍在持續思考該如何有效管理此一新興資產類別。

二、加密資產的預期供應量如何？

一項資產的預期供應量會受其三個管理層面影響，但管理者通常影響力最大。例如，股票一開始會透過「首次公開發行（IPO）」進行最初的股份配發。IPO幫助附屬公司的管理階層，從資本市場募集現金，也能增加公司品牌的曝光。公司可以透過股票薪酬或二次發行繼續發行股份；但倘若發行數量太高，投資人可能會有所反彈，因為他們對公司的所有權被稀釋了。

另一方面，債券則和股票有明顯的差異。公司、政府或企業只要發行債券，就代表背上某項固定金額的債務。除非出現違約，否則該項債務沒有討價還價空間。企業經營過程中，也可能會發行更多債券，但除非債券顯示了公司有財務困難，否則增發債券對前一批發行的債券幾乎沒有影響。

不同的能源商品，預估供應量也不一樣；但為了平衡市場供需、避免供應過剩導致管理者損失，預估供應量幾乎都會有所調校。例如，知名的石油輸出國組織（OPEC），就對石油供應量具有相當大的控制力。

管控貨幣供應量的中央銀行，其控制力比OPEC更大。眾所周知，自二〇〇八至二〇〇九年期間的金融危機以來，各國中央銀行能夠以量化寬鬆的方式發行更多貨幣，要多少有多少。量化寬鬆最常見的手法是透過公開市場操作，例如

買回政府發行的債券或其他資產，來對經濟體注入現金。中央銀行的運作會導致法幣供應量劇增，美金便是如此。

若論材質本身功能，貴金屬的價值遠不如其他常見金屬；但長期以來，貴金屬仍被視爲具有價值，因爲它具有稀缺性及美學功能。貴金屬延展性強、容易彎折變形，因此不可能拿來作支撐結構使用；然而因爲數量稀少、被認爲是一種美學形式，因此在保值功能上還是被認爲是相對安全的標的。同時也需注意，資料顯示黃金的預期供應量呈現通膨趨勢。換句話說，每一年從地底挖出的黃金量，都比前一年來得多，這讓許多金本位者（極度看好商品黃金作爲投資或衡量財富標準的人）感到相當驚訝。

加密資產跟黃金一樣，在供應量的設計上希望能達到稀缺性。有些加密資產甚至比黃金與其他貴金屬更爲稀有。一般來說，會以數學算出預期供應量，接著在底層協定或分散式應用初出時，便設定在程式碼中。

比特幣預計在二一四○年達到最高供應量2100萬枚，在此之前每四年會減半增加供應的速度。目前的供應是年增4%、二○二○年會降至年增2%、二○二四年再次減半變成1%。先前提過，中本聰做這樣的系統設計，原因是他需要在比特幣剛起步時爭取支持，而其做法就是發大量的比特幣給最先對系統有所貢獻的人。隨著比特幣日趨成熟，其原生資產也跟著增值，意味著不再需要那麼大量的比特幣，也能激勵使用者持續付出貢獻。比特幣系統如今已歷時八年有餘，其用途已遠不止於投資目的，這會讓市場對比特幣的需求增加。假以時日，比特幣的發行量最後會趨近於零，但目標是屆時系統已發展得足夠穩定，強大到有貢獻的人都能透

過手續費來獲得足夠的報酬，就像Visa卡或萬事達卡一樣。

　　許多其他加密資產也都循著類似的數學模式發行，只是具體的速率各有不同、差異甚大。例如，以太坊一開始打算每年都發行1800萬顆幣，如此年復一年。此種設計背後的構想是，隨著以太幣的基本基準持續成長，這1800萬顆幣在貨幣基數中占比也會越來越小。因此，供應膨脹率最終會趨近於零。由於以太坊團隊打算改變系統的共識機制，因此目前正重新思考此種發幣策略。改變加密資產一開始就設定好的發行機制固然並非常態，但有鑑於這種資產類才剛興起，這種實驗式的舉動其實也不讓人意外。

　　Steemit平台團隊追求的貨幣政策則更為複雜，包含了斯蒂姆幣、steem power、steem dollar等三種幣。創始團隊一開始選擇每年翻倍增加斯蒂姆幣的供應量。他們是有考量到，這個策略有可能導致斯蒂姆幣爆量，因此也納入了定期減少發幣量的機制；儘管如此，他們很快就發現，即使做了修正，仍不足以避免超高通貨膨脹率、與隨之而來的平台貶值。

　　Steemit幣恰恰做了絕佳示範，說明創新型投資者何以必得檢視系統的貨幣政策、確定政策符合經濟原則，避免落入與斯蒂姆泡沫化類似的困境，我們在第十章會進一步說明這一點。隨著個別加密資產項目趨於成熟，我們期望它們的貨幣政策也趨於穩定，按照一開始設計的數學公式來進行。

三、使用加密資產的方式？

　　一項資產的管理方式與預期供應量，對其使用案例影響甚深。以股票和債券為例，其使用案例頗為直接易懂。公司透過發行股份，從資本市場募集資金，這就是股票；若是以

發債方式募資，那便是債券。貨幣的使用案例亦相當明確，可以作爲交易媒介、具有價值儲藏功能及作爲記帳單位。

商品的使用案例則相對多元。金屬或半導體材料的使用案例，會隨科技發展而改變。例如，矽在以前被視爲無用的原料，但隨著半導體日漸成熟，矽的角色變得舉足輕重，甚至有人說「矽谷」的命名便緣於此（該地根本不產矽礦）。

加密資產的情況與矽極爲相似。兩者均是因科技崛起而躍居要角、使用案例也隨著科技演進而不斷成長與改變。比特幣是目前最典型的例子，其使用案例昭示著去中心化全球貨幣的趨勢。以太幣則彈性較大，開發人員設計的原意是用其作爲去中心化世界電腦的「燃料」。Augur則是一個去中心化預測市場平台，各人在平台上對未來事件進行投注，預測正確就賺錢、預測錯誤就賠錢。

此外，加密資產的交易市場晝夜不分、全年無休。這些市場觸及全球、且永遠對外開放，此特性也讓加密資產與其他資產項目有所不同。

簡言之，相較於此前的任何資產類別，加密資產的使用案例彈性更強。另外，因爲加密資產的誕生與後續操作，都是源於開放原始碼軟體，因此它們也有無限的進化能力。

四、加密資產的價值基礎？

格雷爾定義超級分類時提到，資本類資產（例如股票和債券），都是根據所有未來現金流的淨現值來估價。格雷爾討論淨現值，其概念是「明天的1美元，價值比今天的1美元來得低」。例如，假設一個投資人在自己的儲蓄帳戶裡放進100美元、年利率5%（以前曾有過如此高利率的好日

子），那麼一年後100美元會變成105美元。因此，投資人要不是今天就拿100美元、不然就一年後拿到105美元，但不會想要一年後得到100美元，否則便是實質上有所損失。

C／T類資產視市場的供需波動決定價格，而流動性較高的保值類資產也是如此，例如貨幣。但必須注意的是，貨幣發行國的管理手段可以左右匯率，進而影響其價值基礎。保值類資產（例如藝術品）的估價最困難、也最主觀，因為「情人眼裡出西施」，藝術品的價值在不同鑑賞者的眼中可能有天壤之別。

加密資產的價值基礎有兩個要素：實用性（utility）與投資性（speculative）。

在比特幣區塊鏈上，比特幣的數位單位不會存在於未經使用的交易輸出之外——也就是。因此，其價值基礎很大部分取決於底層區塊鏈能讓資產使用者做些什麼，也就是比特幣的效用價值（utility value）。

效用價值指的是底層區塊鏈的使用目的，換句話說就是使用者對資產有何需求。例如，比特幣區塊鏈被用來交易比特幣，因此其價值有一部分乃在於比特幣的交換功能。同樣，比特幣也被拿來當保值用，因此保值功能就是另一部分比特幣的需求所在。這些用途全部加起來，讓比特幣的需求遠超過目前的流通量。大家越想要使用比特幣，就得付越多錢才能取得。

除了效用價值以外，加密資產還有推定價值（specu-lative value）。由於所有加密資產目前出現都還不到十年＊，因此

＊　編註：此為原作者之話。現已有比特幣及其下一批首世代的部分加密貨幣達十年。

每個項目到底會如何發展尚有待觀察，這正是推定價值發揮作用之處。

所謂推定價值，就是投資人對於一項加密資產「未來使用的範圍會有多廣」的預測。就像剛公開上市交易的公司一樣，其市值經常取決於投資人對公司未來的預測。因此，其市值可能會遠高於另一間歷史較久的老公司。例如，一間正在快速成長、有1億美元收益的新公司，其市值可能達10億美元；而另一間歷史悠久、營運穩定、幾乎不太會再有所改變的老公司，其收益或許可達5億美元，但市值同樣只有10億美元。這兩間公司中，投資人通常會預期新公司未來的現金流成長性較高、進而推算出市值；而老公司方面，投資人則傾向以當下的收益情況來推算市價，因為他們對於公司接下來的走向、與自己的獲利，通常心中有數。

在加密資產領域，推定價值有一大部分來自於開發團隊。若團隊成員盡為精銳且鑽研深刻，大家對於該加密資產未來是否能廣泛推展，會較有信心。此外，如果開發團隊對於如何擴大加密資產的用途具有宏觀，也能增加資產的推定價值。

加密資產慢慢成熟的同時，也會逐漸趨近其效用價值。從推定價格支持轉換到效用價格支持，目前經歷此過程時間最久的是比特幣，因為它出現得最早、使用者也大多按照一開始設計的用例在使用此幣。例如，二〇一六年每分鐘有價值10萬美元的比特幣進行交易，這讓比特幣在交易需求以外，同時創造了效用需求。比特幣的價格支持越來越傾向與效用掛勾，這種趨勢最好的例子就是Pantera Capital公司，這家投資公司聲譽卓著，專門從事加密資產與科技項目投

資。表8-1中，我們可以看到二〇一三年十一月，比特幣的推定價值一飛衝天，超越了效用價值，此現象可從表8-1中「使用比特幣區塊鏈進行的每日交易量」曲線看出。

加密資產逐漸成熟之際，推定價值也會隨之下降，因為投資人會逐漸減少對於該資產會進入的市場之預測。這代表投資人更清楚地知道，該項資產的需求前景將是如何。如表8-2所示，加密資產年紀越輕，價格受推定價值的影響越多。儘管我們通常預期加密資產會朝向初始設計的使用案例發展、並隨著時間慢慢固定下來（尤其是那些發展成規模龐大、高價值系統的加密資產），但由於開放原始碼的特性，系統仍保有修改的可能性、發展出與初始設計毫不相關的使用案例，這種情況下會讓資產的推定價值再度上升。

剛起步的市場，資產的推定價值很難評估、投資操作上可能也很危險，因為對於資產未來的價值有正確理解的投資

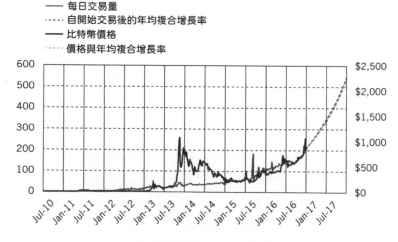

表8-1　比特幣價格與效用價值的比較

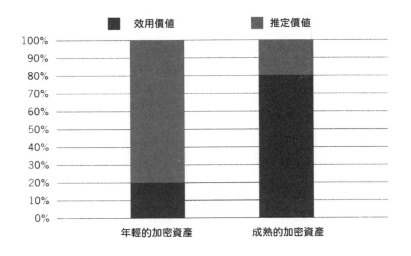

表8-2　加密資產成熟過程，推定價值與效用價值的消長

人通常不多，大部分人都只是拿香跟拜罷了。

　　班傑明‧葛拉漢曾在其經典投資著作《智慧型投資人》一書中舉過一個例子，相當有名。他把市場擬人化，喚作「市場先生」，是一個情緒容易起伏、在憂鬱和開心之間擺盪的人。市場先生開心時，不管出任何價把資產買入手他都願意，此舉會讓資產價格遠高於其效用價值、推定價值也飆高 。市場先生就是投資大眾動向的虛擬化身，而葛拉漢建議投資人應該對資產先做好基本功課，之後就別再理會市場先生心情如何了。說到市場先生，接下來我們會討論加密資產市場行為會如何隨時間演化。

■ 第九章
加密資產市場行為的演變

　　在上一個章節，我們依照經濟特徵、流動性、成交量及市場行為這幾個面向，介紹了各種加密資產類型的不同之處，在第八章所討論到的經濟特徵，通常是在該資產發行時，就已經設定好的條件，然而因為加密資產本身是一個開源軟體，這個特性，讓不管是股票、或債券性質的加密資產進入市場後，它的性質都可能會有所轉變。

　　一個資產類別在市場上發展越久，無疑地，成交量與流動性會隨著時間而增長而越來越成熟。西元一千六百〇二年，當荷蘭東印度公司成為世上第一家發行股票的公司時，當時還沒有所謂的股票交易市場存在，因此該公司的股票也不可能有什麼流動性，且投資人還被要求要持有股份二十一年，相當於該公司拿到荷蘭政府特許，能夠在亞洲進行貿易活動的特許年限。然而，可能是因為債務或其他理由，某些投資人想要賣出手中持股，因應這樣的需求，阿姆斯特丹東印度公司大樓成了非正式的交易場所，這就是股市交易的由來，隨著更多控股公司紛紛成立，這個非正式場所的交易標的也越來越多，便發展成了之後的阿姆斯特丹證券交易所，也是世界上第一個現代化的證券交易所。雖然荷屬東印度公司的股權結構本身沒有太大的變動，但是該公司股票的流動性跟成交量增加了。

　　同樣地，比特幣發行初期，剛開放給使用者挖礦的時候，情況也如同荷蘭東印度公司剛發行股票的時候，市場上

沒有什麼流動性可言。二〇〇九年，雖然每十分鐘，礦工可以挖礦挖到總計五十枚比特幣，但幾乎沒有真正的交易紀錄，直到同年約十月，才出現了史上第一筆正式的交易：買方透過PayPal用5.02美元，買進了5,050枚比特幣，賣方為比特幣區塊鏈的早期開發者之一馬提・馬米，買方則是一個名為「NewLibertyStandard」的使用者，正在建立世界上第一個美元兌比特幣的專門交易所。

　　雖然出現了第一筆交易，當時比特幣也還不能算是正式進入交易市場，NewLibertyStandard的交易所概念雖然已經成形，但成交量及流動性幾乎為零。直到二〇一〇年夏天，才出現了第一個較具規模的比特幣交易所。如同股票及其他金融商品市場，需要一定的時間，才能讓比特幣市場慢慢發展成熟。

　　每一種資產類型的標的本身，通常不太會改變，但是市場運作及交易模式會隨著時間而變化，例如直到現在，債券市場中還是有很高比例的交易，是透過電話及紙本作業來進行的，因此相較於以電子交易為大宗的股票市場，債券市場的流動性較低，資訊也比較不透明。然而近來債券市場在數位化趨勢的影響之下，流動性跟透明度已有顯著的提升，像大宗商品交易、藝術品、高價葡萄酒市場等，也逐漸受到數位化的影響。

　　而加密資產，本來就是在區塊鏈上誕生的「數位原住民」，先天就具備數位平台特有的流動性及成交量優勢，因為沒有實體型態，任何所有權的交易轉換，都可以直接跟網路位元傳輸的速度同步，這是加密資產與其他資產類型，特別是藝術品、房地產、高價葡萄酒等另類資產最大的不同，

正因為這個特性，理論上，加密資產的市場流動性會比其他資產成長得更快。

在某個資產類別的發展演化過程中，通常也跟其他資產產生連動，我們可以回想一下，在本書第六章曾提到，不同資產之間的價格連動關係。在全球化的市場環境裡，國與國經濟情勢的變化總是互相牽動，同時也讓資本市場間的連動更加緊密。例如，當投資人覺得債券或股票市場過熱的時候，會將資金轉入黃金來做避險，這就是資產連動的概念。

直到二〇一七年四月，加密資產的總市值不到300億美元，相較於其他金融市場，仍然算是小眾市場，沒辦法取代傳統資本市場的地位。雖然加密資產本身的市場規模成長算是相當快速，但加密資產市場與一般資本市場的投資人，還是處於一種壁壘分明的狀態。因此，加密資產的發展，基本上仍與傳統金融市場脫鉤。然而，我們觀察到，目前比特幣與其他資本市場之間的連動性有顯著的提升（影響有好有壞），因為在加密資產領域，比特幣是發展歷史最久、架構最完整的，可想而知，當投資人想要轉進加密資產市場時，比特幣會是他們的首選。

因為越來越多經濟實體，開始把加密資產納入投資標的，可預見地，無論影響是好是壞，加密資產與其他資產的連動將會越來越密切，要從新興資產階段，進化成一個成熟資本市場的必要條件，就是市場接受度的提升。

創新投資人必須對於各種加密資產的流動性及成交量，以及市場的變化趨勢，建立基本的概念，我們會從發展最久、也最廣為人知的比特幣開始介紹，接著，為了進行更詳細的市場概況比較分析，我們也會討論到其他知名的加密資

產的市值變化，包括以太幣、達世幣、瑞波幣、門羅幣及萊特幣等。

比特幣的流動性與成交量

　　比特幣的流動性成長幅度相當驚人，從二〇一〇年七月，在Mt.Gox交易所掛牌上市開始，到二〇一七年初，已有超過四十個交易所，每個交易所的委託下單量也逐步在成長，比特幣在Mt.Gox掛牌交易首日的交易量為20枚比特幣，交易市值僅有99美分，委託單量可說是少得可憐。然而，根據比特幣交易統計網站Bitcoinity.org截至二〇一七年二月十八日所提供的資料（如圖9-1），我們觀察每交易100枚比特幣的價差比率，會發現如果交易量到達100枚比特幣，成交價格在不同交易所會出現明顯的變動。

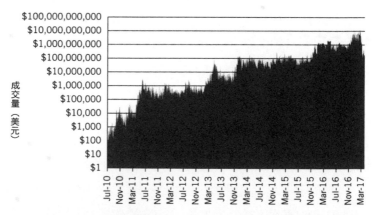

圖9-1　自二〇一〇年七月到二〇一七年三月，比特幣的成交量變化
資料來源：CryptoCompare.com

資料顯示其中五間交易所，每交易100個比特幣（當時市值約十萬美元）的價差比不到一個百分比，圖表中顯示的僅有以美元計算的交易資料。如果要檢視顯示人民幣、日幣、歐元等其他幣別的交易資料，可到Bitcoinity.org網站上搜尋統計資料，按右上角選單切換幣別。

　　隨著交易量的成長，比特幣的流動性也跟著提升，從在Mt.Gox第一天掛牌開始，比特幣的全球交易總量持續翻倍成長，二〇一七年一月五日，比特幣成交市值為110億美元，當日有史以來第二次，比特幣的價位飆破1000美元（如圖表9.2）。

　　就像股票市場的興起，一開始從阿姆斯特丹的非正式交易所，到今天全世界的交易所，每天都要處理總計數千億美元的成交量，比特幣的發跡，也是從單間交易所起步，如今全世界有上百間比特幣交易所，日成交量從數億到數千億美元不等，成交量活絡，表示投資人對比特幣的興趣持續升溫，交易市場也漸趨成熟。

加密資產的市場成交量變化

　　其他型態的加密資產，從起步到成熟的發展歷程，大致跟比特幣相去不遠，只不過那些在比特幣之後出現的幣種，在成交量及流動性的變化幅度更大。例如門羅幣，因為一個具爭議性的理由，而讓它的交易量大為提升。在二〇一六年，因為交易隱私權受到高度保護，門羅幣受到知名暗網市場平台的青睞，交易量從此一飛衝天，二〇一五年十二月，門羅幣的平均日成交量為2萬7300美元，而到二〇一六年十

二月，平均日成交量達325萬美元，成交量上漲幅度超過百倍，同期間門羅幣的成交價也長了超過二十倍。門羅幣的成交量上漲，部份因素是因為價格上漲帶動行情，但主因還是因為大量投資人湧入，讓交易市場更為熱絡。圖表9-2為門羅幣在一年多之內的成交量變化。

不管是以太幣、達世幣、萊特幣、瑞波幣或其他類型的加密資產，發展過程多多少少都有相似之處：會有一段時間，因價格上漲而受到投資人及交易員關注，帶動成交量急遽上升，從圖表9-2顯示的門羅幣成交量變化，便可清楚觀察到這樣的成長模式。當價格逐漸穩定下來，進入某一個區間之後，成交量的波動，也會隨之進入一個新的區間，因此通常交易員會把成交量，當成一個初期觀察指標，成交量上升，表示投資人對該標的興趣升溫，價格上漲可期。

無論交易員的判斷正確與否，投資人對該資產的關注

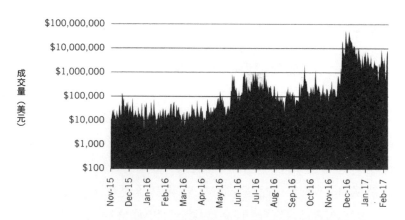

圖表9-2　自二〇一五年十一月到二〇一七年二月，門羅幣的成交量變化

資料來源：CryptoCompare.com

度、成交量及市場流動性增加，這些都是加密資產從起步到成熟的重要指標，如果以上三個指標持續表現良好，基本上創新投資人可把它視爲一個體質健康的投資標的。然而，如果成交量上升幅度太大，又找不到明確的原因，這時候投資人就該保持警覺了。在接下來的兩個章節，我們會說明一些關於市場投機的案例，有時候成交量上升速度過快，很可能是有人蓄意操弄、或是市場過熱的跡象。

政策管制對市場流動性所造成的影響

通常只要投資標的具有明確的價值，就能夠穩定成長，流動性跟成交量都會持續提升，然而，有時外部因素，可能會扼殺成交量，讓投資人心生膽怯，或是來自政府機關的強勢介入，也有可能造成市場降溫。但總而言之，如果該投資標的交易所數量夠多，有足夠的市場規模進行全球配對交易，即使出現一些外部因素阻撓成交量，也不至於構成太嚴重的問題。

二〇一七年一月五日，比特幣成交量達110億美元，創下歷史新高，且成交價二度飆破1000美元，然而就在隔日，二〇一七年一月六日，中國人民銀行發佈消息，正式開始調查中國境內交易所的比特幣交易，隨後，人行發佈針對境內交易所的比特幣交易相關規定，包括限制保證金交易、收取交易手續費以及更加嚴格的洗錢防制與客戶身分驗證機制。雖然以上這些規定，確實有助於提升比特幣的合法性，但也大大衝擊了中國境內的比特幣市場成交量，在此之前，中國的比特幣市場表現相當亮眼，二〇一六年，成交量占全球市

場超過九成。

　　當時,中國的比特幣成交量占全球總成交量超過九成,隨後人行就開始收緊管制,奇妙的是,這個狀況,跟二〇一三年的狀況十分相似,當時比特幣成交價首次突破1000美元,緊接著,人行就公布了新的管制政策,導致比特幣價格急跌,且下跌趨勢維持超過一年。二〇一七年人行再度宣布收緊管制時,許多人曾擔心二〇一三年的狀況重演,這一次,比特幣的價格的確再度重挫,但不到一個月,價格就回漲並維持在穩定的狀態,顯示這次的事態發展,跟二〇一三年完全不一樣。

　　同樣是受到政策管制影響,二〇一三年,比特幣價格跌勢持續了一年多,到了二〇一七年卻能快速回穩,創新投資人可以從這件事情學到,成交量、交易所數量及配對交易的市場規模多樣性,都是觀察一個投資標的的重要指標。二〇一三年十二月,中國的比特幣平均成交量為6000萬美元,到了二〇一六年十二月,平均成交量成長至41億美元,很顯然地,市場規模的膨脹,讓中國人行有了更加充分的理由,於二〇一七年再度收緊管制。二〇一三年時,比特幣交易所數量較少,大多數的成交量都來自日本的交易所Mt.Gox,不管是透過法定貨幣或其他加密資產交易,配對交易都稱不上活絡。

　　到了二〇一七年,雖然比特幣價格因政策管制而重挫,受惠於市場流動性提升、交易所及配對交易選擇多樣化,比特幣行情得以在短期內復甦。事實上,當中國人行宣布管制措施的時候,許多境外的交易員都紛紛看準時機進場,因此,也翻轉了比特幣交易市場中,各國法幣兌換的市占率分

布。資料顯示，二〇一七年一月，以人民幣爲單位的交易市占率，從超過百分之九十，跌到百分之十以下。

自二〇一七年一月二十二日起，比特幣交易中，美元及日圓的市占率大幅上升，這表示中國的管制措施，對於比特幣交易只帶來了短期的衝擊，而美國與日本的成交量上升，正好填補了市占率的空缺，也帶動比特幣價格回漲。

加密資產標的成熟指標：多樣化的配對交易市場

任何資產類型的發展，都必須要仰賴交易所及配對交易市場的多樣化，加密資產也不例外。如先前所提到的，在比特幣發展初期，交易所的數量及交易幣別都比較少，因此市場流動性也較低。接下來我們會繼續說明，其他加密資產的配對交易狀況，特別是關於法定貨幣對（fiat currency pair）的部分。

對於加密資產而言，能夠與法定貨幣作配對交易是件大事，因爲這代表該投資標的已經能被納入現行的金融市場架構當中。受到各種法規的限制，目前只有少數的加密資產交易所，能夠接受法幣交易，或是直接用投資人的銀行帳戶來扣款，而這些交易所，包括Bitstamp、GDAX、itBit、Gemini、Kraken等，態度也相當謹慎，除非是已經有一定知名度的標的，他們不會輕易開放所有的加密資產來掛牌，因此，能夠在這些交易所上市，對標的本身來說，就像是一個認證標章一樣，表示投資價值受到肯定。

根據以太坊發表的研究結果顯示，當某個加密資產被交易所認可掛牌，其交易配對的多樣性也會有顯著的提升。我

們認為加密資產能否跟法定貨幣配對交易，是一個非常重要的發展指標，當資產類型發展更臻成熟，合法性廣泛受到認可，能夠配對交易的法定貨幣種類也會越來越多。

而以太幣的發展，完全符合以上的說法，資料顯示，二〇一六年，以太幣的配對交易多樣性有非常顯著的成長，其中以太幣兌美元的成交量占多數，二〇一六年春天，法幣兌以太幣的成交量不到總成交量的百分之十，到了二〇一七年春天，法幣交易占總成交量的比率已經趨近百分之五十。

因此，我們建議創新投資人在不同的資產類別當中，多觀察比較每個標的的配對交易多樣性，是否有所成長，來評估該加密資產的發展狀態。大家可以用CryptoCompare.com網站上的資料作為輔助工具，來觀察市場趨勢。

當加密資產發展成熟　市場波動性也會跟著下降

我們可以從成交量及流動性增加、交易所數量增加及配對交易多樣性提升等跡象推論，這個加密資產的市場地位越來越穩固，就算碰到各種外力因素，也不至於造成太大的價格波動，或是價格震盪以後，可以自行修正回穩，這就是所謂的市場波動性降低。

通常加密資產的市場波動性，會隨著時間而逐漸降低，我們在本書第七章中，討論過比特幣波動性降低的過程，在此，我們也會介紹其他的加密資產波動性變化。圖表9-3、圖表9-4與圖表9-5分別顯示以太幣、瑞波幣與門羅幣的市場波動變化，讀者也可以到CryptoCompare網站上，查詢其他加密資產的市場波動。

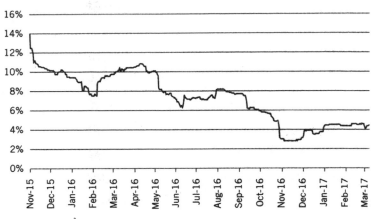

圖9-3　從二〇一五到二〇一七年，以太幣的日波動率逐漸下降
資料來源：CryptoCompare.com

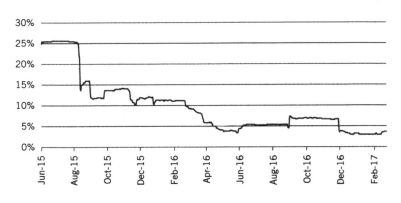

圖9-4　從二〇一五到二〇一七年，瑞波幣的日波動率逐漸下降
資料來源：CryptoCompare.com

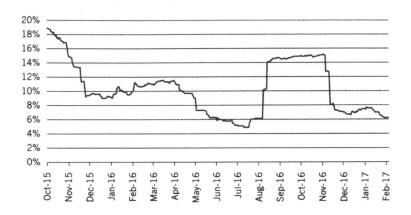

圖9-5　從二〇一五到二〇一七年，門羅幣的日波動率逐漸下降
資料來源：CryptoCompare.com

　　從這些趨勢變化資料，我們可以導出以下結論：市場波動性降低，代表資產的市場成熟性提升。資產發展趨向成熟的過程，通常會被許多外在事件影響而起起伏伏。例如，二〇一六年，門羅幣曾因為價格飆漲，而出現劇烈的市場波動，由此可知，市場波動因素不只是價格下跌，也可能來自於價格的漲幅。整體而言，市場的趨勢會慢慢趨向降低波動性。（圖表中沒有顯示的資訊：二〇一七年的第二季跟第三季，加密資產再度出現明顯的市場波動，由此可知，就算市場波動性在降低，也仍然不時會出現震盪，不可能完全平靜無波。）

　　我們用圖表9-6來說明從二〇一五年底以來，比特幣、以太幣與達世幣的波動性變化，其中，比特幣因為流動性、配對交易多樣性最高，交易所數量也多，因此波動性也是最

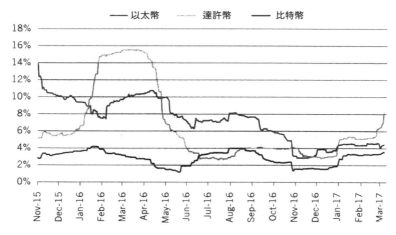

圖9-6　從二○一五到二○一七年，比特幣、達世幣與以太幣的日波
動率變化

資料來源：CryptoCompare.com

低的，而以太幣的波動性則是逐漸下降，相對地，達世幣的
波動性起伏是最明顯的。

　　之所以拿達世幣來做比較，是因爲依照我們的觀察，
達世幣的波動性曲線，未來還是會持續震盪，雖然市場接
受度提高，的確有助於降低達世幣的波動性，然而，由於
達世幣除了讓礦工來挖礦之外，爲了維持獨特性，還另外
設計了一個達世幣平台獨有的、類似礦工制度的節點驗證
（masternode）機制，這個設計會阻礙市場的流動性，也會
讓達世幣的市場波動性，無法眞正地降低。

　　我們也觀察到另一個有趣的現象：價格大幅上漲，也不
一定表示市場波動性增加。例如，二○一六年，比特幣價格
漲幅超過兩倍，但市場波動性反而下降，綜合觀察比特幣持
續上漲的市值，及時不時出現的跌幅，會發現它的波動性還

是相對低的，由此我們可以推論，不管是以當日、當週或當月爲一個週期，市場的主力資金其實一直有意識的在調整進出，將價格維持在固定區間，盡量降低比特幣的市場波動性。

當這些資產類別逐漸發展成熟，市場波動性下降，這樣的現象也有助於提升資產的夏普比率，要記住夏普比率的計算方式，是用報酬去除以波動率，所以如果波動率下降，不需要非常高的投資報酬，還是可以開出一個漂亮的夏普比率數字。

市場行為：連動性

當一個資產類型在發展初期，它的早期投資人，也不會與其他資本市場的投資族群重疊，這時候，幾乎不太可能產生什麼市場連動性，比特幣就是一個典型案例，一開始，知道比特幣存在的人，就只有一小群核心開發者以及早期使用者（如圖9-7）

在早期，比特幣市場與資本市場的投資族群重疊度極低，比特幣與其他資產類型的市場連動性幾乎爲零，就算市場產生什麼變化，也不可能互相影響。（如圖9-8）

而當比特幣的使用者與知名度逐漸增加，如華爾街日報、紐約時報及富比士等財經媒體，開始頻繁報導比特幣的時候，比特幣漸漸不再只是個熱門話題，而是越來越多人實際使用的投資工具時，加密資產市場，與其他資本市場的重疊度也會越來越高（如圖9-9）

而越來越多投資人投入比特幣市場，也說明了一件事：

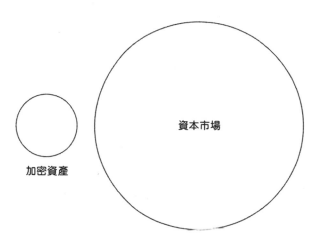

圖9-7　當加密資產處於發展初期階段，跟資本市場不會產生連動

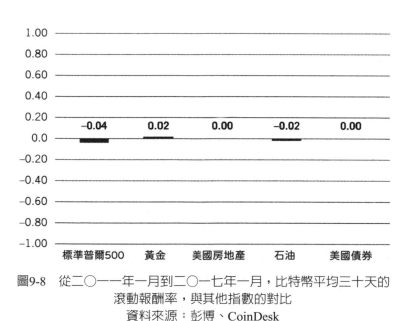

圖9-8　從二〇一一年一月到二〇一七年一月，比特幣平均三十天的
　　　　滾動報酬率，與其他指數的對比
　　　　資料來源：彭博、CoinDesk

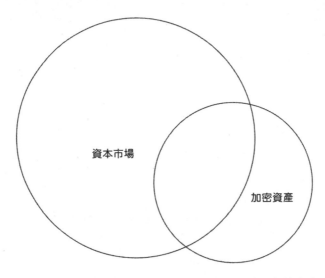

資本市場

加密資產

圖9-9　當加密資產逐漸成為一個成熟的資產類型,與其他資本市場
的連動性也會增加

當有重大事件發生,足以危害到某些資本市場的穩定性時,
投資人有可能將資金轉往比特幣。例如英國脫歐、川普出乎
意料贏得美國大選、以及人民幣貶值。雖然中國人行持續強
勢干預比特幣市場,但是當人民幣貶值的時候,投資人為了
不讓自己的財產貶值太多,還是會選擇投資比特幣避險。

圖9-10很清楚地說明了這種避險模式:圖表的左邊,Y
軸顯示的是人民幣兌美元的數值(要用多少人民幣來換得一
美元),數值越高表示人民幣貶值越嚴重,而在圖表右邊,
顯示的是美元兌比特幣的數值(要用多少美元來換1枚比特
幣),圖表顯示當人民幣貶值時,比特幣的價格就會上漲,
顯示投資人會將資金轉進比特幣,來對抗人民幣跌勢。

雖然可預見地,比特幣與其他資本市場的連動性將逐漸

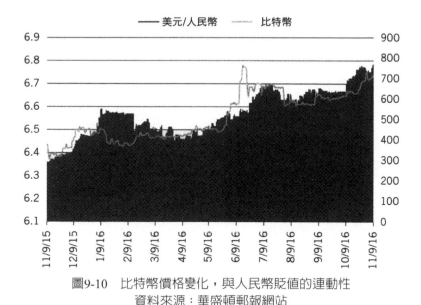

圖9-10　比特幣價格變化，與人民幣貶值的連動性
資料來源：華盛頓郵報網站

提升（影響有好有壞），但是任何新的加密資產類型，在剛
起步的時候，跟其他資本市場幾乎都是脫鉤的，可能因為性
質相似，跟比特幣還會有一點連動性，而隨著時間過去，不
同的加密資產之間，連動關係會越來越緊密，這也導致了
二〇一七年三月十日，美國證券交易委員會拒絕了比特幣
ETF–Winklevoss的上市申請，因為比特幣的走勢，與以太幣
及門羅幣的走勢呈現越來越明顯的正相關，同時又與萊特幣
的走勢，呈現負相關的連動狀態。（如圖9.14）

　　這種負相關的連動狀態，主要是因為在技術層面上，萊
特幣是模仿比特幣的衍生商品，如果比特幣ETF核准上市，
原本投資人在萊特幣上面投入的資金，可能都會轉到比特幣
那邊去。另一方面，以太幣跟門羅幣就沒有這樣的問題，因

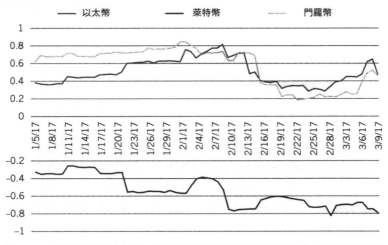

圖9-11　比特幣與以太幣、萊特幣及門羅幣的連動關係，導致美國證券交易委員會拒絕了Winklevoss ETF的上市申請
資料來源：CryptoCompare.com

為以太幣跟門羅幣，跟比特幣的性質大不相同，放在同一個加密資產組合時，還能跟比特幣互補，因此這兩種加密資產，比較有可能跟比特幣的走勢產生正相關。總之，創新投資人必須清楚地了解各種資產類型的特性，同時要認清，什麼樣的原因，會讓市場產生連動性。

我們認為，未來加密資產的市場連動性仍會逐漸提升，任何新型態的加密資產，都將與比特幣及其他加密資產產生各種正面、或負面的連動關係，而當加密資產的市場規模增加，其價格走勢，也勢必與廣大資本市場的連動性越來越高。

雖然加密資產市場發展越來越成熟，彼此的投資族群重疊度越來越高，但平心而論，不論是比特幣，或是其他類型

加密資產，相對於傳統投資標的，仍然還處在早期發展階段，許多投資人對加密資產並不了解。創新投資人或許比較有概念，但他們有可能會聽到許多質疑的聲音，認為加密資產只不過是哄抬價格、欺騙投資人的投機話術，接下來的兩個章節，我們會從史上著名的投資泡沫、騙局及投機事件，來進一步釐清關於加密資產的爭議。

■ 第十章
群眾投機現象及常見迷思：「這次不一樣」

從初問世到逐漸成熟的過程中，比特幣的價格，曾經出現過讓投資人歡天喜地的漲幅，也曾跌到讓大家捶胸頓足。對比特幣以及加密資產不以爲然的人，經常將加密資產市場形容爲西部拓荒（Wild West），在蠻荒地帶缺少監管機制，才會出現劇烈的價格波動，而加密資產標的，則是荒野中危險而陌生的新物種。不同類型的加密資產，確實各自的市場成熟度都不一樣，然而，用蠻荒西部來形容加密資產市場，是個嚴重誤導投資人的說法。

就算是市場上公認交易效率高、資訊透明、公平交易的那些資產標的，也是花了數百年才發展成熟，你沒看錯，時間長達「數百年」。因爲總會有抱持著投機心理的一般大眾，被那些窮人翻身致富的故事所吸引，而積極進出市場炒作價格，但市場走向常常不如他們預期。此外，具有誤導性的招股消息、各種操縱股價的手段、假帳、僞造證券等亂象都是造成投資虧損的因素，現在許多被認爲是可信任的資產標的，都曾經歷過所謂的「西部拓荒」時期。

創新投資人可以去檢視一些市場上曾發生過的重大災難事件及其脈絡，從歷史當中學到如何保護好自己的資產，當同樣的模式捲土重來時，就能夠掌握到出場時機，或是重新評估投資策略。謹慎的思考模式，往往適用於任何投資市場，包括充滿未知因素的加密資產市場。

透過這些案例，我們可以理解，目前加密資產作爲一個

新興資產類型，所經歷的成長陣痛期，也同樣在其他資本市場中出現過，如同那些花了數百年的時間才發展成熟的資本市場，加密資產也在經歷同樣的演化過程。如果讀者想要詳細了解這些案例，推薦各位可以閱讀愛德華・錢思樂所寫的《金融投機史：人性的試煉、傻瓜的盛宴、資本主義的嘉年華》。

市場上的風險因子類型會隨著時間而改變，當一個特定的資產類型以及其市場都發展得越來越成熟時，相對地，避險也會變得越來越容易，然而，市場上的不安定因素，是永遠不可能消失的，相信大家經過二〇〇八年的金融海嘯之後，對這一點都有了深刻的認識。

我們可以把造成市場不安定的事件，大略分成以下五種類型：

1. 群眾投機心理
2. 「這次不一樣」迷思
3. 龐氏騙局
4. 來自資產發行者的誤導資訊
5. 市場壟斷

本章節會深入討論第一、二種類型，至於其他三種，在下一個章節會討論到。除了解釋這些史上曾發生過的案例，我們也會說明這類型的事件，在加密資產市場中，會導致什麼樣的狀況。

群眾投機心理

　　雖然提到投機，伴隨而來的常常是負面印象，然而投機本身並不是什麼邪惡的事情，事實上，它本來就是市場交易的一部分，且早在西元前二世紀古羅馬共和時期就有跡可循。投機的英文「speculate」這個字，源自於拉丁文字的「specular」，具有窺探、觀察、檢視、探索的意思，而投機者主要指的是那群會觀察市場動向變化，敏捷因應採取行動的人。

　　一般投資人，通常會持有資產標的一段時間，不會立即賣出，但投機者不一樣，他們買進標的的意圖，就不是為了要長時間持有，而是短期持有，再伺機賣出給別的投機者。有時是特定訊息，讓他們相信市場價格將產生波動，他們希望能從波動中獲利，有時他們純粹就是在做波段操作，而不是根據資產的基本面來判斷。簡單來說，價格的起落就像雲霄飛車一樣，而投機者就是意圖在價格起伏上下之間獲得利益。

　　相較之下，通常創新投資人在投資之前會研究資產的基本面，判斷它是否值得投資，但也會在市場開始變得不安定時，為了自保而抽身離開。

　　我們認為，不論你的投資標的為何，重要的是，要搞清楚你是要投資還是投機。在班傑明・葛拉漢與大衛・陶德合著的《證券分析》當中，關於投資與投機的不同，他們是這樣區分的：「投資是必須在詳盡分析之後，能夠確保本金的安全與適當的報酬，若不符合這三個條件，都叫作投機。」

葛拉漢在他的著作《智慧型股票投資人》當中表示，在投資的世界，投機的行為是不會消失的，但投機也有好壞之分，他在書中寫道：「智慧型投資，跟智慧型投機是可以同時存在的，但在很多時候，投機行為往往是不明智的。」

投機者，經常是被大眾輕蔑唾棄的一群人，其中最為人所知的譴責言論，就是美國的小羅斯福總統——富蘭克林‧德拉諾‧羅斯福於西元一九三三年三月四日發表的就職演說，當時美國社會上下正為一九二九年股市崩盤、隨之而來的經濟大蕭條所苦，當有災難發生時，人們總希望能找個代罪羔羊來責怪，因此，怨氣都指向了股市的投機者。在這場就職演說中，小羅斯福稱呼投機者為「貨幣兌換商」，來喚起對這些人宗教層面上的批判：

　　首先是因為這些人類商品交換的掌管者們，既頑固又無能，他們已經承認失敗並自動退位。這些無恥貨幣兌換商的行為，已在輿論法庭上被判有罪，也為人們的思想及感情所唾棄。

　　是的，他們努力嘗試過了，但他們採用的是一種完全過時的方式，他們只能用增加貸款，借出更多的錢來面對信貸失敗危機。當他們再也無法用金錢利誘人們，來追隨他們錯誤的領導方式時，他們只能改用話術，含淚乞求大家對他們重建信心。他們只懂得追求私欲，但毫無遠見，沒有了遠見，人們就會走向滅亡。

　　如今，這些貨幣兌換商們，已從人類文明殿堂的權位上脫逃，我們得以依循自古流傳下來的真理，來重建這個殿堂，成功與否的衡量方式，在於我們尊崇整體社

會價值，優先於金錢利益的程度。

　　雖然小羅斯福對於投機者的批判不無道理，但事實上，在投資的世界中，投機行為仍有其存在意義。相較於一般投資人，接收到新資訊時，會先考量資產價值再行動，投機者會迅速搶得先機，在投機者進出市場，想辦法從中獲利的時候，他們同時也加速湊合買方與賣方之間，取得一個雙方同意的價錢而完成交易。當特定產品面臨供應短缺，如能源或是電子硬體設備等，投機者會迅速進場抬高價格，進而促使更多供應商投入市場，來平衡市場供需，緩解供應短缺的問題。

　　每當有創新發明問世的時候，如同當鐵路、汽車、網路等新技術出現時，投機行為通常會促使更多資金湧入，進而讓該技術的基礎建設，建構得更加快速，因為投機者通常風險承受度高、對新資訊敏感度也高，因此他們通常會成為最早期就投入資金的一群人。雖然當太多資金湧入的時候，就會引發供給過剩的現象，但這個現象只是暫時的。短期內大量熱錢湧入，確實會造成資金過剩，但是將時間拉長來看，當該技術發展了幾十年，普及度越來越高時，我們就可以發現，當初投入在基礎建設上的那些資金確實是有幫助的，如同十九世紀中歐洲的鐵路建設，或是九〇年代的光纖網路鋪設，也都可以看到這樣的現象。

　　會造成市場動盪的因素，通常不會來自於單一或一小群的投機者，但是當投機者的人數越來越眾多時，亂象也就由此而生。依照這個推論邏輯，我們要解釋澄清的主題，並不是投機行為本身，而是超過那些會造成市場風向轉變、引發

混亂的群眾投機行為。

以《烏合之眾：大眾心理研究》一書著名的群眾心理學先驅古斯塔夫・勒龐，在他之後出版的著作《革命心理學》當中提到：

相較於與社會大眾隔絕獨處時的自己，一個人身為群體一份子的時候，會表現出完全不同的樣子，原本的自主意識，會被淹沒在群眾不自覺形成的共同意識當中，我們必須留意，群眾會展現出來的幾個特性包括：輕信他人、過度感性、短視且無法講理。要說服他們只能靠權威、斷言、一再重複及言論傳染效應，不能靠事實與經驗來說服。

在投資市場中，以上提到的這些特性都是危險的，輕信他人，直白地說就是容易受騙，這樣的特性會讓大眾貿然相信而聽從投機者、或是其他未上市資產標的經營團隊所說的話。

通常投機者會加入群體的主要原因，就是他們輕易相信了別人說的話，且一旦加入群體，他們就會深陷在群體意識中難以抽離，而勒龐所提出的權威、斷言、一再重複及言論傳染效應等四大話術更加劇了這樣的狀況：當市場狀況持續看好的時候，用斷然肯定的方式，讓輕信別人的群眾對其投資策略更加深信不疑，而這些說法持續擴散，影響更多人，然後這樣的狀況一再重複，因為投機者都希望成為從中獲利的一方。然而，當市場走勢看壞，人們的看法產生動搖，恐慌性的言論，也同樣會在這些投機的群眾當中快速延燒。

鬱金香狂熱

　　發生在西元一六三〇年代、荷蘭共和國時期的鬱金香狂熱事件可說是最著名的群眾投機案例，如同史上大多數的群眾投機案例，都是時勢所趨。當時鬱金香批發商們正在努力炒熱市場，而在歐洲各國當中，荷蘭人的收入居冠，資金流動活躍，創新的金融交易方式也逐漸興起，再加上荷蘭東印度公司給予投資人相當豐厚的股份報酬，在這股資金熱潮催化之下，財力雄厚的荷蘭人開始踴躍投資，也因此讓荷蘭的房地產市場更加活絡。這股投資潮不但導致熱錢湧入其他資產市場，導致各項資產標的的價格上揚，也埋下了資產泡沫化的因子。

　　初期在有錢人開始爭相投資，埋下後續資產泡沫化的種子時，像這樣的事情仍然只是有錢人的專利。荷蘭東印度公司所發行的股票價格高昂，也沒有流動性可言，只有富豪才買得到，同樣的，針對其他的資產標的，一般社會大眾可也沒有足夠本錢能夠參與投資。

　　而相對的，鬱金香對大眾而言，是一個平易近人許多的投資標的，因大自然的神秘力量，讓原本平價的鬱金香，價格甚至有可能飆漲到讓持有者翻身致富。當時因受到蚜蟲感染，讓某些單一顏色的鬱金香感染病毒而出現變種，花瓣上出現了深淺色相間、如火焰般的條斑花紋，起初大家還不清楚，出現花紋是由於受到感染所致，於是人們開始預測哪一株鬱金香會出現條斑花紋，進而引發後續的投機潮。

　　然而，受到病毒感染而價格飆漲的鬱金香，最終也會因病毒而死亡，投機者們買進鬱金香之後，將鬱金香當作燙手

山芋般急著轉賣出去，期望能用高價賣給下一個投資者，直到最後一個倒楣鬼，接手買到死亡的鬱金香為止。

自從十六世紀中，鬱金香被帶到歐洲開始，原本鬱金香只被當成是一種有價值的農產品，然而從西元一六三四年，鬱金香受到病毒感染出現有花紋的變種、價格也跟著飆升開始，就出現了著名的「鬱金香狂熱」，原本只有一小群人在炒作，之後，想靠鬱金香致富的投機者越來越多，甚至還有來自國外的投機者，因為聽聞了靠著鬱金香一夜致富的故事，也競相投入荷蘭的鬱金香投資市場。但同時，也有部分較有經驗的投資人，選擇退出了這場鬱金香交易大混戰，如錢思樂在《金融投機史：人性的試煉、傻瓜的盛宴、資本主義的嘉年華》書中所描寫的：

> 這些有錢的業餘鬱金香球莖買家，有好一段時間積極購入大量的珍稀品種，然而當價格開始飆漲，這些人開始縮手停止購買，而阿姆斯特丹的鬱金香批發商們則是忙著投資房產、東印度公司的股票或是外匯交易，買進鬱金香對他們來說比較像是一種炫富手段，而非致富的工具。

由於鬱金香生長過程中，有一段時間都是埋在土裡的球莖，而不是已開花的狀態，因此，衍生出了鬱金香的期貨交易市場，荷蘭語稱為「winghandel」（英文則是「the wind trade」），意思是「風中交易」，買家與賣家可以約定好，在未來某個特定時間，以特定價格買入商品，時間到了，買家就要依照之前協議好的價格及購買數量，支付相應的金

額。

　　然而，要等到約定的時間點才能完成交易，急於獲利的投機者實在沒辦法等這麼久，因此，市場上開始出現以鬱金香期貨契約爲標的的交易，有時在一天內，交易次數會高達十次以上，當時的交易，都是人與人之間直接買賣交涉，一天超過十次的交易次數，在當時已經算是流動性極高、幾近狂熱的市場狀況。

　　透過這種期貨契約交易市場，投資鬱金香更顯得有利可圖，投資人不需要管鬱金香何時到貨、有沒有到貨，他們只要確保期貨契約的賣出價格，能夠高於他們當初的買進價格就好，這股鬱金香狂潮持續了數年，在西元一六三六年底到一六三七年初之間，達到了最高峰，而當時鬱金香球莖都還埋在土裡，因此並沒有任何實體的鬱金香買賣交易。

　　同時還有另外兩大因素，讓這股投機潮更快速地蔓延開來，根據《經濟學人》所公布的研究結果，當時政府官員還扮演了推手的角色，開放用選擇權交易的方式進行買賣，進而造成了後續效應：

　　　　依照未來的時間點，購入鬱金香買權的投資人，也可以選擇放棄購買權，如果覺得價格漲幅不如預期，他們可以繳一筆小額罰款並取消交易。在風險與獲利機會權衡之下，這樣的市場狀況，對於投資人是非常有利的，因此可想而知，會有更多人投入市場，大幅推升鬱金香選擇權的價格。

　　此外，信用交易的方式在鬱金香期貨市場也開始盛行，

人們並不是買入實體的鬱金香球莖，而是買入選擇權契約，而且也不是用現金交易，而是把承諾未來將依約付款的相關內容，寫在票據上交給賣方。

　　說到這裡，創新投資人必須搞清楚一件事：在此事件中，所謂鬱金香的投資價值，完全是被狂熱的群眾所塑造出來的。如錢思樂在書中所提到的，這股鬱金香狂熱的後期，大部分人都採用風之交易、也就是契約買賣的方式來投資，並用信用交易的方式來付帳，從頭到尾都是非實體交易：投資人買進不存在、也不會真的到貨的鬱金香，然後用不存在的錢–無法兌現的信用票據，來支付交易的費用。

　　廉價的信貸往往是資產泡沫的導火線，正如房市泡沫化引發二〇〇八年的金融海嘯一般，同樣地，在加密資產領域，投資人用不屬於自己的錢去跟市場對賭，操作高倍數的槓桿交易，一樣有可能導致資產泡沫化。

　　回到鬱金香這個話題，當時荷蘭共和國還沒有發行紙幣，使用的貨幣為金屬鑄造的荷蘭盾，鑄造原料含有貴金屬的成分，1枚荷蘭盾含有0.027盎司的黃金。由此推算，37枚荷蘭盾，總計含有一盎司的黃金，592枚荷蘭盾，就相當於一磅的黃金。根據當時的交易紀錄，一株鬱金香的最高成交價曾經達到5200枚荷蘭盾，相當於將近九磅的黃金。那個時期荷蘭人的平均年收入為200到400枚荷蘭盾，一棟普通規格的獨棟住宅，約300枚荷蘭盾就能買到，換算下來，一株價值相當於九磅黃金的鬱金香，可以買到十八棟普通規格住宅，亦即，在當時的交易市場中，投機者們會用不屬於自己的錢，付出他們可能需要用十年以上來償還的代價，去購買一株鬱金香。

到了西元一六三七年二月，這一股鬱金香投機潮開始崩潰了，時節將近春天，鬱金香即將開花，表示契約就要到期了，投機者們正面臨賣方要求將票據兌換為現金的壓力。而這一切的始作俑者–鬱金香批發商們反而是最不受影響的一群人，因為他們在之前就已陸續將交易所得利潤，轉投資房市、東印度公司股票及外匯交易等，就是這樣的致富路徑，引起大眾欣羨而紛紛效法，但由這些批發商埋下投機因子，導致日後市場崩潰的後續效應，卻沒有波及到他們身上。幸好，這股鬱金香狂熱造成的影響，並沒有嚴重到讓整體經濟陷入衰退的地步。

受傷最重的，是那些沒什麼投資經驗、被群眾投機心理帶著走的一般人，接下來，鬱金香買賣契約的兌現爭議層出不窮，在市場泡沫化後一年多，荷蘭政府終於正式介入，規定投資人只要清償當初契約金額的百分之三點五即可，相較於百分之百清償的金額，這個政策的確大大減輕了投資人的負擔，但對於那些特別倒楣，在價格最高點買進鬱金香的人來說，就算只要清償百分之三點五，金額仍然相當於他們一年的收入。

加密資產市場中的群眾投機行為

如同鬱金香狂熱事件，群眾投機行為一樣有可能對加密資產市場帶來衝擊，尤其是當大家盯著比特幣早期投資人所獲得的高報酬羨慕不已，希望自己也能靠著其他新興的加密貨幣、加密商品或加密代幣而致富的時候。

但我們必須釐清的是，就算失控而狂熱的投機群眾，把某項投資標的炒作到不合理的高價，那也不一定是投資標的

本身的問題，如同在鬱金香狂熱過後，現在鬱金香仍然在全世界流通並廣受喜愛。而在網路股與電信股泡沫化之後，如Amazon、Salesforce這些科技公司，仍然能回饋股利給那些長期持有的投資人。通常，都是那些別人說買就買、說賣就賣的跟風型投資人，會變成慘遭虧損的一方，因此，事先審慎調查並做好投資規劃是很重要的，如果只是因為大家都在投資某個標的，價格又不斷上漲，激發了自己進場的慾望，那麼，比較明智的選擇可能是放棄這檔投資。當資產標的，缺少潛在的長期投資價值，價格就會有隨時崩盤的危險，這時候進場就跟賭博沒兩樣，可能比賭博還要危險，因為你眼中的投資價值，其實都是假象。

　　有些心存懷疑的投資人，時不時會發出警告，認為比特幣是一個危險的投資標的，前荷蘭央行總裁諾特‧衛林克曾說過一句讓人印象深刻的話：「比特幣投資潮比鬱金香狂熱還危險，至少當時的投資人還能得到一株鬱金香，而現在你什麼都拿不到。」雖然我們可以理解，許多人很難相信一個沒有實體型態的東西，會有什麼投資價值，但是比特幣的性質本來就跟鬱金香大不相同。

　　要了解比特幣的價值所在，就必須先搞清楚，比特幣的MoIP（Money-over-Internet-Protocol）功能，能夠讓位在任何區域的任何人，在短短幾分鐘之內進行鉅額交易，這個功能讓比特幣成為不只是拿來炒作的金融商品，而是能夠滿足使用者實質的需求。而在數位時代，作為觀賞植物的鬱金香，實用價值是沒有辦法跟MoIP相提並論的。在評估任何加密資產的時候，調查該資產是否有任何潛在的實用性，對創新投資人而言是非常重要的。

在比特幣的發展史上，也曾經發生過市場走向被投機群眾主導的案例，投資人多了解這類型的事件，也能從中學到經驗。比特幣市場與當年的鬱金香狂熱最主要的不同之處，在於每次發生類似的事情，比特幣市場都能復甦回穩。

在過去八年間，比特幣市場上發生了六次類似的事件，但實際上，可以觀察到，群眾投機行為對於市場的影響力，變得越來越微弱。為了讓大家未來在評估加密資產時，能夠理解群眾投機行為，對於新興的加密資產市場會帶來什麼衝擊，以下我們會深入解釋過去所發生的比特幣投機事件。

比特幣泡沫化危機

因Mt.Gox交易所正式成立，比特幣終於能進入公開交易市場，在這之前，比特幣的持有者大多是一些專精電腦程式或密碼學的天才，對他們來說，獲得比特幣，只是他們在電腦上架構區塊鏈網路的額外功能。透過圖表10-1中，Y軸上的對數刻度，我們可以看到自Mt.Gox成立以來，比特幣的價格波動，相較於線性刻度，用對數刻度更能清楚顯示各個時期的價格上漲百分比。

從這個圖表可觀察到，在Mt.Gox成立後一年間，比特幣市價出現了極為明顯的漲幅，起初一個比特幣的價值僅有0.1美元，一年後就翻倍成長到超過10美元，雖然聽起來不是一個太高的價格，但是在短短一年間，漲到原先價格的百倍以上，等同於100美元的投資，漲到了1萬美元。

另外一個明顯的價格上升區間，出現在二〇一三年十一月，當比特幣價格初次衝破1000美元大關時，當時，許多經驗尚淺的投資人認為比特幣將發生首次泡沫危機，然而，在

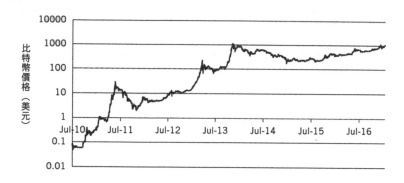

圖表10-1 從Mt.Gox成立以來到二○一七年初比特幣的價格波動
資料來源：CoinDesk網站

那之前比特幣的價格，已經發生了好幾次泡沫化的狀況。在圖表10-2當中，我們可以看到以三十天為一個週期所觀察到的比特幣價格變化比率，也就是俗稱的月增率（month-over-month appreciation），圖表清楚顯示，比特幣價格在單月之內上漲到兩倍的次數，總計有六次。

　　這種價格暴漲有三次是發生在Mt.Gox成立一年之內，而最後一次是在二○一一年五月十三日，比特幣價格漲到前一個月價格的七倍，雖然市場中有操盤手在炒作價格，但價格飆漲的主因還是因為透過Mt.Gox，比特幣成為一個可公開交易、任何人都能進場的投資標的，口耳相傳之下，比特幣熱潮如雪球越滾越大，使市場陷入不安定的風暴當中。

　　我們可以用量化的方法，去了解比特幣價格泡泡是如何形成且破滅的。首先，我們先定義泡泡的週期：比特幣的價格相較於前月價格，上漲兩倍以上開始的那一天，是週期的第一天，直到相較於前月價格，比特幣價格停止下跌，並連

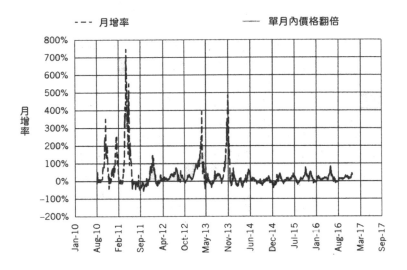

續三天出現月增漲幅，就是週期的結束。在圖表10-3中可以
看到每個泡沫週期開始及結束的時間點。

　　在Mt.Gox成立後，比特幣的價格泡泡，曾好幾次膨脹
到最高點，時間點如下：

● 二○一○年十一月六日，價格爲0.39美元

● 二○一一年二月九日，價格爲1.09美元

● 二○一一年六月八日，價格爲29.6美元

● 二○一二年一月八日，價格爲7.11美元

● 二○一三年四月九日，價格爲230美元

● 二○一三年十二月四日，價格爲1,147美元

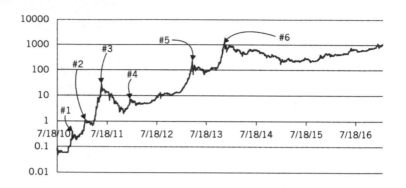

圖表10-3　比特幣的價格泡泡週期
資料來源：CoinDesk網站

　　顯而易見，Mt.Gox交易所成立後，市場上出現了好幾次令人振奮的比特幣漲幅，但這個現象同時也令人擔憂，價格來到了高點，就表示即將下跌來到低谷，也意味著，參與其中把價格追高的這些比特幣投資人，要開始遭殃了。從我們所定義的比特幣價格泡泡週期來觀察，從高點到低點，價格的平均跌幅是百分之六十三，其中最慘烈的兩次跌幅，出現在二〇一一年六月與二〇一三年十二月，跌幅分別為百分之九十三跟百分之八十五。

　　相較於比特幣價格上漲的特性，當價格泡沫化開始下跌時，所造成的風險更加難測。通常在投資人想抓住獲利機會、歡天喜地搶進市場時，比特幣價格的上漲曲線會因此呈現急升的狀態，但當價格開始下跌時，對投資人而言，就變成漫長而煎熬的時期，在圖表10-3也可以觀察到，當價格泡泡週期來臨時，比特幣價格的上漲曲線就像火箭般一飛衝天，而開始下跌的時候，跌幅就像降落傘一樣，會在空中徘

徊漂浮一陣子，最後才慢慢地結束落地。

在這邊提醒所有創新投資人，相較於上漲週期，下跌週期往往會持續得更久，有時投資人會覺得，跌勢彷彿看不到盡頭，欠缺經驗的人會在這時候垂頭喪氣的認賠出場，但通常在他們宣告投降的時候，就是熊市開始反轉向上的時候。

Steemit泡沫化事件

除了比特幣之外，還有為數眾多的加密資產市場，都曾發生過價格被投機群眾們急速追高後又下跌的狀況，我們可以參考另一個發生在二〇一六年中的案例：當時新興的區塊鏈社交平台Steemit吸引了許多人關注，這個平台開放使用者在上面發表文章，如果讀者喜歡該作者的貼文內容，可以用平台的加密貨幣steem來贊助作者。Steemit就像是社交平台Reddit與部落格平台Medium的去中心化混合體，貨幣可以在礦工、內容創作者、內容策展人等之間互相流通，是一個創新且錯綜複雜的平台。

二〇一六年七月一日，Steemit平台的市值約為1600百萬美元，過了兩個禮拜，狂飆到3億5000萬美元，市值翻了二十倍以上，通常這麼猛烈的漲勢，背後的推手都不是來自於公司的基本面，而是市場上的投機者。投機者的行為模式通常是不太會變的：當該平台的使用者夠活躍，吸引越來越多人加入，儼然成為一個新的主流平台時，這時候投機者們也會快速地採取行動。

圖表10-4顯示，steem的價格從二〇一六年七月中的高點開始下跌，在三個月內跌幅高達百分之九十四，接著直到二〇一六年底，又下跌了百分之九十七，但這些價格變化並

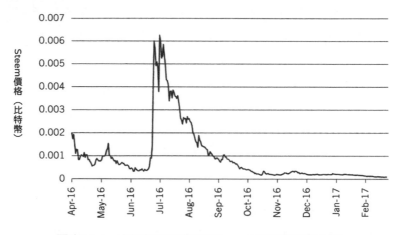

圖表10-4　市場投機行為導致Steemit面臨價格泡沫化
資料來源：CoinDesk網站

不代表Steemit平台經營失利，而是因市場上的投機者認為
Steemit前景看好而踴躍搶進，才導致短期價格被炒高之後
再度下跌。

大零幣泡沫化事件

　　另外一個發生在二〇一六年十月的資產泡沫化事件，同
時也是加密資產史上其中一個著名的如流星般稍縱即逝的案
例，則是發生在以保護隱私為特色的加密貨幣——大零幣身
上。大零幣可說是少數最受矚目的加密貨幣之一，它背後的
技術團隊十分強大，其中，以太坊的創辦人布特林（Vitalik
Buterin）曾擔任大零幣的顧問，並大力稱讚大零幣「既能善
用公共區塊鏈的優勢，又能確實保護個人隱私資訊」，且大
零幣還獲得了知名加密資產投資機構Pantera Capital與數位

貨幣集團的注資，當時，跟大零幣一樣以隱私保護為技術核心的達世幣、門羅幣都是市值前十大的加密貨幣，可想而知，大零幣的發行會引起市場的矚目與騷動。

　　大零幣泡沫事件發生的背景因素，主要是因為它本身的發行機制，但這個機制是起源於善意的安全考量。如同我們在本書第五章所提到的，大零幣的發行架構基本上跟比特幣很像，最初的發行單位是零，使用者想得到虛擬貨幣，必須透過挖礦成功新增區塊，才能經由創幣交易機制獲得新的比特幣。而大零幣除了沿用相同的概念，又另外新增了技術，稱為slow-start，作為一個防止程式碼出現漏洞的安全防護措施，slow-start機制會限縮創幣交易的規模，這樣的安全設計，讓大零幣與其他以擴大目標群、增加發行量為目標的加密資產相比，顯得十分與眾不同，然而，相對地，slow-start機制也大幅限縮了大零幣的初期發行量。

　　隨著加密資產期貨交易越來越盛行，市場對於大零幣的需求也越發狂熱，當加密期貨交易所BitMEX開放大零幣期貨交易後，大零幣的市值就一路上漲到10枚比特幣。

　　大零幣的限縮供應機制，加上市場需求大增，引發了典型的需求大過供給的市場現象，也造就了大零幣價格驚人的漲幅。大零幣於Poloniex交易所首次上市當天，價格漲到了3300枚比特幣，相當於用200萬美元，才能兌換到1枚大零幣。然而，還不到兩天，就狂跌至1枚比特幣，且跌勢一路向下，二〇一六年底，大零幣價格跌至0.05枚比特幣，相當於48美元。因為這樣的市場波動，是源於投機者的大規模炒作，並不影響大零幣的基本面，因此大零幣的交易市況，之後還是回歸到穩定狀態，也仍然是一個具有前景的加密資產

標的。

面對誘人的資產價格泡泡，創新投資人應有所警惕

諾貝爾經濟學獎得主，同時也是作家及教授的羅伯特·席勒對資產泡沫的定義如下：「對於未來的想像過度美好，而引發的傳染型社會現象。」在本書之中，我們也花了不少篇幅在描述關於投資人對加密資產的美好期待。

然而，我們也建議創新投資人採取比較務實的態度，來分辨並篩選投資標的，而且當最好的進場時機已經錯過，市場主力已經被投機者所占據的時候，投資人也必須認清事實。的確，當某個加密資產標的價格正在不斷上漲，身為投資人很難抗拒進場賺一波的誘惑，但你很有可能選到一個危險的時機，同時也無法分辨價格何時會開始崩盤。通常，當市場的投機潮來勢洶洶，資產的價格泡泡已經形成的時候，這時候進場已經太遲了。美國前聯準會主席艾倫·葛林斯潘（Alan Greenspan）曾經含蓄地表示：「你可以從各種層面，輕易地辨別出價格泡泡是否正在形成，但大部分的投資人，都不可能預測到這個泡泡何時會破掉，而它之所以被稱為泡泡，就是因為它遲早會破滅。」

「這次不一樣」

當投機者占據市場成為主力，標的價格被炒作得如火如荼的時候，我們很常投資人口中聽到一個自我辯解的說法：「這次不一樣。」理論上，如果市場機制發展的十分完善，並且真的有創新的金融技術，可以百分百避免市場因為過熱

而崩盤時，這個說法是行得通的。但在現實中，這個說法總是一而再、再而三的被各種市場崩盤事件打臉，針對這個現象，卡門・萊茵哈特與肯尼斯・羅格夫寫了一本三百多頁的精采巨作《這一次不一樣：八百年金融危機史》，來告訴投資人，「這次不一樣」的說法完全行不通。

在萊茵哈特與羅格夫合著的這本書當中，作者解釋了在一九二九年美國股市大崩盤之前，「這次不一樣」的錯誤投資思維，是如何讓投資人錯判市場風險，進而導致後續的經濟大蕭條。投資人之所以產生這樣的想法，是因為一九一三年聯準會成立時，這個組織的存在，被視為調節市場機制的靈丹妙藥，投資人認為，當社會上的生產與消費力道開始減弱時，聯準會可以藉由貨幣政策來提振經濟，而當市場過熱時，聯準會也可以祭出相應的調整措施。而另外一批投資人則認為自由貿易興盛、通膨速度趨緩，以及各大企業開始採用更科學的方式來管理生產及庫存等，種種進步跡象都讓他們對市場前景感到樂觀。

在一九二九年十月十六日出刊的紐約時報當中，耶魯大學經濟學家歐文・費雪聲稱：「股市漲勢將會持續，股價將維持在高點。」然而，他的意見馬上就被認證為史上最糟糕的股市投資建議，八天後，股市就跌了十一個百分點，到了十月二十八日，再度下跌百分之十三，接著到了十月二十九日，又跌了百分之十二，在紐約時報刊出費雪投資建議的一個月後，費雪宣告破產，而美國化學公司龍頭陶氏化學，在市場正式崩盤之前，市值就蒸發了快一半。

從九〇年代後期的科技股泡沫，到西元兩千年初的電信股泡沫事件，我們都可以觀察到類似的思維，針對這一點，

錢思樂曾經在他的書中提出了非常精彩的論述：

> 九○年代的牛市現象，就像是重現了在一九二○年代，民眾對於新時代來臨的種種想像，也就是所謂的「新典範」，抑或是「金髮女孩經濟」，就像金髮女孩與三隻熊的童話故事中所描述的，理想的稀飯應該不冷也不熱，溫度剛剛好，所謂新典範的概念，則是主張經濟可以被控制在一個剛剛好的理想狀況：聯準會能夠抑制通貨膨脹，預算赤字持續減少，市場全球化，美國企業界秩序重組，資訊科技普及，讓企業有效管理庫存，擺脫市場週期影響等。然而，這樣的觀點，根本就只是重現費雪時期所出現的新時代理論而已。

如同一九二○年代的歷史重演，到了九○年代，那些股市分析師及投資管理人仍然拼命在為高股價找理由，他們聲稱資產估值公司所提出的方法已經不適用了，而應該要用新的方式，去合理化那些高得離譜的股價。

歷史不斷重演

關於加密資產的估值概念，我們會在本書的下一章節說明，在加密資產市場當中，估值是一件相對困難的事情，因為這是一個新興的資產類型，無法套用一般公司估值模式，我們可以像在做商品估值一樣，用市場供需狀況來推算，但這個方法是不夠完整的。未來，隨著加密資產領域持續成長擴張，到了一個讓投資人目不暇給的境界時，相信我們又會

聽到同樣的辯解之詞，主張不能用舊有的估值方式來看待目前的市場價格，當各位創新投資人聽到這句話時，請務必提高警覺，同時調查清楚，那些所謂的新的估值方法到底合不合理。

在本書當中，我們不斷強調，如同加密資產是一個新興的資產類型，創新投資人的特性，也有可能跟傳統投資人大不相同。然而，我們也不斷地在提醒大家，要從過去的案例當中記取教訓，並學習善用那些經過時間考驗的資產配置工具及分析方法，如果投資人忽視那些過去的案例，帶給我們的寶貴經驗，可能會一直深陷在「這次不一樣，我跟其他的投資人不一樣」的迷思當中。

我們可以在投資陷阱當中發現一個固定的脈絡：起初，如同大多數的創新基礎建設一般，投資標的本身之所以會漲價，的確有一些實質的基本面因素存在。然而，這些漲價因素跟背後的故事，可能只是一個自圓其說的預言而已。人們常常在不了解標的性質的情況下，看到親朋好友獲利，就傻傻跟著進場。如同鬱金香狂熱一般，大家獲利的方式，就是想辦法把手上的部位，用較高的價錢賣給下一個傻子。因此，如果我們看到許多欠缺經驗的新手，都開始紛紛進場，這就是一個市場將投機化、變得動盪不安的重要訊號。

而條件過於寬鬆的廉價信貸，也會助長資產泡沫化的現象，當金融機構大方地貸款給投資人，讓他們買進那些手頭現金根本無法負擔的資產，其實金融機構本身，也是希望不落人後，藉由借錢給那些狂熱的投機者，搭上這股浪潮來獲利。不管是投機者，或是提供廉價信貸的金融機構，都已經深陷在集體狂熱當中，深深相信「這次不一樣」。

更糟的是，當市場出現過熱狀況的時候，就是那些意圖誤導投資人的發行方、龐氏騙局玩家以及市場操縱者大顯身手的時機，在下一個章節，我們會詳細解說這三大類型的市場亂象。

第十一章
「這就是場龐氏騙局，不是嗎？」

　　創新投資人應以史上著名的鬱金香狂熱和其他類似事件做為借鑑，並了解泡沫化可能來得又快又猛，尤其是在加密資產的領域。相同的泡沫化模式曾經出現在比特幣泡沫化事件、steem幣在一個夏天內的價格狂飆，以及大零幣甫發行的營運狀況等。有鑑於加密資產市場還是個新興市場，我們必須認識到，這種市場的特性便是規範少（有些人甚至會說是沒有規範），因此，表現不佳的資產可以苟延殘喘的機率高於成熟市場內的資產。

　　隨著比特幣和加密資產市場的活動增加，投資人必須將眼光放得更遠，超越一般群眾狂熱，並確實了解其中必定有些不肖份子，只想趁機在年輕市場中尋找容易下手的對象。新興加密資產的成長，以及相關投資產品的增加，創造出了快速變動的市場，使得金融罪犯有機可乘，利用投資人追求利益的心態來進行詐騙，尤其是那些沒有做好盡職調查的創新投資人，更可能落入陷阱之中。在這一章中我們會集中討論龐氏騙局、故意誤導投資人的資產發行人、市場壟斷（也稱為拉高倒貨詐騙法）。

　　如同我們先前提過的，不了解比特幣和加密資產的人，常常以「這就是場龐氏騙局」來表達他們對這類資產的蔑視和無知，所以我們接下來就先從這裡下手。

龐氏騙局

　　龐氏騙局，又稱為金字塔騙局，這是最危險的一種投資詐騙。雖然是以義大利人查爾斯‧龐氏（生卒年一八八二至一九四九）命名，但這種詐騙模式早就行之有年，他只是將其發揚光大罷了。

　　這套詐騙手法的原理很簡單：拿新投資人的錢來付給舊投資人。只要能持續找到足夠的新投資人，舊投資人便能不斷收到高額報酬。舉例來說，要是有個龐氏騙局的策劃人，向投資人宣稱某項投資能保證一直有二成報酬，一定會有投資人聽信這套說詞而上鉤。讓我們先稱這些投資人為A組。接著，策劃人便會鼓勵A組投資人向朋友推薦這項投資商品，而這些被說服的朋友就會形成更新的B組投資人。不過，B組投資人投資的錢，事實上是被用來支付A組投資人應得的二成報酬，也就是當初拉他們加入的那些人。接著，A組和B組投資人又會繼續去號召C組投資人，向他們宣傳這項簡單又有高報酬的投資產品。而C組投資人的錢，則用來支付A組和B組投資人的報酬，龐氏騙局就這樣一直發展下去，直到有一天，新投資人的人數不足，導致上述的付款循環被迫終止。當投資人發現這項投資並未產出實質價值，一切只是靠拉攏新投資人來支付舊投資人報酬的詐騙手法後，這個精心策劃的騙局就破局了。很不幸地，投資人往往不會察覺自己在拉新人加入一場騙局，而唯一一個真的從中獲得大筆報酬的人，就是騙局的策劃人。

　　在我們回頭討論加密資產前，讓我們先看看龐氏騙局在

傳統資產市場是如何運作的。許多人都認為債券是安全、現金流量穩定的投資商品。尤其是國家發行的國債，有整個國家為其撐腰。但是，我們馬上就要來看到，債券也不是絕對安全的投資品。在所謂的第一波新興市場崛起中，許多債券商品最後都被踢爆，其實是龐氏騙局。

在密西西比公司和南海公司騙局造成的股票市場泡沫化（我們會在下一節探討這兩間公司所做的骯髒事）後的一百年間，英國投資人都只敢投資由政府發行的債券。從一八○三到一八一五年，也就是拿破崙戰爭期間，英國政府發行了超過四億英鎊的債券，給了債券投資人相當多的投資機會。然而，當局勢重回和平之後，英國政府對舉債的需求大幅降低，導致政府公債的供應量減少。

大約與此同時，在南美洲正興起一波又一波，對西班牙殖民統治的激烈反抗，並促成了許多新國家的建立，而這些國家正急需籌措大量資金，以投入國內基礎建設，追上已開發國家的腳步。一份英國的報紙就指出，「我們可以縱容這些南美共和國去擁抱最甜美的希望，他們踏上了永無休止的進步旅程，且……馬上就會獲得與全歐洲最快樂的國度相同的知識、自由和文明。」

飢渴的英國投資人，把注意力全放在這個賺錢的大好機會之上，此外，有關英國創新科技能將這些地區變成經濟發電機，以及人人有機會爭取傳說中的黃金、白銀礦藏等故事在一旁煽風點火，更吸引了大批投資人的興趣。

結果，投資人搶著將上百萬的資金投入這些具有異國風情、高報酬的債券投資，但卻對錢都去了哪裡，幾乎完全不知情。在大多數情況下，債券不斷重複發行資助智利、哥倫

比亞、秘魯等新興國家，但實際上，卻是以經典的龐氏騙局模式來操作，也就是用新債券籌措到的資金，來償還舊債券的債務。一如錢思樂在其著作所述：

> 用資金冒充利息報酬，也就是所謂的「龐氏金融」，製造出了一種蓬勃發展的假象，但事實上，南美洲國家根本沒有償還過任何貸款（針對這一點我們得特別說明一下，借貸的國家事實上也只收到了總貸款金額的一小部分而已）。

換句話說，從歐洲籌措到的資金只有極小部分真的被送到南美洲，投入其真實的用途，從南美洲更是幾乎沒有送回任何資金，去支付歐洲的債券利息。其中一個著名案例，更出現因為發行債券籌資的是個虛構的國家，因此完全沒辦法償還貸款的狀況，這個虛構的國家叫做波亞斯。波亞斯債券至今仍是史上唯一曾在倫敦證券交易所掛牌上市，由虛構的假國家所發行的債券。

一如其他龐氏金融案例，南美洲的貸款泡沫也總有被戳破的一天。而那一天就發生在一八二六年，除了巴西之外，所有南美洲新興國家的債務都跳票了，這就是後來世人所稱的「第一次拉丁美洲債務危機」。這次泡沫化不止讓歐洲投資人大失血，也拖垮了南美洲國家接下來幾十年的經濟發展。甚至我們也可以說，陰影一直持續籠罩到現在，因為這個地區至今依舊深受拖欠貸款的影響。舉例來說，智利、哥倫比亞、秘魯各國歷史上，分別有高達二十七‧五％、三十六‧二％、四十‧二％的時間，都處於拖欠貸款或是忙著重

新計畫還款時間的狀況，似乎一直沒有擺脫歷史前例的夢魘。

比特幣是龐氏騙局的迷思

從比特幣一開始出現在投資市場的那天起，批評比特幣和其他加密貨幣爲龐氏騙局的的說法就不斷傳播。但是，這個批評完全無憑無據，就連世界銀行（World Bank）也同意我們的說法，他們在二〇一四年所發佈的報告就指出：

> 與廣大眾人意見相左的是，比特幣並不是個精密的龐氏騙局，用這種態度去看待比特幣也沒什麼好處。回頭去看，比特幣最重要的價值，在於針對電子貨幣的前景、提升作業效率、刪減手續費等方面，給各國中央銀行上了寶貴的一課。

從古至今，龐氏騙局的成立，都需要靠一個中央管理單位來掩蓋事實，並向投資人保證一定的年度百分比報酬。但是，比特幣兩者都沒有。比特幣系統是去中心化的，相關事實也都能公開查閱，人人都能隨時賣出比特幣，確實也隨時都有人進行買賣交易，而且沒有人能保證一定會獲得報酬。事實上，許多加密資產的長期擁護者都極力呼籲大眾，不要投入過多金錢，以免蒙受不情願的損失。沒有一個龐氏騙局策劃人會這麼說。

如何識破僞裝成加密資產的龐氏騙局

　　龐氏騙局的架構很特殊，而且非常容易辨識，雖然不能用在比特幣之上，但難保不會被用來套在其他冒牌的加密資產之上。雖然眞正創新的加密資產，以及相關的架構，都有賴出色的開發人才，花費極大心力去撰寫程式碼，但因爲是開源軟體，人人都可以下載、複製這些程式碼。因此，有心人士便能利用這些原始碼來發行新的加密資產，並以花俏的行銷技巧進行包裝。要是創新投資人沒有確實做好盡職調查，對背後的程式碼進行研究，或是去閱讀其他可信的調查報告，就很容易會落入這種龐氏騙局的陷阱，成爲受害者。

　　一種叫維卡幣（OneCoin）的新興加密資產，就因爲宣稱有保證報酬，而引起許多投資人的興趣。但是，只要看到「保證報酬」這樣的字眼時，創新投資人心中就該立刻亮起紅燈，提醒自己當心。所有投資人都該避開標榜能有保證報酬的投資商品（儘管年金或是其他投資型保險商品也許眞的能做到）。

　　數以百萬計的美元流入維卡幣，但是，它的技術卻和加密資產社群的價值背道而馳：軟體並非開放原始碼（也許是怕被其他開發者抓出設計中的漏洞），也沒有公開帳本，因此所有交易都無法追蹤。

　　而加密資產社群的回應，則是發佈數篇報告，揭穿維卡幣其實是場龐氏騙局。其中最精彩的一篇文章，有將近30萬的閱讀人次，以及超過1000則評論，標題就非常清楚響亮，〈買家注意！維卡幣龐氏騙局大公開〉瑞典比特幣基金會也挺身而出，警告投資人維卡幣是「金字塔騙局」，是「詐

騙」。英國金融行為監理總署也警告投資人要當心維卡幣。
如此迅速的反應，正顯現了這個標榜自我審查、公開原始碼
的社群，在追求事實真相的時候有多有力。

　　為了提醒投資人提防像維卡幣這樣的龐氏騙局，美國證
券交易委員會發佈了一則題為〈投資人警示：虛擬貨幣龐氏
騙局〉的備忘錄。文中提到，加密資產很容易被有心人士拿
來做為金字塔騙局的幌子。投資人仍應謹記這份備忘錄，這
並非說比特幣是場騙局，而是藉此提醒自己注意，詐騙與陰
謀可能會偽裝成加密資產的樣子。以下幾個方法，是幫助你
識破龐氏騙局的重要關鍵：

- 過於穩定的報酬
- 秘密、複雜的策略和費用架構
- 收款困難
- 由熟人推薦

　　一如當初被拉丁美洲債券吸引的投資人應該要更謹慎一
些，創新投資人也得時時注意，提防所有看來不太對勁的新
興加密資產。

　　在後面的章節，我們會更深入探討特定的加密資產審查
策略，但有兩個「快篩測試」可以先幫你做初步確認。首
先，到Google搜尋輸入「○○○是不是詐騙？」如果沒有任
何結果，第二步就是檢查這項專案有沒有開放原始碼？最容
易的方法，就是用關鍵字搜尋「○○○GitHub」，因為這類
專案絕大多數都使用GitHub做為工作平台。要是在GitHub上
沒有看到這項專案程式碼的跡象，則這個加密資產很可能就

不是開源軟體。這對加密資產和其投資來說，都是偌大的紅燈警告，必須避開。

資產發行人給的不實資訊

龐氏騙局是發行人所給的不實資訊中，特別邪惡的一種。但是，有時候，發行人也可能以較難以察覺的方式，誤導投資人。隨著一個市場逐漸發展成熟，相關單位也會制定更多規範，規定發行人應該提供哪些資訊，以及這些資訊又該經由哪些單位查實、審核等。然而，在加密資產市場上，尚未出現這些標準。要知道發行人給的不實資訊有可能製造出多大的混亂，我們接下來就來看看，在早期股票市場中的一個案例。

鬱金香狂熱過後約八十年，在十八世紀初，第一個全球牛市開始上漲。這波漲勢是由惡名昭彰的兩間公司所帶起的，一間是由法國的約翰·羅所經營的密西西比公司，另一間則是英國的約翰·布朗特所主導的南海公司。當時，整個股票市場陷入大量買進的狂熱之中，而在背後煽風點火的卻是不實的承諾。密西西比公司和南海公司的結構都錯綜複雜，而且兩家公司主打的行銷詞，都是要在正蓬勃發展的美洲大陸追求建立聲望、開發貿易據點，儘管他們的成功機率根本微乎其微。布朗特和羅都用了相當精緻，卻未經證實的金融工程，不顧一切地追求讓自家公司股價拼命往上漲。

羅氏的詐騙手法特別精密而危險，因為除了掌握當時全法國最大的企業密西西比公司之外，還得控制法國第一個中央銀行。羅氏之所以能一路打進法國金融權力核心，靠的是

向政府承諾，保證能解決法國的財務困難，而當時的財政情況只能說是非常嚴峻：政府正面臨一世紀內的第三次破產。羅氏的策略是先發行密西西比公司股票，並用公司股票的收益，來分期收購政府債務。這個策略要成功，必須先以人工手法將密西西比公司的股價衝高，而他正是該公司最大的股東。龐大的壓力和廣泛控制，使得羅氏能成功操縱持股人，使他們相信公司前景光明。密西西比公司負責建立路易斯安那領地的貿易殖民地，殖民地擴張至相當於今日美國的四分之一大小，並預定以紐奧良做為中央樞紐。為了招募新人前往殖民地開發，建立貿易基礎，以為公司帶來更多收益，羅氏向人們編織了「美好的願景，將這些殖民地聚落比擬為伊甸園，裡頭住著友善的野蠻人，個個等不及要將當地的珍奇商品裝入豐饒之角，送往法國。」

羅氏的承諾傳到了投資人和殖民開拓者的耳中，但他所編織的夢想全是幻影，沒有任何短期獲利的可能，因此，密西西比公司的股價上漲也毫無實際基礎。當殖民開拓者來到路易斯安那領地時，只看得到「一片酷熱且滿是蚊蟲的沼澤地，一年內，就有八成的開拓者死於飢餓，或是黃熱病等熱帶疾病。」與此同時，羅氏繼續以拙劣的手法，玩弄其他貨幣政策，試圖讓股價繼續上漲，以收購國債，其手法包括在短短一年多的時間內，將法國紙幣的供給量翻倍。羅氏的權力不斷擴張，甚至到了「彷彿由他一個人，同時掌控美國前五百大企業、美國財政部、聯準會」的地步。

　　儘管羅氏愚弄了法國投資人和政府官員好幾年的時間，在一七二○年中，事實終於逐漸明朗，他的金融工程策略不是長久之計。到了一七二○年底，密西西比公司股價掉了九成，持股人損失慘重，導致民眾群情激憤，法國的財政困難又變得更加艱辛。羅氏的詐騙陰謀阻礙了法國好幾個世代的金融發展，因為在這次事件後，人民對紙幣和股票市場的不信任，導致他們錯失了由正當的市場創新所帶來的大好機會。

　　以下這段漫畫情節最能總結羅氏的密西西比公司：

　　　　這是神奇的密西西比之地，
　　　　靠著股票買賣名聞遐邇，

透過欺瞞狡詐的手法，

揮霍了數不清的財富。

無論人們如何看待股票，

它終究只是飄渺雲煙，如此而已。

不老實的加密資產

創新投資人要保護自己免受不實資訊的影響，最重要的就是要做好功課，去研究一項加密資產的主要團隊成員背景，尤其是在面對剛發行的新興加密資產時，更是如此。要是找不到這些人的相關資訊，那就是個壞兆頭，這表示創辦人不想被人發現，不想為該資產發生的任何事情負責。

接下來，就是去研究該加密資產團隊成員所製作的東西。要是他們的網站、白皮書，或是其他文件中，都可以找到許多錯字、格式錯誤，或是其他讓人感覺他們對文件漫不經心的跡象，請將這些跡象視為警告。不花心思去好好展現自己的團隊，恐怕也不會在乎自己是不是給了投資人不實資訊。

許多和加密資產相關的討論和資訊流通，都發生在Reddit、Twitter、Slack頻道等等管道，而不是在精心整理過的科技、投資相關網頁。資訊取得困難，且必要資訊也沒有統一的標準規範，這是加密資產領域的最大弱點。不過，也正因如此，你們才會來閱讀本書。

欺騙和犯錯只有一線之隔

　　達世幣在二〇一六年底至二〇一七年初，因為價格狂飆至天價而一夕爆紅，許多人就認為達世幣的發行是一場騙局。達世幣上線的頭二十四個小時內，就被挖出了超過一百九十萬顆達世幣，這個狀況並不在原本的計畫之內。儘管達世幣的發起人對此做出了解釋，大意就是說，這個狀況是由於一時疏忽而沒有抓出的軟體錯誤所造成，但許多人依舊抱著質疑的態度，認為達世幣的開發團隊欺騙了新投資人。截至二〇一七年三月，在一上線的二十四小時內所開挖出的達世幣，依舊占了所有已出土達世幣的三成。

　　在這個情況下，創新投資人必須學會分辨發行人究竟是有意欺騙，或者只是無心之過。我們認為達世幣一開始的分配問題，是可以修正的，一如其競爭對手，也就是匿名性加密資產門羅幣，從BCN幣（Bytecoin）分支出來，以求解決貨幣分配不公的問題。達世幣團隊本可以選擇重新發行，以確保初始分配的公平性。但無論如何，他們還是努力克服了起步時的重重阻礙，並在二〇一七年四月初，晉升為全球網路價值前四大的加密資產。該資產奠基於幾項有趣的創新，其團隊也成功調整方向，獲得越來越高的主流接受度。

　　欺瞞的話語不一定都來自加密資產的開發人，也可能來自自稱是為投資人管理資產的人。我們也看過許多投資詐騙手法，假裝要把投資人的錢放進投資加密資產的基金中，以獲取「保證」報酬。比如說，一個叫「比特幣共同基金」的網站，曾經承諾能在一段時間內，讓投資人獲得百分之七百

的報酬，而根據投資人投入的金額多寡，賺取報酬的時間可能從二至四十八小時不等。該網站文章滿是拼字和文法錯誤，這是在保證報酬之外的第二個警訊。這基本上就是羅氏的路易斯安那沼澤陷阱。

壟斷

壟斷市場指的是當一名或數名投資人，努力炒作資產價格，使其大幅升高或是下跌的情況。在加密資產的領域中，經常將這種情況稱為「拉高倒貨」騙局，一群組織鬆散的投資人，利用群眾行為，齊力將某加密資產的價格炒高，然後再迅速拋售變現，賺取獲利。一如我們在本章中提到的其他案例，壟斷行為在市場上也早就不是新聞了。

傑・古爾德是所謂「強盜大亨」的原型，也是十九世紀美國被批評得最嚴重的人物之一，在一八六九年，他決定壟斷黃金市場。壟斷黃金市場在當時是非常危險的提議，因為在那個時候，所有國際貿易都還是使用黃金做為正式貨幣，而美國的黃金價格也受聯邦政府所主導。

當尤力西斯・格蘭特在一八六九年三月就任美國總統時，整個國家都還沒走出四年前結束的內戰陰霾。其中最大的一個問題，就是戰爭期間累積的大量國債，讓許多人不禁懷疑起國家的信用價值。為了挽回民眾的信心，格蘭特採取的第一個行動，就是簽署法案讓聯邦政府以「黃金或等值貨幣」收購美國債券。當政府以黃金購買債券時，市場上的黃金數量就會上升，黃金價格便會隨之下跌。很快地，黃金價格便跌到每盎司一百三十塊美金，這是繼一八六二年以來的

新低紀錄。

　　千百年來，各個人類文明都相當看重黃金資源，對聰明的投資人來說，價格下跌意味著進場時機來到。但是，古爾德卻不滿足於趁機買入黃金，並耐心等到價格上漲時賣出，正正當當地以賺取其中的差價來獲益。他想將黃金價格炒高其實是別有用心，因為他相信這麼一來，就會導致貨幣貶值，創造大量出口，讓伊利鐵路公司能大賺一筆，而這間公司與他的關係相當密切。此外，當然也是看準了買低賣高的獲利機會。

　　因為他很清楚聯邦政府可以靠公開市場操作（open market operations）來控制黃金的價格，因此，古爾德便擬定了一個計畫，要說服格蘭特不要賣掉原先預計出售的黃金，當說服了總統，當然就能進一步透過這層關係去控制聯邦政府。由於聯邦政府預備的黃金超過1億美金，這比市場上流通的黃金總數還要多，古爾德知道，只要控制好聯邦政府，就能掌控美國市場的黃金價格。只要他能說服政府不要出售黃金，市場上的供給量就會減少，使得價格上升。要是古爾德能隨意買進黃金，而不需要擔心政府拋售，那麼價格還能再繼續上漲。

　　於是，古爾德鎖定了阿貝爾・柯賓來當棋子，柯賓不但活躍於政治圈中，更與格蘭特的妹妹珍妮結為連理。古爾德開始和柯賓交好，再靠著一點金錢賄賂的幫助，他成功拉攏了一個盟友，能幫他左右政府的公開市場操作。柯賓首先靠著自己的政治勢力，指派丹尼爾・巴特菲爾將軍入主紐約的美國財政部分部。巴特菲爾的主要任務，就是將政府準備出售黃金的消息，提前透露給柯賓，讓古爾德能掌握所有政府

行動。古爾德向柯賓和巴特菲爾承諾每人各150萬美金的報酬，使得他們兩人和古爾德為了利益而站在同一陣線。

比巴特菲爾的角色更重要的柯賓，在一八六九年，花了一整個夏天的時間，慢慢打進總統的信任圈中，以便能說服他停止出售黃金。柯賓也成功安排讓古爾德和格蘭特在社交場合會面談話，讓古爾德能親自解說他錯綜複雜的理論，證明黃金價格上漲對國家有益。柯賓最終也真的成功了，格蘭特在九月二日告訴他，自己計畫停止該月份的黃金出售。

古爾德整個八月都忙著囤積黃金，就等著這個利多的決定到來，他一接到這個消息，更是馬上加倍努力。此外，他還找來了另一個有錢的盟友，傑‧費斯克，他和費斯克已經聯手在市場上搞了幾票相當豪氣的不法勾當。有了費斯克的資金加持，古爾德繼續投入更多錢到黃金市場中，努力炒高價格。

不過，到了九月中，這項陰謀終於失控。他們先是試著賄賂總統的私人秘書，但是失敗了，於是柯賓決定寫信給格蘭特，看看他是否會維持整個月都不出售黃金的計畫。格蘭特在九月十九日接到這封信時，馬上起了戒心，懷疑其中有不法企圖。於是，他便請太太寫信給柯賓太太，要她說服丈夫儘快放棄這個詭計。

不意外地，柯賓對於格蘭特似乎嗅出了點端倪而感到慌張。聽到消息後，古爾德知道不能再靠格蘭特來控制國家的黃金，便以費斯克持續買進做為掩護，他自己則開始慢慢把之前買進的黃金脫手。

黃金交易價格在九月間持續升高，並在一八六九年九月二十四日，價格來到最高點，接著，就在後來被稱為「傑‧

古爾德黑色星期五」這天，開始下跌。古爾德雇了一打經紀人悄悄地幫他賣黃金，與此同時，他的盟友費斯克一邊幫他把黃金的市場價格炒到160美元，比去年的最低價高了兩成。接著，巴特菲爾的經紀人也開始賣黃金，這項舉動引起了交易所人員的注意，開始懷疑聯邦政府是不是準備要賣了。果然，就在黃金價格漲到160美元的一個小時之後，聯邦政府下了張單，要賣出價值400萬的黃金。就在古爾德和費斯克悄悄從交易所溜走之後，群眾恐慌接踵而至，整個情況就如錢思樂所描述的：「快速的價格波動，導致數千名投資人瞬間破產，憤怒的群眾開始在百老街和古爾德的經紀人辦公室外集結，甚至還得出動軍隊進到金融區內戒備待命。」

　　和其他類型的恐慌一樣，這股氣氛馬上從黃金交易傳播到其他地方。因為古爾德的壟斷陰謀，整個股票市場價格掉了20%，各式農產出口價格也掉了一半，全國經濟也因此陷入好幾個月的混亂。古爾德帶著1100萬美元的獲利從這場災難中退場，而且還不必負任何法律責任。這種情況非常常見，像古爾德這樣的人物，總能毫髮無傷地從自己製造出的浩劫中全身而退，讓他們能繼續到下一個市場進行新的邪惡陰謀。

　　在加密資產市場中，想玩弄資產價格的人，往往能夠利用網路特性，隱藏自己的身份，使得他們更容易逃過制裁。他們常常會對準小型且相對不出名的資產下手，因此，決定到這些小市場闖蕩的創新投資人，一定要更加注意這些資產的細節，以及相關特性。

　　除了一八六九年的黃金交易外，還有許多其他壟斷商品

市場的案例。一九八○年，父親是富裕石油大亨的杭特兄弟，便試圖用他們繼承的數十億遺產，來壟斷白銀市場。因為當年的通貨膨脹高達14%，是史上最高紀錄之一，而三兄弟相信白銀能和黃金一樣，成為對抗通貨膨脹的避風港，因此，他們決定大肆搜刮，盡可能取得越多越好。利用期貨市場和資金槓桿，三兄弟很快就搜刮了價值45億美元的白銀（其中許多都以特別設計的飛機送往瑞士，飛機上還配有武裝保全），把白銀的交易價格炒到每盎司50美元。最終，美國政府還得出手介入，以避免更進一步的人為操縱。白銀價格在一九八○年三月二十七日跌回每盎司11美元，三兄弟的計謀和財富就此毀於一旦。

從下列其他值得注意的市場壟斷案例，我們可以看出，各種資產類別的市場在這方面都相當脆弱：

1. 在一九二九年，有超過一百間在紐約證券交易所上市的公司股票都被壟斷過。

2. 從一九八七年四月至一九八九年三月，據東京證券交易所估計，在該交易所上市的公司中，每十間就有一間曾被壟斷過。

3. 在一九九一年中，所羅門兄弟被抓到試圖操弄美國國庫券，而美國國庫券被廣泛視為全球最安全的投資工具之一。

4. 在一九九○年代中期，濱中泰男在倫敦金屬交易所炒作銅價，將價格哄抬超過75%，來到3200美元，最後被判刑七年。

拉高、倒貨、壟斷加密資產

　　網路價值較低的加密資產，特別容易受市場壟斷的影響。舉例來說，在二○一七年四月初，全球規模最小的兩百個加密資產，其市場價值都不到兩萬塊美金。也就是說，任何居心不良的投資人，只要拿出1萬塊美金，就能買下全部資產的一半。而這樣的購買壓力會使該資產的價格升高，並因此引來更多投資人的好奇。只要有幾個投機份子彼此勾結，他們就能攜手把這些小型加密資產的價格炒高，然後一邊透過各式社群媒體天花亂墜地大肆宣傳（通常只要有一兩則來自「網紅」發佈的貼文就夠了）。

　　這麼做的目的是吸引不知情的人上鉤，並因為誤信了該資產在市場上的熱門程度，而出手投資。確實做好盡職調查的創新投資人，絕對不會只因為市場熱度高就決定投資，他們也確實不該如此。接著，趁著市場熱度還能夠繼續吸引更多不知情的投資人投入，這些投機份子就會像之前提到的古爾德一樣，慢慢開始規劃自己的退場機制。這種拉高倒貨的手法，很不幸地，在小型加密資本市場中，越來越常見。

　　在加密資產的群眾募資階段，也必須特別注意是否有壟斷的現象，尤其是要注意創辦團隊自己是否持有大量資產。我們在第十六章中會更深入說明群眾募資的細節，不過，目前要注意的關鍵是，要是創辦團隊自己持有過多資產，那麼他們對該加密資產的市場價格變動就握有非常大的權力，這可能導致值得令人擔憂的事。

　　對資產供給量的控制問題，不僅關乎群眾募資和創辦團隊，還可能影響到所有支撐著加密資產系統的礦工及其他實

體。因此，加密資產的貨幣政策相當重要。比如說，達世幣相當令人擔憂的一點，便在於他們創造了一個容易被壟斷的供應架構。除了礦工之外，達世幣的系統中還有一個被稱作「節點驗證」的實體，是由真人或是好幾群人一起控制的。節點驗證在達世幣能夠提供近乎即時且匿名的交易上，扮演了不可或缺的角色。然而，為了安全起見，該實體必須有至少1000枚達世幣作保，才能成為節點驗證。作保就是持有的意思，但在加密資產的領域，經常用此來表示該筆資產不能挪動。要是一個節點驗證實體挪動了其持有的達世幣，使得手上的達世幣低於一千單位，則此人或此團隊將不再擁有節點驗證的身份。

在二〇一七年三月，具節點驗證身份的實體超過4000枚，也就是說，有400萬枚達世幣被用來作保，不能流動。由於目前市場上總共只有700萬枚達世幣，其中400萬不可流動，就表示有大約六成的達世幣是不可用的。再加上有將近200萬枚在上線的二十四小時內就立刻被挖走的達世幣，因此可以推測，在總共700萬枚達世幣中，有600萬枚都握在最有份量的玩家手上，只有15%的達世幣在市場上自由流通。

而且，這個情況很可能只會越來越糟，因為每個節點驗證每次可以收到一個區塊的45%做為報酬，也就是說，每一筆新產生的達世幣，就有將近半數會進到他們口袋。而由於他們已經持有六成的現有資產，這使得節點驗證極有能力去壟斷市場，而且因為他們已經擁有大量達世幣，他們也相對更有動機這麼做。

創新投資人必須小心檢視供應期程計畫，以及新興加密資產的發行對象。幸運的是，一旦區塊鏈上線後，因為帳本

分散且透明，很容易就能看到每個地址的餘額。現在有很多網站會針對不同加密資產，整理、列出持有量最高的地址，像是比特幣富豪榜等等。以比特幣來說，其中兩個餘額最高的地址，共持有227618枚比特幣，大約占目前市場上所有比特幣的1.4%；而另外一百一十六個地址，則持有共287萬枚比特幣，相當於市場上所有比特幣的19%，數量也相當可觀。但是，和達世幣不同的是，這些持有者不一定會收到新挖出的比特幣的一半做為報酬，因此，他們能炒作價格的能力也較有限。最後，我們也要記得，一個人可能同時擁有數個比特幣地址，因此，不同地址不見得就代表著不同實體。

總結來說，在這個領域裡有很多詭計，不管是大眾投機、說謊的資產發行人、龐氏騙局，或是壟斷市場，很多時候都來自於主謀腦海中「這次不一樣」的想法。不過，這些都不是新花招了，它們早已經存在了好幾個世紀，也發生在各種不同資產類別中。創新投資人在考慮將加密資產加入投資組合中的同時，要避開這些陷阱的最好方法，就是確實對所有基本資料做好盡職調查，並忽略群眾的熱潮。至於要了解哪些資本資訊對長期成長最為重要，就讓我們進到下一章，來認識一個能幫助你研究加密資產的工作框架。

PART 3
如何投資加密資產？

第十二章

加密資產的基本面分析與估值模型

　　了解投資人在新興市場中可能遭遇的陷阱後，接下來就要建立起一個模型，讓創新型投資人能據以評估一項加密資產，是否適合自己的投資組合。每一種加密資產都各不相同，每位投資人的目標、手段、與風險概況也不一樣。因此，本章絕非無所不包，而是要提供一個評估的起點。此外，我們給的也不是投資建議。加密資產領域進展光速，我們沒有要直接告訴你「這個要買、那個要賣」。別忘了，在此書撰寫的期間，加密資產的網路總值也正不斷飆升，從100億美元劇增到超過1000億美元；此外還有數百種新的加密資產問世。

　　投資人必須自己做出決定。我們的目的，是讓投資人知道在檢視加密資產時，應該注意哪些面向；再結合前幾章中學到的內容，知道如何開始衡量一項加密資產是否適合自己的風險概況與整體投資策略、是否有助於達成個人財務目標。

　　第十五章中，我們會討論能讓投資人在決策過程中，減少精力耗費的金融產品。如今市面上已出現越來越多投資選項，例如加密資產管理公司、或公開交易工具（例如比特幣投資信託基金），就很適合想接觸加密資產這種新的資產類別、但又不想整天盯著大盤看的投資人。然而，即便有這些投資產品，創新型投資人仍需具備充分的相關知識，才能問對問題，確保辛苦賺來的血汗錢沒有浪費在不適合的產品

上。

　　所幸，許多用來評估傳統投資標的的工具和標準，也適用於加密資產的評估。透過基本面分析，能看出一項標的是否值得長期投入資金。另一方面，技術面分析則有助於決定買賣的時間點。關於這兩種分析派別，已有許多著述討論，其中不少觀點都認為基本面與技術面分析，是南轅北轍的兩種方向。但我們認為，這兩種評估策略彼此可以相輔相成，對於願意主動積極檢視自身投資組合的投資人尤為如此。

　　基本面分析指的是觀察資產的內在價值因素。例如，股票的基本面分析就是透過檢視損益表、資產負債表、現金流量表，來觀察公司的營運健全度，並以長期發展和總體經濟的角度，反過來檢視這幾項指標。其他像是本益比、股價營收比、帳面價值、權益報酬率等，這些數字都是透過基本面分析來得到，作為判斷一間公司的市值、與其他公司做比較的基準。

　　進行基本面分析，不但需要取得公司營運的最新數據，也要分析這些數據與產業及整體經濟的關聯性，因此是相當耗時的過程。許多投資人、甚至是理財顧問，都會仰賴分析師做出來的這些超複雜數字計算，來了解資產內涵。傳統的資本市場中，這種分析過程已自成一項產業，稱為賣方研究。而目前為止，尚未出現專門針對加密資產的賣方研究，因此創新型投資人需要自力檢視資產細節、或參考加密領域知名度高的意見領袖的看法。本書希望能盡力說明，讓投資人習得自行分析所需具備的知識與工具，而不會被乍看之下繁瑣的分析過程嚇跑。

　　加密資產不是公司，因此其基本面分析也跟股票不同。

加密資產固然是由一間公司或一群人開發出來的沒錯，因此投資人也的確有必要了解這間公司和這群人；但加密資產本身應該從商品的角度來衡價，其價格是以市場的供需情況來決定。

本章會討論「如何應用基本面分析，觀察加密資產的基礎要素」，這些基礎要素是：

1. 白皮書
2. 去中心化優勢
3. 估值
4. 加密資產圈與開發人員
5. 與其他衍生數位資產的關聯性
6. 發行模式

下一章會聚焦於「應用基本面分析，檢視加密資產系統的健全程度」。這種健全度是動態的、會持續不斷修正，包括礦工、開發人員、公司、以及使用者等指標。結合上述的基礎要素與系統指標，我們就可以針對加密資產做出獨特的基本面分析，有助於創新型投資人做出明智的投資決策。同時，為了讓討論更加完整，我們也會針對如何利用技術面分析來獲利加以說明；尤其希望讓讀者學會如何辨認時機點，進行投資或變現。

一、基本面分析的起點：白皮書

加密資產使用的是開放原始碼，只要有心，人人都可以

成為研發團隊的一員，因此資產的相關資訊取得甚為容易。稍有名氣的加密資產，剛推出時都會有一份白皮書。白皮書在企業中經常使用，是企業用來概述計畫的書面報告，通常會由意見領袖、或對該主題有深入研究的人來執筆。運用在加密資產領域中，白皮書就像在地上打樁，確立出該資產的定位：該項加密資產試圖解決的問題是什麼？相較於其他對手，在加密資產圈的競爭力如何？技術性細節又有些什麼？

舉比特幣為例，中本聰就在白皮書裡概述了比特幣的相關資訊，而加密資產的後起之秀也紛紛仿效此舉。雖然有些白皮書技術性很高，但就算只閱讀導論與結語，也有助於增加對資產的了解。上加密資產的創始網站，通常都找得到白皮書。

籠統是警訊

加密資產白皮書可能含有大量技術性資訊，導致不易理解。開發團隊通常會架設一個網站，簡明地描述該加密資產的開發目的、以及達成的方式。這些內容雖然不需要完全理解，但如果描述不夠具體明確、刻意含糊，那就是一種警訊，投資人最好避開這項資產。一種好的加密資產，應該要讓人能不費力地向朋友簡單說明該資產特色，無論對方對這個領域有無涉獵。如果無法做到這一點，可能就代表需要更換投資選項。

二、去中心化優勢

閱讀白皮書的時候，第一個要問的問題是：這個加密資產試圖解決的困難是什麼？換句話說，這項加密資產及其相關系統，以去中心化的方式出現並運作，存在的理由是什麼？世界上有那麼多數位服務，而這項服務所標榜的**分散、保密、平等**的服務形式，有什麼獨有之處嗎？這些特性，我們稱之為去中心化優勢（decentralization edge）。套用布特林說過的話，「好的加密資產，都要有能力回答這個問題：『使用區塊鏈的理由是什麼？』」

有些加密資產是以社群網絡為重點，例如Steemit和Yours這兩個平台（Yours使用萊特幣）。這些平台的發想令人激賞，但同時我們也要問：這些網路與其相關資產，在面對其他競爭者（例如Reddit、臉書）時，勝出的理由是什麼？類似情況也出現在Swarm City與Uber之間的競爭。Uber目前的服務，已算是效率極高；而Swarm City（前名為Arcade City）的目標是「打造去中心化的Uber」。去中心化的Swarm City，對上中心化的Uber，前者的優勢是什麼？

Steemit和Yours平台上，內容創作者會直接獲得獎勵，這種機制會為平台吸引更多高品質的創作內容，而好的內容又吸引更多人使用平台。Swarm City司機不需要像Uber一樣，每趟車資必須付20%-30%給中心化部門，久而久之就會吸引更多司機加入。隨著越來越多司機加入，Swarm City的普及率會越來越高，這項服務對終端使用者也越有好處。這就類似Steemit和Yours，只要服務提供者和使用者的數量越

大，平台的價值也會隨時間提高。

　　話雖如此，長期而言，這些因素是否就足以打敗Reddit、臉書和Uber呢？考慮任何一種加密資產之前，創新型投資人都必須進行這樣的思考，考慮該資產與相關系統是否具有「長期」價值。有些加密資產的熱度只是短暫現象，目的是透過大肆宣傳以爭取資金，但是缺乏長期價值；投資人應該審慎觀察，避免受到一時炒作的誘惑。

年齡的威力：林迪效應

　　林迪效應常常被用來估算科技的預期壽命。人類活得越久、就離死亡越近；但科技卻不一樣，存在的時間越長，就越不可能消亡，原因是科技會自我累積動能；隨時間過去，許多相關的周邊技術又陸續發展出，反過來持續支撐科技的存在。最重要的科技，會直接形塑我們的生活型態、或影響我們至少數十年。在文化塑造方面，科技的影響也相當深遠，通常要經過很長一段時間，影響才會慢慢消退。

　　加密資產也是如此。比特幣是目前存在時間最久的加密資產，如今已發展出一套完整的比特幣生態系統，包含周邊相關的硬體、軟體開發人員、公司、以及使用者。事實上，它創造了自成一格的比特幣經濟，即使接下來會有其他優秀的加密貨幣開發出來、市占率也慢慢增加，但若要挑戰穩居龍頭地位的比特幣，仍非易事。

　　另一方面，新問世的加密資產知名度低，因此社群對其支撐能量也較弱。倘若系統暴露出重大缺失、或加密資產遭遇其他威脅，那麼相關社群也會很快隨之消散。有些社群成

員可能會轉向支持其他加密資產，有些則或許會吸取之前失敗的經驗，修正加密資產然後再嘗試一次。換句話說，新的加密資產沉沒成本較低，大家比較能夠輕易放手、轉而嘗試其他項目。去中心化自治組織（DAO）的案例，就是新興加密資產大起大落的最佳例子。

但是，如果在發展早期社群參與度就很高、系統有成功運作，那麼加密資產就能取得穩固的立足點，隨時間益發壯大。以太坊就是很好的例子，雖然去中心化自治組織的失敗，對以太坊來說是一大挫敗（前者是利用後者的技術所打造的平台），但憑著良好的領導策略和社群參與，以太坊後來順利解決問題；截至二○一七年四月，以太坊穩居網路價值第二大的加密資產地位。

三、了解加密資產的估值

大家最常問的問題是：加密資產看不見、摸不著，它的價值到底從何而來？由於加密資產是由電腦軟體中誕生出來，因此其價值來自於使用者群體、以及因資產運用而自然發展出來的周邊市場。整體而言，加密圈認為所有加密資產都有兩種價值：效用價值與推定價值。

效用價值與推定價值

效用價值，意指「使用加密資產，以便取得其系統所提供的數位資源」，該價值是由供需情況來決定。以比特幣為例，它的效用就是提供安全、迅速、有效率的價值轉匯服

務，且對象、地點均無限制。只要輸入錢包位址、再點「送出」，轉匯手續就完成了，任何交易所或錢包都具備這種功能（我們會在第十四章討論這個主題）。比特幣利用網路進行價值傳送，這個效能就類似Skype，Skype的服務就是用安全、迅速、有效率的方式，把聲音傳送到別處，對象、地點均無限制。

創新型投資人可能會問：「好吧，我知道比特幣具有效用、是一種貨幣網路協定，就好像Skype是一種語音網路協定（VoIP），有其特定功能。但這是怎麼轉換成比特幣一枚價值相當於1000美元的呢？」比特幣的效用價值，到底是怎麼決定的呢？這取決於到底需要多少比特幣，才能維持其負責撐持的網路經濟活動。我們會運用一些簡化過的例子，來說明比特幣的價值從何而來。有了這個先備知識，有助於創新型投資人更深入了解如何進行估值。

假設有一位巴西買家，想向中國廠商購買價值10萬美元的鋼鐵。我們這裡所說的巴西買家雖然是虛構的，但事實上，的確已有許多中南美洲買家使用比特幣進行交易。買家選擇使用比特幣進行交易，是因為這樣可以在一小時內就完成轉匯，不用等上一星期甚至更久。於是，這位巴西買家買了價值10萬美元的比特幣，再把比特幣轉給位於中國的廠商。廠商等待該筆交易被加進比特幣區塊鏈的期間，這批比特幣是處於凍結狀態，也就是暫時脫離公開供應。

接下來，想像一下同時還有其他99,999位買家心裡也有同樣的打算。加總起來，這些買家對比特幣的需求總價值是100億美元（每個人準備匯出10萬美元、總共有10萬人）。這麼做的理由很簡單，因為相較於跟其他付款途徑，這是把

錢從巴西轉到中國，最為便利的方式。鋼鐵需求價值100億美元、而比特幣當時價格是一枚1000美元，換算之下，相當於1000萬枚比特幣會被暫時凍結，脫離公開供應。

但試想：此刻還有另一群投資人，也正持有大量比特幣。這些投資人暫時不打算賣出手中的幣，因為他們預測MoIP效用會造成比特幣的需求上升，連帶造成價格上漲。目前大約有550萬枚比特幣，記錄在區塊鏈的前1000個位址上；以一枚價值1000美元計算，總值相當於55億美元。換句話說，平均一個位址的比特幣，價值550萬美元。此一部分的比特幣，並不是由那些正在等待交易完成的巴西買家所持有，應屬無疑；這1000個位址比較可能是基於看好比特幣的未來效用價值，屬於長期持有。我們可以把未來效用價值視為推定價值，而投資人沒有釋出這550萬枚比特幣，正是為了其推定價值。

二〇一七年四月初的時候，發行在外的比特幣共有1600萬餘枚。除去國際買家需要的1000萬枚、與前1000位投資人持有的550萬枚，還剩下約50萬枚可以流通使用。這50萬枚比特幣自然會形成一個市場，因為可能又有一個投資人想要買進持有個5枚、或又有一個買家需要轉匯價值10萬美元的比特幣到墨西哥。而比特幣一定是從別人手上買來的，這個「別人」一定要有充分誘因，才會願意脫手賣出，講價便於此開始。這種講價過程全世界的交易所都在上演，於是誕生了針對比特幣估值的市場。

比特幣供給表屬於平抑通膨型態（亦即數量仍在增長，但增長速度減緩），比特幣的需求倘若持續增加，其價格（或流通速度）也會呈現平抑通膨曲線。但是，有些投資人

可能會在某個時間點選擇出場，因為他們覺得比特幣的價格已經達到頂點。換句話說，這些投資人認為比特幣已經沒有推定價值，只剩下當下的效用價值在支撐。既然如此，就沒有理由繼續持有這項資產，因為資產已經發揮了最大潛力，不會再增值了。投資人如何判斷比特幣價格已經達到頂點？這就牽涉到兩個概念：貨幣流通速度與貼現。

貨幣流通速度與估值的關聯性

隨著比特幣在全球的應用越來越多元，投資人需要了解有什麼潛在機會，會讓比特幣的價值提高；進行這方面判斷的時候，有一個必備概念是貨幣流通速度。貨幣流通速度指的是法定貨幣的更替，聖路易聯邦儲備銀行對此有以下描述：

> 貨幣流通速度，意指在一段時間內，每單位貨幣用來購買國內生產的貨品與服務的頻率。也就是某段時間內，一塊錢被用來在購買貨品與服務的次數。流通速度越高，代表越熱絡的經濟活動。

貨幣流通速度的計算方式是「某段時期的國內生產總值（GDP）÷貨幣供應總數量」。例如：假設GDP是20兆美元，但全部貨幣總值只有5兆美元，代表錢必須要周轉4次（亦即流通速度為4），才能滿足需求。而美元目前的流通速度略大於5。

但若換成比特幣，要看的就不是它在一段時間內購買的「國內生產的貨品與服務」，而是「國際」生產的貨品與服

務。我們可以用全球匯款市場（目前還是由有能力提供國際轉帳服務的公司主導），來解釋比特幣的流通速度。

　　每年經由匯款市場往來的金額大約是5000億美元。假設整個匯款市場都是用比特幣來進行，那麼我們會需要知道比特幣的貨幣流通速度，才能得知一枚比特幣價值多少。假設比特幣跟美元一樣，流通速度是5，那麼5000億美元÷流通速度5=1000億美元（比特幣總值）。假設當下的比特幣數量達到最大值（2100萬枚）、而且完全用在匯款市場，則1000億美元（比特幣總值）÷2100萬枚比特幣=4762美元／枚。

　　當然，這是過度簡化的算法，因為匯款市場不可能只使用比特幣一種貨幣，因此我們要針對比特幣在匯款市場的占比做個假設。假設比特幣占20%，那麼一枚比特幣的價值儲存必須相當於952美元，才能滿足匯款市場的需求（952美元=4762美元×20%）。

　　重點是，比特幣的使用案例與需求價值，都是用加法計算。例如，全球金融黃金市場總值為2.4兆美元，若比特幣占其中10%，就相當於2400億美元的價值儲存。倘若把比特幣當作黃金持有，那麼比特幣的流通速度就會是1（因為每年流通只有買進持有那一次，之後就沒有再轉手）；也就是說，這時就不用像在匯款市場一樣，必須除以貨幣流通過程形成的儲存價值。因此，若以2100萬枚比特幣來計算（這是比特幣的穩定狀態），一枚比特幣需要執行11,430美元的價值儲存，才能滿足黃金投資市場當中10%的需求（1萬1,430美元=2400億美元÷2100萬枚比特幣）

　　如果1枚比特幣在匯款市場市占率20%需要執行952美元

的價值儲存、在黃金市場執行1萬1,430美元的價值儲存，則其總價值就是12,382美元。以此類推，使用案例可以無限疊加上去。然而，困難點在於如何推算比特幣在市場中，到底市占率有多少、以及不同使用案例中各自的流通速度又是多少。

此外也要注意，上述舉例的前提是假設比特幣供應量為穩定狀態的2100萬枚，但這個數量要到二一四〇年才會達到。所以，嘗試計算加密資產基本價值的時候，別忘了把「時間範圍」與「該時間點當下加密資產的流通量」也納入考量，因為有些資產發行初期的通貨膨脹率非常高。

貼現與估值的關聯性

要判斷比特幣的現值，還需要具備另一個概念：把未來價值貼折回目前價值。例如，假設現在把100美元存進銀行帳戶、複合年利率5%，那麼一年後就能拿回105美元。兩年後可以拿回110.25美元，因為你是用本金105美元賺取5%利息。所以，你要不是現在就手握100美元、不然就兩年後擁有110.25美元，這兩者對你來說的價值是相當的。

分析師運用這樣的貼現方式，計算出某個未來可能增值的物品，現在的價值是多少。貼現其實就是應計利息的反向計算，例如前述情境中，把110.25美元除以1.05 一次、得到的結果再除以1.05一次，就會得到100美元。也就是說，110.25美元÷（1.05）2=100元；或者反過來說，100美元×（1.05）2=110.25美元。這種計算方式也可以應用在更長的時間範圍，例如：假設有人承諾10年後給投資人150美元、或現在就給100美元，如果保證這十年內，利率始終維持5%

不變，那麼投資人應該要選擇現在就拿100美元，因為150美元÷（1.05）10=92美元（現值）。

假設比特幣10年後會有許多不同的市場用途，那麼把供需、流通速度、貼現等概念全部結合起來，我們就能計算出比特幣應有的現值。但說起來容易做起來難，因為還存在其他變因，包括未來的市場規模大小、比特幣市占率多少、以及合理的貼現率是多少。貼現率應該是一種風險函數，加密資產的貼現率通常是30%或更高，是高風險股票的一倍。

我們先假設1枚比特幣會在10年後達到效用價值1萬2382美元，並以貼現率30%計算，得到一枚比特幣現值為898美元（898美元=1萬2382美元÷（1.3）10）。因此，比特幣目前一枚1000美元的價格只怕是高估了，因為投資人花了1000美元購入，但事實上其現值只有898美元。

當然，這個模型不乏某些假設與缺陷，而且這一類模型的通律就是「垃圾進、垃圾出」，輸入錯誤的數據去分析，自然也會產出錯誤的結果。例如，我們只舉了兩個使用案例、而且也無法確定比特幣的市占率到底是多少；此外，1萬2382美元這個數字，也是基於比特幣發行量已達到2100萬枚的假設，但事實上10年後比特幣的實際發行量只會達到2100萬枚的95%。這顯示了在計算加密資產的基本面價值時，一定要將未來的資產供給表考慮進去。這類模型很容易受到操縱，稍微更改一個變項，資產價值就容易被高估或被低估。儘管如此，模型仍然有其用處，可以作為投資決策的參考。

估算加密資產未來價值著實是艱澀的任務，即使是勤於研究的投資人，也未必能輕鬆勝任。但就如同股票的賣方研

究能自成一門生意，可以預見未來也會有加密資產估價的專門產業出現。事實上，已經有人開始發表關於比特幣基本面價值的研究報告，像是投資銀行尼達姆公司的史賓斯‧博加特、以及韋德布希證券的吉爾‧魯利亞。

分析師發表的估值研究，對創新型投資人來說是相當有用的指引，但不應該奉為圭臬。前面提過，模型的通律就是「垃圾進，垃圾出」。我們認為，這些研究報告未來將不再是私產（現在許多股票與證券研究就是如此，都是不公開的私產），而會朝共享資源的方向邁進，讓所有認同加密資產核心精神的投資人，都能取得。

四、認識加密資產圈與開發人員

做過估值分析、或至少仔細研究過目前價格，接下來投資人應該要了解加密資產的開發者與幣圈。就跟點對點技術一樣，所有加密資產都有其社群網路。例如Reddit、Twitter、Slack群組，都是非常有用的訊息管道。但我們就在這裡止步，不再針對這個部分做更多的引導解釋，因為每一種圈子都各異其趣、溝通管道也一直在變。還有另一個非常有用、但較不為人所知的訊息管道是Meetup.com社群＊。

若想對社群有更深刻的了解，記得把握幾個重點來觀察。開發團隊有多投入研發？他們的背景是什麼？先前有研發過其他加密資產嗎？研發過程是否有激發新的想法，促使

＊ 編註：目前還有Telegram作為消息流通的平台，不少投資人利用社群建立群組，彼此聯繫。另於此領域的社群媒體「動區動趨BlockTempo」是台灣最具影響力的區塊鏈媒體。

他們再度投入研發下一種加密資產？舉例來說，布特林就經歷過這種過程，讓他決定從研究比特幣轉身，投向本質上完全不同的以太坊開發。同時，投資人也要觀察資產是否跟任何非法勾當有牽連？只要任何一個開發成員過去的紀錄有可疑之處（尤其是過去曾捲入發行可疑的加密資產），就必須特別小心。約翰‧羅就是最好的例子。加密資產核心研發成員的出身，用Google、領英（Linkedin）、Twitter等都搜尋得到，此外也可以花點時間瀏覽資產論壇（這些論壇內容多半也很詼諧，逗人發笑）。假如搜尋不到開發人員的背景、或是刻意匿名，那就是一種警訊，因為一旦發生問題，投資人根本找不到究責對象。

五、與其他衍生數位資產的關聯性

接下來，創新型投資人應該要問的問題是：一項特定加密資產，與其他加密前驅關聯性如何？是另一種加密貨幣的改良嗎？若是，改良的是哪個部分呢？有必要就因此開發一項全新的資產嗎？比特幣極端主義者（認為數字貨幣只要有比特幣就夠了的人）聲稱，任何加密資產所具備的特性，終究都能被比特幣吸收起來、納為己用。這個觀點並非全然無稽，因為比特幣具有開放原始碼的特性，的確彈性甚高，只是我們並不認同這種看法。不過，我們會鼓勵創新型投資人，每次檢視一項新的加密資產時，用比特幣極端主義者的心態思考看看，這樣能幫助自己發掘關鍵問題。

我們預期，接下來會有越來越多加密資產，藉助另一個既存資產的平台現身。這是很值得納入考量的現象。例如第

五章討論過的以太坊，我們將之定義爲一種加密商品，有許多去中心化應用程式（dApp）與相關加密代幣，都用以太坊作爲平台。這種連動關係到底是好是壞，要看情況決定。在DAO遭駭事件中，去中心化自治組織（DAO）對以太坊有嚴重的負面影響。但另一方面，同樣以太坊作爲平台的Augur或SingularDTV，這些加密代幣的出現與使用，則對所有有關的其他資產，有正面影響。以太坊目前仍持續發展作爲其他加密資產的平台，因此投資人也有必要持續觀察平台上dApp的特性、以及以太坊團隊如何處理自己與這些dApp的關係。如果以太坊發展到夠大的規模，或許以後會出現以太坊極端主義者，也未可知呢！

六、發行模式

資產供給在當下及往後的增加速率，是投資人應該觀察的一大重點。如果加密資產的供給發行率很高（就像比特幣發行後早期那樣），一旦其效用成長不如預期，就可能會削弱資產的價值。規畫好的總供給量，對於單位加密資產的價值儲存能力，也很關鍵。如果預計發行的總量太多，資產價值未來也會降低。

此外，我們也要注意資產的分配方式是否公平。前幾章曾提過，預挖（系統對外公開之前就開始挖礦，例如百特幣）或瞬挖（系統才剛對外公開，就大量挖礦），兩種情況都是警訊，因爲這代表資產會集中到少數人手中，違反了廣泛分配的平等精神。

說起來好像很簡單，但實際上發行模式可能因爲不同原

因，而相當多樣。開發人員對加密經濟、資產發行與去中心化系統的探索是現在進行式，因此發行模式也仍在不斷調整與演化，大家都還在摸索怎樣才是較好的做法，就如同中央銀行與傳統經濟學中的很多做法，也都是在一次次嘗試中，逐漸成形的。此外，加密資產的發行模式是可以改變的。例如以太坊，就在發行的數年之後，決定換掉原本的發行計畫。其他資產也可能發生類似情形，而與以太坊系統關聯密切的資產項目也可能會受到重大影響。

我們已詳細說明過幾種發行模式，例如比特幣和門羅幣；但最重要的原則，仍在於發行模式必須滿足使用案例的需求。例如狗狗幣，目前幣量超過1000億枚，遠遠超過比特幣。這個數量乍聽之下令人咋舌，但由於其功能主要是作為打賞之用，所以大量發行是合理的。反觀比特幣，因為有越來越多人拿它作為儲存價值使用、就像黃金一樣，因此就不適合像狗狗幣一樣大量發行。

接下來要用什麼途徑，來取得加密資產的相關資訊？取決於資產的成熟度如何。比特幣方面，目前已累積了近十年以上的相關討論與研究，試圖說明發展過程中經歷的嘗試與挑戰、以及如何持續改善原始碼。至於以太坊，因為較比特幣晚了五年發行，所以相較之下相關資訊較少。此外還有更多加密資產（尤其是加密代幣這一部分），都較以太坊更新更年輕。

加密資產日新月異、不斷推陳出新，速度之快已到了應接不暇的程度。新推出的資產，則是最需要特意研究、小心應對的。新的資產項目風險較高，新手並不適合；我們只會建議經驗豐富的創新型投資人，用謹慎的態度入手投資。之

後在第十六章，我們會針對二〇一七年與其後發行的加密資產，用一整章的篇幅討論其歷史並做資產檢視。

　　下一章會討論加密資產的系統健全程度，我們可以把它想像成系統的基本面運作。基本面運作指的是某些指標，透過這些指標，可以看出某個具有功能性結構的加密資產，是否有被廣泛使用、發揮出資產潛能。因為這些基本面可能會影響資產價格，我們在章節最後也會介紹若干市場技術，教大家辨認買賣加密資產最好的時機點。

■ 第十三章
加密資產的系統運作健全度與技術分析

　　已經開始運作的加密資產會呈現出大量訊息，可以用以拼建出上一章中提過的基本資訊。這些資訊能帶領我們進一步深入了解基本面運作，也就是讓加密資產得以在現實世界中，日復一日、年復一年持續運作的那些面向。

　　我們第一次描述區塊鏈架構時，曾說過它結合了四個層面：**硬體、軟體、應用程式、使用者**。這四個層面都各有若干指標，值得加以檢視，有助於了解一項運作中的加密資產其成長動向或停滯情況。穩定健全的資產項目都有一項共同特徵，就是指標都應該趨向成長。如果一項加密貨幣尚在發展早期、而且沒有成長跡象，那麼其前景只怕堪慮。

　　這一章，我們會詳細說明上述四個層面的基本面運作。到了本章尾聲，則會針對技術面分析做具有實用價值的討論，以及創新型投資人如何運用習得的這些工具，判斷加密資產買賣的時機。

礦工

　　加密資產的健全程度是動態的。想了解資產健全度，一大指標（但也經常被忽略的一項）就是觀察底層安全系統是否完整。對採取工作證明機制的比特幣、以太坊、萊特幣、門羅幣等加密貨幣來說，安全性是結合「礦工數量」與「集體的運算（或雜湊）能力」的結果。

由於礦工是負責確認交易、建立資產區塊鏈的人，因此他們的整體運算能力必須夠強，才能抵禦想要誘使系統進行無效交易的駭客攻擊。而駭客能成功達成無效交易，唯一的途徑是手握過半的系統運算力，因此確保沒有任何單一使用者對整個系統的有超過一半的控制權，非常重要，否則就能發動所謂的「51%攻擊」，進行無效交易，導致駭客能動用不屬於自己的資產，傷害所有使用者對系統的信心。防範此種攻擊，最好的辦法是增加全世界支援區塊鏈的電腦數量，讓整個去中心化體系的節點多到無法讓單一用戶隻手遮天、占據多數。

　　購買並維護這些電腦耗資甚鉅；礦工們貢獻自己的時間和金錢，可不是為了要做善事。只要有越多人知道這麼做有利可圖，就會有越多電腦加入區塊鏈。換句話說，礦工就像是雲端運算的傭兵，純粹是出於經濟上的理性考量而進行挖礦；他們的利潤主要來自加密資產的價值與交易服務費。因此，資產價格越高、成立的交易越多，就可能吸引越多電腦加入來支援系統、保障其安全性。系統的硬體支援變強，又會反過來增加大家對系統安全的信心，吸引更多人買入使用資產。

　　這種正向循環，確保了只要資產規模越大，系統也越是安全，這正是一開始設計的初衷。一間收銀機裡只有3000美元的小當鋪、和金庫裡有200萬美元的富國銀行集團，兩者的安全保護程度不會一樣。同樣的道理，網路價值30萬美元和30億美元的加密資產，安全措施也不會相同。

雜湊率作為系統安全性的指標

　　判斷系統安全性是否足夠，有一個指標是雜湊率。一項加密資產的雜湊率，代表有連到系統進行挖礦的電腦整體運算能力，例如表13-1和表13-2是比特幣和以太坊長期的雜湊率，兩者都呈現了超速成長的特性。

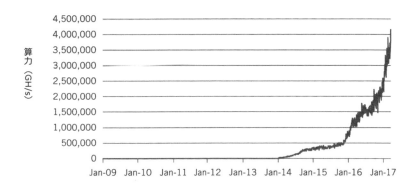

表13-1　比特幣問世後的雜湊率成長
資料來源：Blockchain.info

　　截至二〇一七年三月，比特幣的雜湊率已經成長為二〇一六年三月的三倍有餘，而以太坊的雜湊率則成長了十倍。後者成長的速度較快，可以解讀爲有更多礦工相信能從以太坊獲利。不過，以太坊初期的雜湊率則低於比特幣。

　　雖然可能被嫌嘮叨，但我們想再一次提醒讀者：雜湊率越高，意味著加入運作、做運算服務的電腦越多，系統的安全性也就越高。一般而言，只有在加密資產與相關交易增加的時候，才會出現這種情況，因爲礦工都是受利潤所驅使

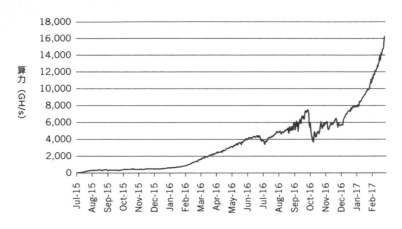

表13-2　以太坊問世後的雜湊率成長
資料來源：Etherscan.co

的。雖然雜湊率通常是隨價格起伏，但有時候也會倒過來，也就是價格隨雜湊率起伏。這種情形，通常是因為礦工預期之後資產會有利多發生，因此主動投入運算，希望能協助系統繼續保持安全。此舉不但會強化公眾信心，而且利多消息一旦傳到市場，也會帶動價格上升。

　　一旦確認了雜湊率有升高，接下來若要比較不同加密資產之間的安全性高低，最好的方式是計算保護資產系統所需之設備，其耗資是多少。美元價值會是很方便的計算方式，可以讓我們有個概念，知道惡意破壞的有心人，到底需要花多少錢才能再架出一個系統，也就是發動51%攻擊到底需要多少成本。

　　二〇一七年三月，一台速度每秒14太赫茲（TH/s）的比特幣挖礦機要價2300美元。TH/s的概念，可以想像成個人電

腦的時鐘速率（通常以GHz「吉赫」為計量單位），代表一台機器每秒執行指令的次數。若使用前述算力14 TH/s的機器，那麼就需要286,000台機器，才能產生4,000,000 TH/s，這也是當時比特幣系統的雜湊率*。因此，駭客會需要6.6億美元才能再架設一個比特幣系統，如此才能取得50%的系統控制權。沒錯，控制權就是只有50%，不是筆誤，因為假設雜湊率是從100開始，那麼當駭客買到足夠的機器、再架一個系統（100），表示雜湊率會翻倍到200，駭客的控制權仍然只占50%。

另一方面，以太坊的挖礦系統相較之下發展沒有那麼完整，因為以太坊比較晚出現、儲存價值也較低。二〇一七年三月，一台算力230 MH/s的礦機要價4195美元，也就是需要70000台礦機才能複製以太坊的雜湊率，換算下來相當於2.94億美元。此外，以太坊系統不是使用特定應用積體電路晶片（AISC）而是使用顯示卡（GPU），因此即使是經費有限的業餘礦工，也比較有能力自行組裝礦機來挖礦。

如前所述，再架比特幣系統需要6.6億美元、以太坊需要2.94億美元，相對於兩者的網路價值分別是171億美元與47億美元，換算下來1美元中由系統擔保的資本支出為3.9至6.3美分。這個範圍是很好的參考基準，在衡量其他加密資產項目時，可以確保這些資產的資本支出水準與比特幣和以太坊相仿；這兩者是區塊鏈生態系統中最穩健的資產。

---

* 編註：此書出版時，比特幣全網算力已達約230,000EH/s。

直接比較不同加密資產的雜湊率要謹慎

　　把不同的加密資產雜湊率直接拿來比較、來判斷資產安全性如何，這麼做乍看之下似乎合理，但事實上並不妥當，因為不同的區塊鏈中，產生雜湊率的礦機機型不同、成本可能也不一樣。我們在第四章和第五章討論過，不同的區塊鏈架構，在取得共識的過程，使用的雜湊函式不一樣。不同的雜湊函式適合用不同的晶片，可能是中央處理器（CPU）、圖形處理器（GPU）、或是特定應用積體電路晶片（ASIC），這些晶片的要價也不一。例如，比特幣挖礦是用ASIC晶片，換算下來每塊錢能產生的雜湊率最高；以太坊則大部分是用GPU挖礦。換句話說，1000美元在一台比特幣電腦上能買到的雜湊率，比以太坊來得高，而讓駭客卻步、不敢隨便複製系統的，正是這個超高美元價值。因此，以二〇一七年三月的紀錄來說，當時比特幣的雜湊率是4,000,000 TH/s、以太坊是16,000 GH/s，雖然理論上前者是後者的250,000倍，但這不表示比特幣的安全性就是以太坊的250,000倍。

去中心化資產的礦機也應該去中心化

　　總體而言，雜湊率很重要，但去中心化也很重要。如果雜湊率超高、但其中75%都是由單一個體所掌控，那也是白搭，稱不上是去中心化系統。相反地，這種情況反而是高度中心化，只要該單一個體任何一個起心動念，就足以影響到系統整體。一項加密資產如果被單一個體或少數寡頭所掌

控，代表他們有能力在不確定時間點進行51%攻擊，或徹底摧毀資產價值（神風特攻隊式的惡意攻擊）、或企圖動用不屬於他們的錢以牟利。投資人應該將這種情形納入考量，並儘量避免。

表13-3、表13-4、表13-5分別是二〇一七年三月以太坊、萊特幣與比特幣在不同礦工之間的雜湊率分布情形。

表中可以明顯看出，萊特幣的分布是最集中的，比特幣是最分散的。賀芬達指數（Herfindahl-Hirschman Index，HHI）可以量化去中心化的程度，這種指數是用來測量競爭度與市場集中度。例如，美國司法部就使用HHI調查潛在的合併案與收購案，來評估這些併購案對產業集中程度的影響

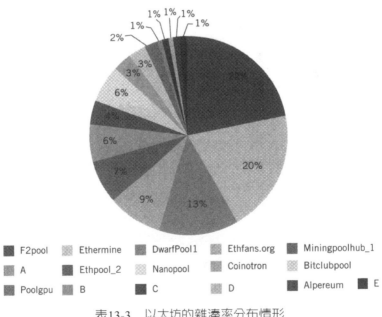

表13-3 以太坊的雜湊率分布情形
資料來源：Etherscan.io

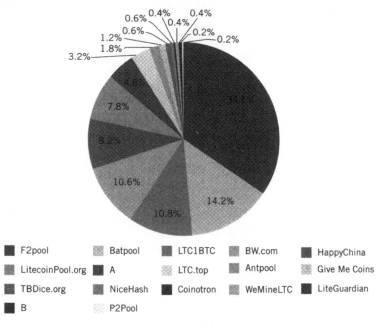

0.6% 0.4% 0.4%
0.4% 0.4%
0.6% 0.2% 0.2%
1.2%
3.2% 1.8%

4.8%

7.8%

8.2%

10.6%

10.8%

14.2%

- F2pool
- Batpool
- LTC1BTC
- BW.com
- HappyChina
- LitecoinPool.org
- A
- LTC.top
- Antpool
- Give Me Coins
- TBDice.org
- NiceHash
- Coinotron
- WeMineLTC
- LiteGuardian
- B
- P2Pool

表13-4　萊特幣的雜湊率分布情形'
資料來源：https://www.litecoinpool.org/pools

如何。HHI指數的算法是取每個企業體市占率的平方值，相
加之後再乘以10000。

例如，有一個業界有兩家業者，市占率各為50%，那麼
該業界的HHI指數就是5000，因為（0.52）+（ 0.52）=0.5，
然後0.5×10000=5000。賀芬達指數中，指數小於1500代表
該產業是競爭性市場，指數介於1500到2500是中度集中市
場，高於2500即為高度集中市場。

區塊鏈系統不應該是高度集中市場；最理想的情況是落
在競爭性市場。市場越集中，單一個體就越有可能控制系統

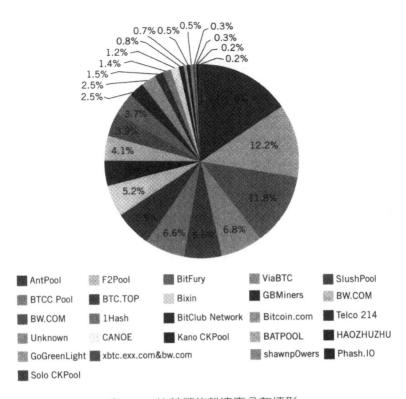

表13-5　比特幣的雜湊率分布情形
資料來源：https://blockchain.infl/pools

電腦的多數，發動51%攻擊。表13-6顯示，比特幣和以太坊
都屬於競爭性市場，萊特幣則是中度集中市場。

　　隨著加密資產成長的幅度、以及支援資產的電腦設備不
斷演進，不同區塊鏈中礦工的集中程度也會隨時間產生變
化。例如，表13-7就是比特幣HHI指數長期的變化情況。

　　比特幣偶爾會變成中度集中市場，就跟萊特幣目前的

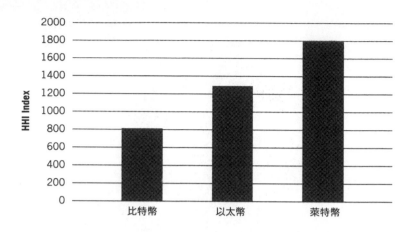

表13-6　比特幣、以太坊、萊特幣的挖礦生態系統健全度：以賀芬達
指數為標準

情況一樣。萊特幣團隊也知道，大型礦池對會對系統健全
度與萊特幣的品質有所影響。為此，萊特幣的開發人員
發起宣傳活動，名為「把雜湊函式分散出去（Spread the
Hashes）」，希望萊特幣的礦工們考慮把手中的挖礦工作分
出去給別人，呼籲他們分散使用礦池，不要集中在同一個。

礦工的地理位置分布

　　除了了解雜湊率高低與雜湊集中度以外，礦機的地理位
置分布也很重要。畢竟，如果一項加密資產的礦機都集中在
單一國家，那麼該資產就有可能會受制於該國政府。這種觀
點屬於總體經濟範疇，也應該要納入資產的基本面分析。

　　許多大礦場都位在中國和冰島，因為這兩個國家的電費
很低，這一點已經不是新聞。然而，如果觀察所有比特幣節

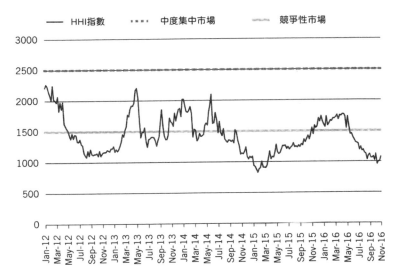

表13-7 比特幣長期的HHI指數變化
資料來源：Andrew Geyl

點（比特幣軟體下載與區塊鏈運作的位置），我們會更容易
確定交易活動整體來說到底分布於何處。

　　比特幣節點在美國和德國分布數量最多，中國反而節點
較少。這一點可能會讓許多人覺得有點奇怪：既然眾所周
知，大部分的礦場都位於中國，那麼這種分布不就牴觸了一
般的認知嗎？但事實上，這些節點並非個個相等。單一節點
可能同時有大批礦機一起挖礦，因此在整體雜湊率中占比甚
高；而另一個節點可能只有一台電腦在挖礦，所以只占了雜
湊率的一小部分。節點只是與系統的一個連接點；不同節點
的運算能力，彼此之間差異很大。因此，我們要綜合觀察節
點的地理位置分布與雜湊率分布，比較能看出加密資產支援

硬體去中心化程度的全貌。

軟體開發人員

到底如何鎖定新的區塊鏈並加以評估，以便進行投資？針對這一點，《區塊鏈商業應用》作者威廉・穆加亞爾曾有詳盡探討，並對於開發人員的重要性，精簡地做了以下總結：「一個通訊協定，使用者首先要能信任開發的人，才會信任他們所開發的協定。」我們在前一章提過，投資人要盡可能檢視主要開發人員，是否具備開發協定的先決條件與資格。

除了出身背景以外，開發人員能否長期投入，也同樣重要。開發團隊不能推出系統之後，就拍拍屁股走人。區塊鏈系統使用的都是開源軟體，必須持續修正演進，才能維持安全性、符合使用需求。如果軟體沒有人維護，那麼會發生兩件事：其一，出現程式漏洞，被有心人發現並濫用。其二，若缺乏足夠的開發人員，軟體就會停滯不前，最終不敵其他更有亮點的系統計畫。

開發人員之間也會有網路效應：投入一個軟體計畫的專業開發人員越多，該軟體對其他開發人員就顯得越有用、越引人好奇，吸引他們加入行列，形成一個良性循環。換個角度來說，開發人員如果退出計畫，那麼其他開發人員也會越來越興致缺缺，最後變得沒有人負責引領方向。如此一來，仰賴這個軟體的公司和使用者最終也會離開，導致加密資產的價值下滑。

開發者活動雖然很重要，但麻煩的是很難精確地予以量

化。大多數加密資產計畫都是透過GitHub網站進行儲存與規劃，這個網站蒐羅了很多關於開發者活動的圖表，例如貢獻者是誰、提交紀錄、編碼頻率、開發者的上線時間、倉儲網路等等，雖然其中許多圖表缺乏有意義的數據。例如，貢獻者圖表之中，有些貢獻的動機不是出於積極正面的優化行為，而是軟體出現了重大漏洞，有開發人員發現了，急忙趕去修補。此外，每一種加密資產都是由多個不同軟體計畫構成，很難在GitHub上用宏觀的角度看到資產全貌。

為了解決這個問題，CryptoCompare網站嘗試結合開發者活動與各項指標，讓大家能更方便地比較各個加密資產。表13-8是CryptoCompare自己設計的一種指標，稱為「程式碼倉儲點數（Code Repository Point）」，只要對庫點「讚」（表示收藏）就發給1點、點「分叉」（從別人的程式碼庫複製一份到自己的程式碼庫、或僅是試用亦可）發給2點、

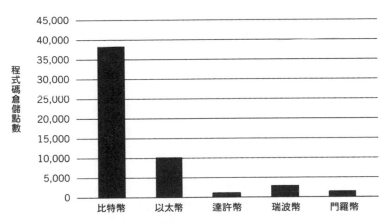

表13-8　加密資產的程式碼倉儲點數（二〇一七年三月二十九日）
資料來源：CryptoCompare

點「關注」的訂閱者發給3點。

點「讚」是使用者在GitHub上對程式碼做記號，表示讚賞。第五章我們詳細解釋過DAO遭駭事件中發生的「分叉」；但在GitHub上，「分叉」則是好事，指的是開發人員複製加密資產的原項目，然後在原項目的基礎上優化與改善。別忘了，萊特幣、達世幣與大零幣都是依照這個模式，從比特幣開發出來的：開發人員把比特幣的原始碼做分叉、加以修正，然後推出了具有不同功能的軟體。「訂閱者」則是指有意持續主動參與程式碼修正的人。簡而言之，軟體獲得的程式碼點數越多，代表該加密資產程式碼的開發者活動也越活躍。

但這份指標仍有不盡公允之處，那就是比特幣開發得早、已有八年歷史，而其他加密資產則歷時甚短。把不同加密資產的建置時間納入考量、予以標準化之後，會得到表13-9。

把開發者活動做標準化計算後，可以看出比特幣和以太坊最為活躍。若以達世幣作基準進行比較，瑞波幣的開發者活躍度高出80%、門羅幣高40%。不過套句俗話，「一分錢一分貨」，比特幣網路價值高達171億美元、以太坊網路價值也達47億美元，因此這兩個平台的開發者活躍度較高，似乎也理所當然。很顯然，兩者的開發者活動打造出有價值的平台，吸引許多人前來使用。另一方面，達世幣、瑞波幣、門羅幣的網路價值分別是6億美元、3.6億美元、2.8億美元，由此可以推知它們的開發者基數比較小、也沒那麼活躍。

為了校準網路價值，表13-10呈現的是「加密資產網路總值÷累積倉儲點數」。其概念是有一部分力氣已經投入開

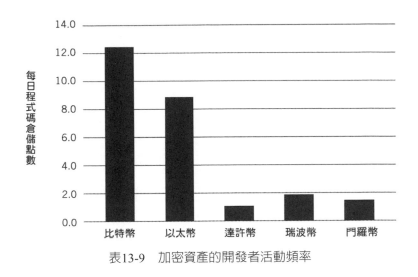

表13-9　加密資產的開發者活動頻率

發加密資產，由此便產生一個問題：「每1倉儲點數的美元價值是多少？」這個數字越高，每一點的價值也越高、甚至超過其應有價值。

依照這份二〇一七年三月的加密資產模型圖。有意思的是，比特幣和以太坊的數值非常接近，而瑞波幣與門羅幣則數值甚低，其開發者似乎最不受市場青睞。

還有另一個網站OpenHub，也很適於監測開發者整體活動。例如，網站會列出各個軟體的程式碼行數，見表13-11。

程式碼行數多，資產不一定就比較好。有時候「少即是多」，行數少反而是好事，因為與平庸的開發者相較，優秀的開發者能寫出一樣的程式，但程式碼長度只用了一半。比特幣、以太坊和門羅幣彼此互異，因此很難將它們的程式碼

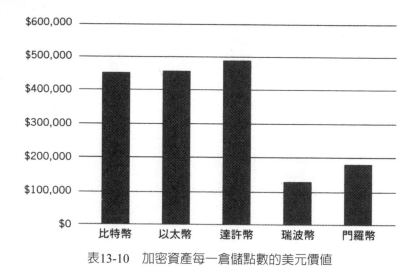

表13-10　加密資產每一倉儲點數的美元價值

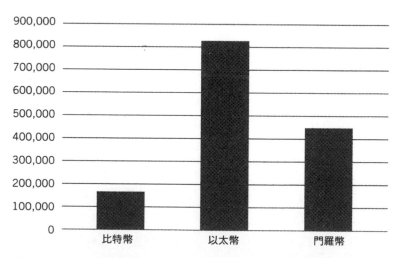

表13-11　OpenHub網站所列比特幣、以太坊、門羅幣的程式碼行數

行數直接拿來比較。比特幣屬於極簡主義、門羅幣則多添了些隱私性功能，而以太坊則是涵蓋範圍最廣。但重要的是，三者在OpenHub上的開發者活動量表上，皆屬活躍度極高。

儘管這些有關開發者活動的指標稱不上具有權威性，但某種程度上仍可以作為參考，在了解加密資產開發者投入程度與活動的時候，提供一些觀察的面向。

公司支援

除了開發者支援以外，同樣難以精確評估的還有加密資產的公司支援。有些網站（例如SpendBitcoins.com）會提供資訊，告訴大家某某加密資產有多少地方接受。這項指標對加密貨幣來說很重要，但對加密商品和加密代幣則未必。

另一個途徑是透過追蹤創業投資，了解支援某一加密資產的公司有多少。例如CoinDesk網站就提供了這方面的資訊。不過，接下來第十六章我們會談到首次代幣發行，裡面便提及對加密資產的公司支援，正從創業投資逐漸轉向群眾募資。

公司到底是用何種方式支援加密資產呢？關於此點，長期的縱向觀察勝於片面解讀。而支援加密資產的交易所數量多寡，就是個很好的指標。隨著資產的正當性與支持度增加，支援該資產的交易所數目也會增加。第九章中提過，最晚把某個加密資產列入經手項目的交易所，也會是最嚴謹、受監管程度最高的，例如Bitstamp、GDAX、Gemini等。這幾個交易所都是業界的強勢品牌、與監管機構關係也很緊密。為了維護口碑與地位，因此一項加密資產除非通

過了交易所的技術與市場審查，否則它們不會輕易給予支援。只要用Google搜尋一下，就能得知哪個交易所支援哪一項加密資產。此外，有些針對交易量做統計的網站（例如CoinMarketCap）也是很好的資源，能了解哪些交易所支援哪些貨幣。

還有另一個指標，就是「用來購買加密資產的法定貨幣量」，可以觀察該加密資產的接受度是否有提升、以及由高監管度交易所經手的發行量是否有增加。第九章提過，加密資產剛上市時，大部分的交易通常都是透過比特幣進行買賣，而不是用美元或歐元。隨著加密資產種類越形多樣，與法定貨幣的交易對也越來越多元化。表13-12所示即為以太坊區塊鏈上，以太幣的貨幣對變化情形。

二〇一六年三月到二〇一七年三月，這一年期間以太幣與法定貨幣這種交易對，占據交易時間從12%上升到50%。

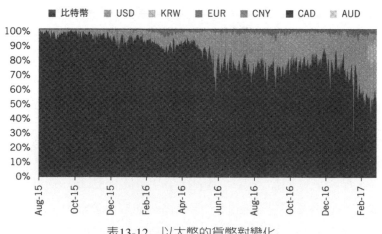

表13-12　以太幣的貨幣對變化
資料來源：CryptoCompare

這代表資產正在逐漸成熟、也得到更廣泛的認可與接受。

用戶採用

有幾項指標可以用來評估主流的採用情況與採用比例。基本指標包含：

1. 用户數
2. 區塊鏈上傳輸的交易筆數
3. 交易的美元價值
4. 估價指標，即加密資產的網路價值÷每日美元交易量

我們會以比特幣和以太坊爲例，來說明這些指標。必須指出的是，這兩者以外的加密資產，由於仍處於發展早期，所以許多統計數字不易取得，也因此無法用比較有意義的方式擷取並予以呈現。即使是以太坊，有些資料也沒法像比特幣一樣容易取得。Blockchin.info和Etherscan這兩個網站的圖表區，分別是比特幣和以太坊區塊鏈最佳的數據來源。我們相信，其他加密資產未來也會出現類似的服務，有助於擷取資料並圖表化。

一、用戶數

Blockchain.info是比特幣錢包的龍頭，表13-13是其用户數（錢包就是比特幣用戶儲存私鑰的地方，以便存取自己的比特幣）。存有加密資產的錢包戶數越多，對那項資產來說顯然越是好事：使用者越多，代表使用程度越高；使用程度

越高，表示市場接受度越高。由圖表可以看出，用戶數呈現指數型成長；不過這個指標仍然有其缺點。其一，這張表只看得出Blockchain.info的用戶成長，但除了Blockchain.info以外，市場上還有其他錢包商。例如，二〇一七年三月，Coinbase這家公司就擁有1420萬個錢包，與Blockchain.info可說是並駕齊驅。其二，一個人可以擁有不只一個錢包，所以這些數據中有些是重複的，因為有的用戶會開好幾個錢包。這個統計上的漏洞，也可能發生在其他錢包商身上、影響他們呈現出來的指標。

　　威利・伍曾經參與打造Coinbase公司，他利用「Google搜尋趨勢」功能，分析那些在Google上用「BTC USD」當關鍵字的搜尋。他認為這種方式「可以看出比特幣長期的成長和使用趨勢」。換句話說，他希望透過這個指標來判斷比特幣用戶數的成長情形。表13-14呈現的是這個關鍵字長期的搜尋情況。威利伍指出，搜尋的峰值「與價格泡沫一致，

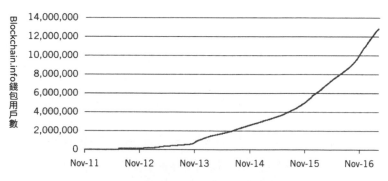

表13-13　Blockchain.info錢包戶數長期變化
資料來源：Blockahain.info

這段時間有較多用戶會特地上網，看看自己的財產價值有沒有發生變化。」威利・伍大膽推測，活躍的比特幣用戶每天都會關心價格，因此他認為這張圖有助於判斷比特幣的用戶數。

假設這個前提為真，那麼威利伍的分析認為比特幣用戶數每年都會翻倍成長、而每3.375年就會有數量級成長。他把這個理論稱之為「伍定律」，來向摩爾定律致敬（根據摩爾定律的預測，每平方吋面積上的電晶體數目，每隔十八個月便能增加一倍）。伍定律的預測是否會成真，值得接下來長期觀察。

另外，區塊鏈上的位址數目也是另一項指標。比特幣系統中，位址指的就是比特幣匯入的地方，因此位址數目越多，代表儲有比特幣的點越多。不過，有些公司像是Coinbase可能擁有的位址數不多，但要服務幾百萬用戶，幫他們儲存比特幣。因此，雖然這張圖呈現向上向右的成長趨

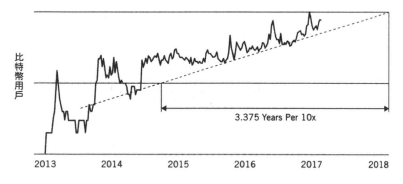

表13-14　伍定律的應用：比特幣用戶數每十二個月增加一倍
資料來源：http://coindesk.com/using-google-trends-estimate-bitcoins-user-growth/

勢，但仍然不是全貌。

表13-15可以看出，以太坊的唯一地址數目，呈現超速成長的趨勢。以太坊的位址可以儲存與以太幣價值相當的其他資產（例如比特幣），也可以儲存智能合約。這兩種用途的使用情形都有增加。

交易筆數

表13-16和13-17分別顯示利用比特幣與以太坊區塊鏈進行的交易筆數。數字呈現成長趨勢，對這兩個區塊鏈及相關的加密資產來說，都是好跡象。有關交易筆數的資訊，比特幣部分可以在Blockchain.info上找到、以太幣則可在Etherscan網站找到。

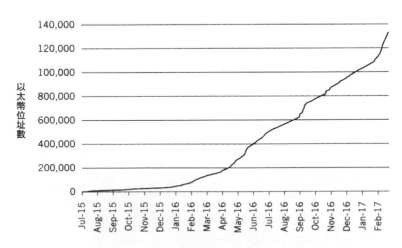

表13-15　以太坊唯一地址數目成長情形
資料來源：Etherscan.io[

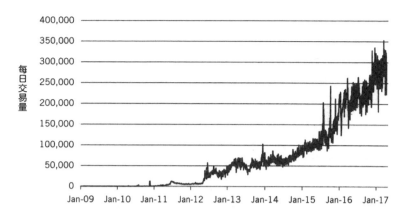

表13-16 比特幣區塊鏈一天交易量
資料來源：Blockchain.info

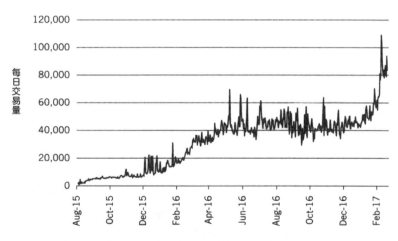

表13-17 以太坊區塊鏈一天交易量
資料來源：Etherscan.io

交易的美元價值

　　交易筆數雖然是重要的指標，但是無法看出這些交易的貨幣價值。表13-18是比特幣的交易量數據。二〇一七年第一季，比特幣平台進行的一日交易量超過2.7億美元，相當於每分鐘18.8萬美元或每秒3,100美元。

估價方式

　　股票的估價方式會不斷演進，而加密資產的估價方式也是如此。其中一種方式就是去量測市場願意為區塊鏈的交易效用付多少錢。要得到這個資訊，我們可以把加密資產的網路價值÷每日交易量。假如該加密資產的網路價值超過其交易量，那麼其比值會變大，意味著資產的價格超過效用。這

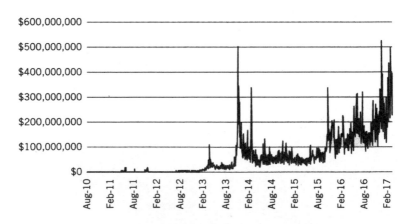

表13-18　比特幣區塊鏈每日預估交易量
資料來源：Blockchain.info

個數值我們稱爲加密「本益比」，是沿用了股票的普通股權益資本比的概念。但在加密資產領域，我們認爲除數應該改成「交易量」而非盈餘，因爲加密資產不是公司，不會有現金流。

可以這麼假定：資產具有有效價格，代表其網路價值與交易量的比數也會趨於穩定。資產交易量增加，其價值也應該相應成長。價格上揚但交易量沒有跟著增加，可能意味市場過熱、資產價值也被高估。

長期來說，這個比例會找到一個「快樂的中點」，就像股票市場也會找到一個相對穩定的營收比和本益比。加密資產（包括比特幣在內）歷史還太短、市場數據不足，因此目前還很難斷言這個平衡的比例會落在哪裡。話雖如此，表13-19可以看出，比特幣的網路價值爲每日交易量的五十倍時，這個比例似乎相對穩定。

表13-19　比特幣的網路價值÷預估交易量（三十日滾動平均）

基本面運作的總結

針對一個新的資產類別（例如加密資產）進行基本面分析，還處於相當早期的階段。這兩章中，我們盡可能地運用多年來股票分析會使用到的工具和知識，找出某些有用加密資產指標。股票與加密資產，兩者很顯然並不一樣。但隨著加密資產日漸成長並趨於成熟，我們嘗試著提供這方面的研究資訊及方法，期許能夠應付長期所需。我們也明白，隨著更多數據的出現、新的走向趨於明朗、也有越來越多分析師投入加密資產領域，我們使用的這些資訊可能會被更詳盡、更精確的工具所取代。

我們期望能提供工具給創新型投資人，以便對這些資產進行必要的研究和評估，一如對於投資組合中的其他項目，投資人一定也會做研究。我們也希望為以後的加密資產分析師提供工具，以便他們持續為這些資產項目，建立起更穩固的基本面分析模型。

加密資產的技術面分析

技術面分析自有一套工具和指標。加密資產與其他資產類別的在基本面分析上各異其趣，但技術面分析則大致上相同。簡單來說，技術面分析就是針對資產的價格與交易量變化，進行長期的評估，以便於判斷買賣時間點。當然，這不表示能保證找到「絕對正確的時間點」來買進賣出，但技術面分析是相當有效的工具，連比特幣和其他加密資產都會利

用技術面分析，來了解市場時機。技術面分析最好的運用方式，是與基本面分析並用，來決定什麼才是適合的投資標的、以及何時該下手投資。接下來，我們會提出幾種基本圖表與考量點，供創新型投資人運用。

支撐位與阻力位

技術面分析的方式之一，是把一項資產長期價格變化的支撐線和阻力線，畫出圖表。表13-20是比特幣二○一五一整年的價格變化；這段期間，比特幣價格就在某個可以預測的交易區間擺盪。表13-20上面那條線稱為阻力線，代表比特幣某個難以突破的價格。通常這些線都是會造成心理負擔的數字，在這張圖表中就是300美元大關。當比特幣價格達到300美元時，就會出現向下修正、回到交易區間的趨勢。

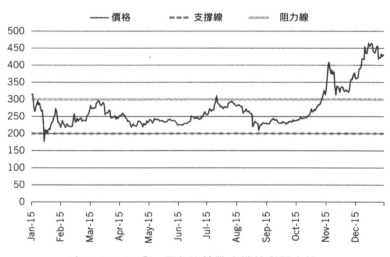

表13-20　二○一五年比特幣支撐線與阻力線
資料來源：CoinDesk

阻力位的相反就是支撐位，指的是某個停止繼續下跌的價格，在本表中阻力位是200美元。比特幣價格每次只要接近支撐線時，就會開始回彈到交易區間。價格跌破支撐線的紀錄僅有一次，不過很快又爬升回來，超過支撐線。

這種區間雖然可以作為某種實用的指引，但須留意資產並不會永遠都待在區間內。例如，在該（二〇一五）年底，價格似乎就要衝破阻力線、建立新高價格與新的交易區間。對許多技術分析師來說，這種價格突破倘若伴隨著高交易量，那就是買進的訊號，因為這代表有重要的事情發生了，刺激市場對該項資產一片看好。一般來說，如果資產衝破阻力線、並穩定維持相對高點，那麼先前的阻力線就會變成支撐線。同樣的，如果資產跌破原本的支撐線、並維持在低點，則原本的支撐線就可能變成阻力線。

以上是對於支撐線與阻力線的極簡說明。網路上可以找到很多更詳細的技術面分析資料，例如布萊恩‧比米什架設的網站「理性投資人」，就收錄了許多相關研究。

簡單移動平均線

另一個常用的技術面分析工具是簡單移動平均線（simple moving average，SMA），作用是把一項資產長期的價格變化平滑化，讓價格走勢更為清楚。

SMA在網路上大部分的圖表網站都找得到。一如其名，其計算方式十分簡單。SMA就是把資產在某段期間內的平均價格繪製成圖，這段期間可能是幾天、幾週、或幾個月。稱為移動平均，是因為每天都會出現一個新的平均（納入最近一天的數據、剔除最早的數據），因此平均值會持續

變動。常採用的平均線期間有五十日、一百日、二百日平均線，也有更長期的例如二百日平均線，來觀察更長時間範圍內的走勢。SMA可以顯示出支撐位和阻力位；兩者結合使用，能看出價格動能變化。Cryptocompare.com網站指出：「簡單移動平均線通常會互相搭配使用，來發現走勢翻轉或動能改變。例如，假如有一道短期平均線低於長期平均線，這就代表動能上揚，是一個買入訊號。」

表13-21顯示比特幣的價格走勢及五十日與一百日簡單移動平均線，紀錄期間是Mt.Gox交易所二〇一〇年七月創立至二〇一二年底。表中可以看到，平均線不是一開始就出現，因為必須先經過一段時間、累積了足夠的數據，才畫得出第一個點。CryptoCompare網站分析，五十日平均線在二〇一二年春天衝破了一百日平均線，其後就這樣維持著，顯

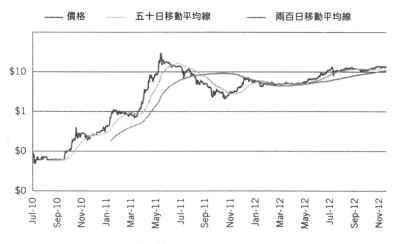

表13-21　比特幣發行早期的移動平均線
資料來源：CoinDesk

示動能上漲。相反的，如果短期平均線跌破長期平均線，表示資產價格迅速下滑，又稱爲「死亡交叉」，這就是熊市訊號。這種情況在二〇一一年秋天曾經出現，當時五十日平均線下破二百日平均線。

留意交易量

由於加密資產的交易級別會變動，因此投資人必須密切注意資產的交易量。歷史尚淺的加密資產，低交易量伴隨價格上漲或下跌，都算常見。這代表成交量少，因此資產價格容易大幅擺盪。再把交易量分析一併納入考量，那麼這些價格擺盪可能代表持續的趨勢、或只是暫時的變動。查爾斯‧鮑瓦德曾在Coindesk.com網站上撰寫技術面分析，文中指出：

> 比特幣交易人要記住，交易量是是評估價格走向的重要指標。高交易量可能代表強勁的價格走勢，低交易量則代表走勢轉弱。一般來說，價格上揚會同時出現交易量增加。如果比特幣值價格上揚、但交易量卻下滑，這可能代表走勢失去動能，價格上漲很快就會結束。

同樣的情況，價格下跌、交易量增加，代表市場出現拋售、交易人選擇出場；但價格下跌、低交易量，則比較不需要擔心。

別忘了，大部分加密資產都還在早期，因此這些資產的技術分析圖表比較缺乏像比特幣那樣的長期性統計。你可能會發現，許多新的加密資產在面世後，經歷過劇烈的價格擺

盡；但時間久了，這些新興資產會開始遵循技術面分析的規則。這表示資產正趨於成熟、投入的交易人也越來越多，意味著資產已經可以用技術面分析來進行更完整的分析和評估，讓創新型投資人可以更有效地判斷市場時機、掌握買進與賣出機會。

創新型投資人必須獨立檢視比特幣和其他加密資產，避免因為看到其他人都買或賣，就受到影響跟著進出。每一個資產項目，如今都能在網路上找到越來越多相關資訊與數據，因此倘若投資人找不到充分數據來進行必要分析，那有可能就是警訊，不應該投資該項資產。我們姑稱之為布尼斯克──塔塔爾定律。

創新型投資人完成必要的基本面與技術面分析之後，接著就要進場、開始實際進行投資。比特幣和其他加密資產的進場機會很多、而且範圍仍在不斷增加，接下來幾章我們會針對這一點做說明。

■ 第十四章

如何投資加密資產：關於挖礦、交易所及加密資產錢包

　　如今投資人可透過不同管道來購買比特幣或其他加密資產，雖然選擇變得越來越多元，但通常投資人選擇平台的主要考量不外兩大因素：購買流程及儲存方式。加密資產的本質是一種數位載送工具（digital bearer instrument），不像一般傳統金融商品，會由特定機構集中保管，舉例來說，無論投資人透過何種方式購買股票，所有股票都是由特定的機構來保管，這個集保機構也能夠追蹤到投資人股票帳面上的變化。而加密資產的投資人，可以用類似集中保管的方式來購買，也可以選擇把管理的權限完全掌握在自己手裡，如何選擇，就按照投資人的自己需求來權衡，如同在人生中面臨的許多選擇關卡，投資人也必須明白，任何選擇，背後都有其風險及代價。

挖礦

　　為了讓創新投資人對於比特幣及其他加密資產的運作方式，有更清楚的了解，首先我們必須先簡單介紹加密資產挖礦技術的演進過程，以便幫助大家了解如何分辨投資平台的優劣。在加密資產的發行，以及維持交易安全穩定的環節當中，挖礦都扮演了重要的角色，就算對於技術沒有太大的興趣，投資人還是需要了解一下關於挖礦的基本知識。

二〇〇九年一月，比特幣區塊鏈網路正式上線運作，當時要取得比特幣的唯一方式就是挖礦，而主要的礦工就是中本聰與哈爾‧芬尼兩位開發者。如同我們在之前的章節所提到的，製造比特幣的方式，是透過驗證及確認機制來新增資料到區塊鏈當中，當時比特幣區塊鏈的普及尚未達到全球規模，這個機制，在中本聰所開發的軟體技術中是很重要的部分，它可以確保區塊鏈的去中心化本質，同時控制比特幣的發行數量。

　　在挖礦的過程中，碎片化的數據不斷被打散重組，以便得到一個符合事先定義標準的、由一連串數字零開頭的輸出值，我們稱這個輸出值為黃金雜湊值（golden hash）。就像文章的句子，是由一個個字詞所組成的，雜湊值也是由數據組成的，這些數據會被組成一個字元數固定的英數字串。雖然輸出值的字元數是固定的，但其中含有什麼字元則是無法預測的，只要有一點點輸入數據被更動，就會形成完全不一樣的輸出值。而得出黃金雜湊值，就能賦予礦工將新的交易區塊，新增到比特幣區塊鏈的特權，透過在這個新增區塊裡面所產生的第一個交易，也就是「創幣交易」，礦工可以得到新的比特幣作為獎勵，目前每次新增區塊成功，該幸運礦工可得到的獎勵為12.5個比特幣。

　　在比特幣挖礦過程中，使用者的電腦要處理的數據分別為要新增到區塊中的交易雜湊值、作為前一個區塊身分識別的雜湊值、時間以及被稱為nonce的隨機數字。區塊鏈網路中的不同電腦，會將nonce隨機數從0、1、2等開始往上加，再將這些隨機數搭配其他雜湊值變因，演算出各種不同的輸出值，就這樣不停嘗試，希望可以得到一個以一串數字零開

頭的、符合要求的輸出值。礦工用越多的隨機數去試，得到那個符合要求的輸出值——黃金雜湊值的機率就越高，不同電腦演算出新隨機數的效率，稱為雜湊率 （hashrate），也就是電腦每一秒鐘透過雜湊函式，得到新雜湊值的次數。

任何人透過電腦連上比特幣區塊鏈網路，都能下載之前的區塊，隨時留意有沒有新的交易資訊，然後用電腦去運算那些碎片化的數據，試著得出那個黃金雜湊值，這個開放式的架構就是比特幣的核心優勢之一。雖然挖礦賺比特幣感覺不是什麼難事，但隨著全世界加入挖礦行列的電腦越來越多，相關配備不斷升級，獲得比特幣的難度也越來越高了。

一開始，區塊鏈網路上的電腦，主要是用處理電腦整體運作的中央處理器（以下稱CPU）來進行雜湊值運算，但使用這個方式來挖礦，對於電腦整體資源的消耗率太高了，且雖然CPU能夠有效地多工運作，但如果要讓電腦反覆處理一樣的程序，直到得出黃金雜湊值為止，透過CPU來運算並不是最有效率的方式。

理論上，比較好的選擇，會是負責在螢幕上生成圖像的顯示卡（以下稱GPU），GPU目前也被廣泛地運用在機器學習領域。相較於由屈指可數的處理器所組成的CPU，由上百或上千個微處理器（mini-processing unit）組成的、以平行架構為主的GPU，比較適合用來處理大規模而重複的運算任務。

雖然GPU的微處理器沒辦法像CPU一樣，可同時處理多種不同性質的任務，但用來處理雜湊數據已經非常足夠了。相較於CPU，擁有上千個核心處理器的GPU，每一秒鐘可以運算出的雜湊值數量可說是壓倒性的多。

然而，要讓電腦中的GPU去跑挖礦的程序，需要相應的軟體技術，而寫出程式碼是需要一點時間的。二〇一〇年夏天，可驅動GPU去執行挖礦程序的始祖軟體——puddinpop的CUDA Miner終於正式上線，開發者將軟體程式開放給所有使用者下載，因此還獲得了比特幣早期開發者傑夫‧加齊克所贈與的一萬個比特幣。當時加齊克可能沒有預料到，之後比特幣的漲幅會如此驚人，以現在的市值來計算，加齊克等於是送出了超過一千萬美元給puddinpop的開發者。

　　從CPU到GPU，電腦的運算效率已經有了大幅改善，接著，現場可程式化邏輯閘陣列（field-programmable gate arrays，FPGA），與更早問世的特殊應用積體電路（application specific integrated circuits，ASICs），都相繼被應用在比特幣挖礦技術當中，讓使用者可以用更快的速度算出黃金雜湊值。顧名思義，ASICs在研發製造階段，就要考量到這是要應用在什麼樣的功能上。如果是拿來當成過渡期產品的CPU、GPU跟FPGA，業者可以先買下一批晶片，再根據需求去設計功能，而ASICs的積體電路設計與蝕刻，則必須先在半導體製造廠完成。

　　製造研發這類型特定用途的晶片，通常初期就要投入一大筆資金，到了後期比特幣區塊鏈網路規模越來越大，對於挖礦設備的需求升級後，才開始有公司願意投資生產專用ASICs晶片。二〇一三年一月，第一款作為專用的挖礦ASIC晶片正式上線運作，目前最頂級規格的ASICs的雜湊率為14 TH/s，相當於在一秒鐘之內，將數據碎片化，並得出新輸出值的次數為十四兆。

　　整體而言，如果在比特幣的網路中，有越多台電腦同時

在做運算，能運算出黃金雜湊值的機率也越高，而比特幣的發行量也會跟著提升，這時候如果沒有任何調節機制的話，很有可能數量會失控而造成供應過剩。為了防範這一點，中本聰設計了一個數量控管的機制，當區塊鏈網路中的整體算力提升，黃金雜湊值開頭數字零的位數就會增加，以提高整體運算的難度。如果平均每十分鐘，礦工就能新增一個區塊，等於每兩週就會新增2,018個區塊，這時候運算難度就會開始拉高，這就是比特幣區塊鏈控管發行量的機制。因此，隨著更多使用者加入挖礦行列，競爭越發激烈，在這個情況下，專業礦工的優勢會遠遠大過於業餘比特幣玩家，根據目前的推算結果，若將比特幣區塊鏈網路中所有電腦的算力加總，會超過世上前五百大超級電腦算力總計的十萬倍。

比特幣以外的挖礦運作模式

如今比特幣的挖礦能力已經非常強大，其他類型的加密資產幾乎都很難跟比特幣匹敵，但相對的，如以太坊、大零幣等其他加密資產網路的算力競爭就沒那麼激烈，相對適合有興趣也有熱誠的業餘玩家加入＊，而且也不一定要使用ASICs晶片才能進行雜湊運算。事實上，在比特幣之後問世的許多加密資產挖礦機制，都加入了新的機制來防止挖礦資源集中在少數人手上，如以太幣、大零幣等挖礦運算，通常都使用GPU晶片來執行挖礦跟創幣交易。當整體資產規模市值增加，潛在的獲利機就會吸引更多人加入挖礦行列。理

＊ 編註：作者寫作此書是二〇一七年，現已並非如此，遇到的問題也不僅只有算力問題。

論上，區塊鏈上的挖礦系統可說是一個理想的競爭機制，更多新進使用者會被誘人的獲利機會所吸引，而紛紛加入挖礦行列，直到達成一個供需均衡的穩定狀態。這是一個正向循環機制：當資產市值提升，礦工們獲得的利潤也跟著提升，吸引更多人加入挖礦，使用者越多，區塊鏈網路的安全性也會更加穩固，加密資產的市值越高，區塊鏈中的資訊就越安全。

不管是要投資比特幣、以太坊或是大零幣，許多人會選擇加入合力挖礦的平台，各自出資支持平台進行電腦運算，來找出黃金雜湊值，而不同的平台，也會用各自的方式將利潤回饋分配到礦工身上。一個獨自運作的個體戶礦工，可能一個月才能新增一個區塊，但如果加入平台共同協作，比較有機會獲得定期的收益。

要加入礦工行列，首先你會需要投入資金購買設備，像螞蟻礦機、阿瓦隆等廠牌均有製造專門的比特幣礦機，還要準備相應的設備收納空間，另外，也需要將電力及人力成本計算在內。選擇礦機的主要標準為效能及耗電率，衡量指標為W/GH，也就是一百億次雜湊運算需要消耗多少瓦的電力。大家可以透過CoinWarz之類的挖礦獲利試算網站，去了解該怎麼計算相關成本。

雲端挖礦工具

創新投資人也可以選擇使用雲端挖礦工具，流程如下：投資人可以上網購買某個合力挖礦平台的部分算力，並獲得平台挖礦所得分配的收益。這樣就不需自己去購買專用硬體設備，如果是使用Salesforce之類的雲端軟體，也不需要自

己去維護後端硬體，平台會使用遠端數據中心的方式來執行挖礦，投資人直接出錢購買算力即可。

因過去曾發生過不少相關的詐騙案件，因此，在購買雲端挖礦平台的算力之前，投資人務必先謹慎地完成盡職調查。在美國南方衛理會大學教授瑪麗・瓦席克跟泰勒・摩爾所發表關於比特幣詐騙的研究中指出：「有些自稱為雲端挖礦平台的服務，其實根本就是龐氏騙局，那些公司向投資人收取費用，但根本沒有提供任何產品或服務。」該研究還直接點名了好幾間以挖礦為藉口進行詐騙的公司：「Active Mining、Ice Drill向投資人募資，聲稱要製造ASICs晶片，並將挖礦獲利回饋給投資人，但實際上根本沒做出任何東西。另外像AsicMiningEquipment.com、Dragon-Miner.com也都自稱挖礦電子商務網站，其實也只是詐騙網頁而已。」

在加入任何雲端合力挖礦平台之前，可以先評估一下該平台未來的投資計劃，如果它描寫的願景太過美好，好到有點不真實，那很可能就是假的。另外，也要針對公司地址、使用的硬體設備以及過去曾進行的投資項目一一查證。或是選擇加入知名度高的平台，像是Genesis Mining這樣的大型公司。Genesis Mining於二〇一三年成立，提供包括比特幣、萊特幣、大零幣、以太幣等雲端挖礦服務。為了降低電力成本，Genesis Mining的許多數據中心都設在用地熱發電的冰島，官網上可以看到他們數據中心的照片及影片。

權益證明（Proof-of-Stake）

要成功新增一個新的區塊，需要透過共識機制，除了比特幣區塊鏈所使用的工作量證明機制以外，另外一個機制稱

為權益證明，我們可把權益證明想成另一種挖礦方式，它不需要投資硬體設備或消耗大量電力，但使用者如果想要驗證新交易區塊，需要投入自己擁有的資產，同時這也是個人信用被檢視的時候。在這個流程當中，使用者帳戶中一定數目的資產會先被扣除作為押金，然後才能獲得驗證交易區塊的權利，如果使用者試圖造假或惡意竄改資料，押金就拿不回來了。顧名思義，權益證明指的是，使用者需要去證明自己擁有的權益，才能成為新區塊的驗證者，而他們為了爭取獎勵，保有自己的資產，也不太可能在區塊鏈網路上造假或竄改。

通常使用權益證明機制的平台，會提供利息來獎勵這些抵押資產來協助驗證交易的使用者，也有部分平台會交錯使用工作量證明與權益證明，或是其他變因來驗證交易，但目前最受認可、也最普及的共識機制仍然是工作量證明。但為了降低能源損耗，從二〇一八年初開始，以太坊開始準備改採用權益證明作為共識機制，未來若以太坊的共識機制，順利由工作量證明改為權益證明，權益證明作為一個大規模加密資產平台的保護機制，其可行性及優勢，將獲得更廣泛的認可。

加密資產交易所 v.s. 場外交易平台

當比特幣或其他加密資產幣種，透過區塊鏈機制被鑄造出來以後，礦工即可拿自己持有的幣種，自由兌換其他的加密資產或法定貨幣，這時候，他們會需要透過交易所或是場外交易（over-the-counter, OTC）來賣出自己持有的加密貨

幣。

　　有些礦工或習慣大額交易的投資人，會選擇Cumberland
Mining、Genesis Trading或itBit*等場外交易平台來進行買
賣，不同於一般交易所，場外交易並非在公開市場中進行，
而是靠上述這些場外交易平台來媒合買方與賣方，這樣一
來，不需要透過交易所下委託單，也能進行大額交易。對於
經認證的合法創新投資者或投資機構而言，在處理大額交易
的時候，他們也會傾向透過場外交易平台來進行。

　　而絕大多數的投資人通常會透過交易所來進行交易，這
樣可以讓投資人直接使用自己的銀行帳戶、信用卡或比特幣
帳戶作為交割帳號，來支付相關費用，但如果投資人要買進
新興的加密資產，通常會需要先擁有一個比特幣帳戶，因為
許多新興加密資產，是沒辦法跟法定貨幣互相匯兌的，投資
人必須用比特幣來買進這些標的。

　　早期的比特幣市場確實非常動盪不安，當時比特幣是市
場上唯一的加密資產標的，許多家比特幣交易所在成立之
後，就因為財務困難、駭客攻擊、不法犯罪活動、法規限制
等族繁不及備載的因素相繼倒閉。當時比特幣市場交易的相
關技術架構，還沒有被建立起來，比特幣也還處於早期動盪
階段，就算有人想要架設交易所平台提供服務，也會碰到資
源條件不足等各種障礙。

　　根據相關紀錄，史上第一筆於交易所完成的比特幣交
易，為5.02美元兌換5,050個比特幣，然而該交易所在幾個
月之後，就因為交易市況太過冷清而宣告倒閉。日本的

＊　編註：幣託集團（Bito）有Bito Pro（交易所）、Bito Ex（錢包）供投資人使用。

Mt.Gox則是首家被廣爲認可的比特幣交易所,當時投資人必須先匯錢到日本的帳戶才能進行交易,且從開始交易到交割完成,需要整整兩個禮拜的作業時間。後來,隨著相關技術及市場狀況發展越臻成熟,交易管道選擇也變得更加多元,如今,在世界各地都有公開合法的加密資產相關交易所,共有超過八百種加密資產標的供投資人選擇。

目前包括Bitstamp、Bittrex、GDAX、Gemini、itBit、Kraken、Poloniex等都是位於歐美國家知名的加密資產交易所,在中國市場則有三家主要交易所包括比特幣中國(BTCC)、幣行(OKCoin)及火幣網(Huobi),這三家交易所同時也在中國以外的地區提供交易平台服務,另外像墨西哥的Bitso、印度的Unocoin及波蘭的BitBay則是只針對所在國家的投資人提供服務*。

在選擇交易所平台的時候,首先投資人需要面臨的抉擇就是安全性與便利性的兩相權衡。交易安全的重要性毋需多言,而便利性,指的是可交易的資產標的選擇是否夠多。通常規範最爲嚴謹的交易所,如Bitstamp、GDAX與Gemini等,可供交易的加密資產類型數量是最少的,這些交易所通常會等到新興資產發展狀況,到了交易所認爲足夠成熟穩定的地步,才會開放讓這些標的掛牌交易。另一方面,像是Poloniex或Bittrex,對於新興資產類型的接受度是比較高的,這類型交易所就會成爲冒險型投資人的首選,因爲這些交易所比較沒有那麼小心翼翼,相對地可供交易的新興標的也比較多,然而,交易市場也時常會出現明顯的價差波動。

---

* 編註:台灣市場則有幣託集團(Bito)的Bito Pro。

另外，Bitfinex跟Kraken這兩家交易所，則是在安全性、規範嚴謹程度及便利性方面，都做得比較面面俱到的。這一段說明，並不是爲了引導投資人排除掉任何選項，歸根結柢，安全與便利之間如何權衡，創新投資人還是得依照自己的需求做出選擇。

有些投資人也許會覺得困惑，爲何交易所對於安全性的規範會這麼嚴苛，那是因爲交易所本身，作爲加密資產的集中保管機構，特別容易成爲駭客攻擊的目標。以往，犯罪者要搶銀行，他們得冒著生命危險親身去執行這件事，相對地，駭客要偷加密資產就容易多了，他們可以躲在世界上的任何角落，攻擊他們看中的目標。除了盜走加密資產以外，區塊鏈交易資訊本身的不可變性，更是吸引駭客下手的誘因，如果是信用卡被盜刷，或是銀行帳戶被駭，銀行可以直接取消交易紀錄，但如果是加密資產被盜，沒有任何主管機關可以直接介入刪除被盜的紀錄。

信用卡拒付機制的隱藏成本

當信用卡出現爭議性交易的時候，消費者可以要求拒付該筆帳款，通常拒付機制一啓動，倒楣的就會是消費店家。信用卡公司會將爭議性調查與啓動拒付程序的相關成本，作爲管理費用轉嫁到店家身上，而店家爲了防止這些合法或不合法的爭議事件，造成他們太大的損失，爲了自我保護，也會事先調高產品或服務售價。

而因爲加密資產的交易資訊是無法回復的，因此也無法啓動拒付機制，雖然不可回復的交易聽起來很嚇人，但整體而言，這是一個比較有效率的機制。信用卡拒付機制的存在，讓信用卡公司、店家及消費者等都必須共同承擔隱藏成本，但是在加密資產領域，承擔損失的一方，通常是粗心大意的使用者，或是資安設計有漏洞的平台。

交易所遭受駭客攻擊的案例，常常被拿來當成加密資產不安全的佐證，但這樣的說法顯示了，許多人對於區塊鏈的架構有著錯誤的認知。本書第二章曾經提到，區塊鏈的架構包括去中心化的硬體設備、加密資產軟體、應用程式及使用者，最容易遭受駭客攻擊的交易所，屬於第三層的應用程式，在區塊鏈架構中位於加密資產軟體的上層，所以，即使交易所被攻擊，區塊鏈的底層技術結構也不會受到影響。以蘋果系統上的應用程式爲例，當蘋果系統中的某個應用程式被駭客入侵，並不代表蘋果系統，或是硬體本身也受到攻擊，同樣地，交易所被駭，也不會影響區塊鏈整體的安全性。

現在我們了解，在加密資產市場中，交易所是最容易受到駭客攻擊的目標，於是，在選擇交易所之前，創新投資人必須審慎地思考以下幾件事：

交易所的風評是否良好？

要知道交易所的風評如何，最準確的方法是透過可信任的網站去搜尋各方人士對該交易所的評價，包括投資管理公司、創投投資人的風評，以及該交易所是否通過法規審核等。此外，也要確認該交易所被客訴的頻率是否太過頻繁，尤其要特別小心那些曾發生過被駭事件、或是財務經營困難的交易所。

通常直接上網搜尋就可以找到相關資訊，例如，在Google搜尋上輸入關鍵字「Bitfinex hack」來確認該交易所是否曾經被駭，同時，也要確認交易所在遭駭過後，有沒有進行適當的安全補救措施。另外，可以去搜尋交易所的總部所在位置，如果網路上查不到地址資訊，建議投資人避之則吉。

交易所提供的交易資產標的為何？

如果投資人已經選好標的，記得搞清楚，該標的是否有在你選定的交易所掛牌上市。如果要選擇投資選項較多元的加密資產交易所，投資人要做好心理準備：這類型的交易所通常在做盡職調查時，對於標的審查沒那麼嚴謹，相對地，一切風險與投資的成敗，都由投資人概括承受。

交易所是否能提供更多服務項目，
例如衍生性商品交易或保證金交易？

　　如同市場上有各式各樣的加密資產類型，交易所提供的服務內容範圍也各有不同，有些交易所提供類似期貨契約的衍生性商品交易，有些則專精在客製化的衍生性商品。例如，BitMEX就曾經推出一項交易所專屬衍生性商品，以二〇一七年三月，美國證券交易委員會是否會批准比特幣指數型基金ETF-Winklevoss掛牌為標的，開放投資人認購選擇權。此外，投資人也可以研究一下保證金交易這項服務，不同的保證金交易商品，槓桿倍數會有極大的差別，有些較保守型的商品，槓桿倍數可能只有一比三，但有些則會高達一比三十，表示投資人投入1000美元，就有機會獲得高達三萬美元的報酬。然而，不管是進行保證金交易，或是衍生性商品交易，投資人要記住，高倍數的槓桿設計意味著高獲利，同時也是高風險。而且，有些交易所為了推銷特定的交易商品，當槓桿失靈的時候，交易所商品的設計會導致損失承擔社會化（socialize losses），這表示，少部分投資人的莽撞行為所造成的損失，將由全體投資人來承擔。

何種資產機制可被作為交割帳戶使用？

　　創新投資人在開始進行加密資產交易之前，必須設定好交易及帳務交割的方式，通常，如果投資人有比特幣帳戶，能夠選擇的交易所平台是比較多的，多數交易所可以讓投資人用比特幣即時下單，購買平台上其他種類的加密資產。

　　如果投資人選擇用法定貨幣來交易，就必須把自己的投

資帳戶連結到銀行帳號或信用卡帳號等，礙於各地金融法規不同，這個作法不見得行得通，且通常申請作業天數也比較長。投資人如果要將自己的銀行帳戶資訊，提供給交易所，請務必進行事前調查該交易所是否可靠，總之，在網路上將個人銀行資訊提供給交易所或任何金融機構，都要考量風險，不能輕易將資訊交出去。

交易服務是否有地域限制？

部分交易所會限制服務區域，如果投資人要使用某些特定的服務項目，必須將地址提供給交易所。如果是身處在紐約州的公司或投資人，要特別留意相關規定，紐約州自二○一五年起，對於使用比特幣交易的公司或個人，開始實施一項被稱為BitLicense的規定，如果要在紐約買賣比特幣，要先通過一連串耗時而費用高昂的申請程序，這項規定的實施，提高了加密資產新創公司在當地營運的門檻，也導致當地大部分加密資產新創公司，直接中止在紐約州的服務。

客戶身分驗證與洗錢防制程序

為了防範有心人利用加密資產進行犯罪或詐欺活動，目前在美國的交易所開戶都必須經過客戶身分驗證與洗錢防制（Anti-Money Laundering，AML）程序，為了符合法規要求，Bitstamp、GDAX與Gemini等交易所，會跟開戶投資人索取一連串的個人資料，並花上好幾個工作天來驗證資訊，對於加密資產的跨國交易功能及隱私保護特性，比較重視的投資人，在選擇交易所的時候，就不宜選擇這些會索取大量個資的交易所。整體而言，嚴謹的法令規範不但能夠保障投

資人的消費權益，也有助於維持交易所穩定運作。

交易所是否提供保險服務？

因越來越多人開始透過比特幣與其他加密資產交易所，來進行相關投資，許多交易所也因應投資人需求，提供各種保險方案，如三井住友保險就針對加密資產交易所，特別設計了損失險，其他保險公司也紛紛跟進，打算切入加密資產市場。建議投資人在選擇交易所的時候，也可以將交易所是否提供保險這個因素，一併考慮進去。

比特幣交易平台龍頭Coinbase，是業界首家為投資人所持有的比特幣，提供保險的平台，包括投資人在旗下交易所GDAX所買進的比特幣，也在保障範圍之內。此外，Coinbase還為比特幣投資人提供了另外一層保障：儲存在線上平台的投資人資金部位，只會占總資金不到百分之二，其餘資金全都以線下的方式保管，且安全措施做得非常嚴密。

熱錢包 v.s. 冷錢包

接下來，要說明兩種不同的加密資產儲存方式：熱錢包與冷錢包，以及理解這兩種概念的重要性。投資人會根據不同的考量，來決定要用哪種方式保管自己的資產，雖然投資人還是可以把資產存在交易所的投資帳戶內，但是那並不是一個最安全的永久儲存方式。

投資人可依照自己的需求，選擇用熱錢包或是冷錢包來保管自己的加密資產，所謂的熱錢包，指的是可儲存加密資產的網路平台，或是能夠連上網路的儲存裝置，之所以稱之

為熱錢包，是因為使用上具有即時性。當投資人用瀏覽器登入網路平台，或是透過裝置使用電腦或手機上的應用程式上網，管理自己的加密資產，這時投資人使用的就是熱錢包。

而冷錢包指的就是不透過網路，以線下的方式來儲存加密資產，使用冷錢包的好處是，駭客如果想盜走加密資產，無法透過網路來進行，而必須要真的偷走實體裝置，才能拿到那筆錢。有些儲存方式甚至會使用到完全無法上網的裝置，雖然這個方式聽起來很極端，卻很適合那些必須保管大筆資金的機構投資者，冷錢包不見得適合所有人，但對於安全意識特別高的投資人而言，冷錢包是極佳的儲存方式。

具體來說，加密資產的儲存究竟是怎麼進行的？加密資產的交易，是由原本持有者，透過一組私鑰，將加密資產傳送給擁有另一組私鑰的接收者，所謂的私鑰，是一組解鎖用的密碼，加密資產的持有者透過這組私鑰，來證明自己對資產的所有權，以及管理及交易的權限，同時，持有者可以透過不同形式的平台或裝置，將私鑰儲存在熱錢包或冷錢包裡。

無論使用熱錢包或是冷錢包，都可以從兩種不同管理私鑰的方式當中二擇一，透過圖表14-1，我們用四象限的方式來顯示四種儲存方式的排列組合。大多數的交易所會替客戶保管私鑰，客戶只需要輸入帳號密碼就可以登入平台，與一般網站登入方式無異，這就是由第三方來保管私鑰的熱錢包儲存方式，而知名加密貨幣交易平台Coinbase也提供由第三方保管私鑰的冷錢包儲存服務，通常平台或交易所並不會讓每一個客戶都擁有專屬的私鑰，而是同時用好幾組不同的私鑰來分配保管所有客戶的資產，嚴謹地維護私鑰的安全性。

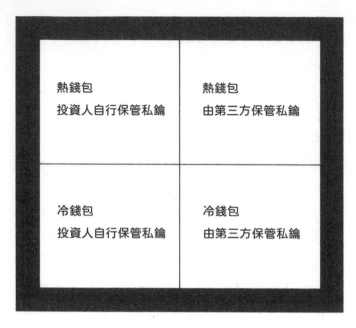

圖14-1　加密資產儲存方式的四種排列組合

　　如果覺得沒辦法放心把私鑰交給第三方保管，也可以選擇自己保管私鑰，相對地，也要自己承擔私鑰遺失等風險，但如果有做好預防安全措施，由自己來保管私鑰也是個比較令人安心的方式，投資人可以把資產的保管權限，百分之百地掌握在自己手裡。

交易所代管客戶資產的方式

　　基本上，交易所本來就有責任要保管好客戶的加密資產，而最常見的保管方式就是私鑰，如同先前所提到的，並

不是每一個客戶都會擁有自己專屬的私鑰,交易所將加密資產所屬的私鑰,存放在各自的區塊鏈當中,同時使用內部的帳本來紀錄客戶的帳戶明細。關於將資產分別存放在熱錢包及冷錢包的比率,以如何確保安全性,各家交易所的做法都不太一樣。從史上發生過的事件,我們可以觀察到,把資產分開儲存在熱錢包及冷錢包裡,是很重要的安全措施。接下來,我們會藉由一些著名的駭客事件來說明,為何交易所將比特幣全數存放在熱錢包當中,會是一個危險的作法。

我們先從史上最著名的Mt.Gox交易所遭駭事件說起,在比特幣知名度提升及交易市場成長的過程中,Mt.Gox無疑扮演了重要的推手角色,然而,在交易所遭駭、被盜走相當於市值4.5億美元的比特幣、進而於二○一四年初宣告破產之後,Mt.Gox的市場地位也一夕之間化為烏有。雖然Mt.Gox曾經是引領投資人及業餘玩家進入比特幣市場的先鋒者,但是在比特幣發展初期、市場仍舊動盪不安的時候,Mt.Gox管理不當的狀況,也為交易所本身的安全性,埋下了一顆不定時炸彈。

Mt.Gox平台的創始人傑德・麥卡勒布,將原始的平台轉型為比特幣交易平台後不久,就發現要媒合成千上萬的比特幣交易,對他來說負擔太重了,於是他將平台轉手賣給了馬克・卡普雷斯。卡普雷斯以MagicalTux這個名號,活躍於在Twitter、臉書等社群平台,且熱衷分享自己的寵物貓影片。買下了Mt.Gox之後,為了推升使用者流量,卡普雷斯更新了整個網站的程式架構,在早期比特幣市況動盪不安,交易平台也紛紛倒閉的時候,Mt.Gox成功地跨過了那段創業維艱的時期,並逐步成為全球知名的比特幣交易所。

雖然卡普雷斯確實在寫程式方面展現了傑出的才能，但很快地，他就發現自己並沒有經商的才能，也不打算為了公司的發展而投入更多資金。更糟的是，他所寫的程式架構，陸續出現了各種漏洞。

　　如果是比較有經驗的軟體公司，在做網站改版的時候，會準備一個測試站來驗證並調整改版的內容，並且使用版本控制軟體，來維護Mt.Gox網站運作的原始程式架構，但很可惜，卡普雷斯完全沒有採用這些做法，且所有程式碼更新事項，都由卡普雷斯親自完成，不假他人之手，也因此，當網站功能亟需改善的時候，Mt.Gox往往無法及時完成所需的更新。

　　涉及Mt.Gox商業營運層面的各種事務，卡普雷斯顯得漫不經心，然而，他的確熟知將比特幣分開儲存在熱錢包與冷錢包的重要性，卡普雷斯將所有交易所負責保管的比特幣私鑰管理權限，都掌握在自己手裡，在二〇一一年Mt.Gox遭駭客攻擊後，卡普雷斯將大部分的比特幣資產，都移到線下儲存的冷錢包當中，並且將寫下私鑰的文件，分別藏在Mt.Gox總部所在地–東京各地的保險箱裡，這個方式牽涉到複雜的文書及會計作業流程，也是卡普雷斯最不擅長的工作內容。

　　針對二〇一四年那起導致Mt.Gox破產的駭客事件，卡普雷斯曾經聲稱，有一名駭客針對比特幣的核心軟體，發動了交易延展性（transaction malleability）攻擊並竄改資料，導致Mt.Gox所保管的比特幣被盜走，而實際上，多數比特幣社群相關人士，都對這個說法抱持著懷疑的態度，而二〇一四年的駭客事件導致高達市值4.5億美元的比特幣被盜，

主要原因無疑是出在Mt.Gox的運作流程不嚴謹、安全性漏洞等種種管理失當問題。

在Mt.Gox駭客事件過後，美國的交易所Bitfinex也遭到攻擊，投資人被盜走約市值7200萬美元的比特幣，這次事件的主因，也是因為交易所將客戶擁有的比特幣，全數放在熱錢包裡保管。外界對於Bitfinex這樣的作法有各種不同的解讀，Bitfinex公認是加密資產領域中交易最活絡、流動性最高的交易所之一，或許是因為要維持高流動性，Bitfinex才會採用這樣的儲存方式。

另外一種說法是，Bitfinex是為了符合法令規定才會這麼做，在駭客事件發生之前，美國商品期貨交易委員會曾因Bitfinex將客戶的資產放在冷錢包裡，沒有實質交付給客戶，而認定Bitfinex違法，最後雙方達成協議，Bitfinex同意繳納美金七萬五千元作為罰款。這件事情造成的後續影響是，交易所為了符合法規，會傾向將資產保管在熱錢包裡。無論Bitfinex採用熱錢包的理由是什麼，我們可以從這些駭客事件得到一個結論：無論安全程序執行得多麼嚴謹，能夠使用線上平台管理的熱錢包，永遠比不上冷錢包來得安全，因為駭客可以從任何地方連上網路發動攻擊，但如果要盜走冷錢包裡的資產，竊賊就得以身犯險，偷走實體裝置才行。

Mt.Gox發生遭駭事件當時，比特幣的市場狀況及其底層技術，都還處在成長陣痛期的階段，其他創新科技在發展過程中也經歷過類似的陣痛期。知名創投專家弗烈德·威爾森在Mt.Gox遭駭事件發生後，曾撰文表示：「我們正在親眼見證一個新興產業成長的過程，在過程中不免會發生一些混亂，或災難性的失敗，然而，幾乎所有類型的創新科技，

在發展普及的過程中，都會經歷這樣的陣痛期。」

研發新科技的創新者，以及提前進入比特幣市場的早期使用者，必定會面臨風險，而事實上，撇開Mt.Gox這個極端的例子，加密資產交易所的技術及管理，確實在往專業化的路上走，如Bitfinex遭駭之後，平台經過重整後仍然持續穩定營運，而不管是成立已久的交易所、新成立的交易所或是投資人，在經過駭客事件後，也都學到了要提高警覺，保護好自己的資產。

通常把大量資產存放在熱錢包裡的交易所，就是最容易成為駭客目標的高風險型交易所，雖然把資產放在冷錢包裡，不如放在熱錢包來得方便，但是你犧牲便利性，換來的是更穩固的安全保障。

加密資產錢包

將自己的加密資產，交付給交易所來保管，對投資人而言可能不是一個最安全的方式，縱使加密資產交易所會運用保險商品、冷錢包來加強保障，或是採用滲透測試、定期審查等高規格安全措施，但除非你需要定期進行買賣交易，或是購買不同類型的加密資產，否則，還是建議大家在以下將提到的加密資產錢包類型當中，選擇其中一種，作為存放資產的方式。

目前通用的加密資產錢包，分別為：網路（雲端）錢包、桌面型錢包、行動錢包、硬體錢包及紙錢包。為了讓大家更容易理解，並且能將這些基本概念運用到其他類似的加密資產類型，以下我們會用比特幣來舉例說明。

關於各種類型的比特幣錢包相關資訊，推薦大家可以到bitcoin.org網站上去找資料，在本書的參考資料欄當中，也會提供更多學習資源。隨著投資人對加密資產興趣提升，接觸加密資產的管道平台越來越多，預計未來還會出現更加多元的電子錢包類型。

網路錢包

大部分的網路錢包，功能跟交易所平台非常類似，都是集中由第三方來保管私鑰，投資人沒有管理私鑰的權限。因此，如果負責保管的第三方機構平台，沒有做好安全措施，投資人的資產就會暴露在風險之下。網路錢包的使用方式也跟交易所平台類似，投資人在任何地方連上網路，就可以登入使用電子錢包，這也是網路錢包最大的優勢之一。

目前使用率較高的網路錢包，包括Blockchain.info及Coinbase等知名加密資產平台等，部分網路錢包平台會開放私鑰權限給客戶，然而，如果是由投資人自行管理私鑰的網路錢包，其實性質會更類似能夠遠端登入的輕量級桌面型錢包，關於桌面型錢包，我們稍後會再說明。

網路錢包還有一種普及度越來越高的功能，稱爲「金庫」（vaulting），這個功能可以在交易完成之前，延遲帳款匯出的時間，讓持有者可以有更多時間確認，或是取消交易。如果碰到駭客已經成功破解密碼，只差一步就要將你帳戶中的錢，匯到其他錢包地址的狀況，金庫功能就可以派上用場，拖延駭客的時間。目前具備金庫功能的加密資產交易錢包平台當中，最知名的就是Coinbase。

加密資產金庫

Coinbase的網路錢包服務內容，其中一項是讓客戶可以將自己的比特幣，部分存放在一個容易提款、方便進行交易的帳戶，其他的比特幣，就可以存放在一個安全性較高、流動性較低的「金庫」當中。雖然將比特幣存在金庫當中，安全性更有保障，但如果要從金庫中提款，客戶必須經過雙重驗證程序，取款的時間也會被延遲，大約需要四十八個小時的作業時間。這種機制的概念，類似銀行的支票帳戶及存款帳戶，投資人可以將需要快速取款交易的比特幣，存放在Coinbase的一般帳戶（如同銀行支票帳戶），需要更高規格安全保障的部分，就可以放在金庫裡（如同銀行存款帳戶）。

桌面型錢包

如果投資人使用的是桌面型錢包，要先將軟體下載到電腦，將私鑰直接存在電腦裡面，如此一來只有投資人自己，才能取得私鑰進行交易，其他人既無法把錢轉出去，也沒辦法拿來消費或交易。桌面型錢包可分為「完整錢包」（full client）與「輕量錢包」（lightweight client）兩大類型，這邊所謂的客戶，指的是電腦上的應用程式功能，比較複雜精密的程式，稱為完整客戶，簡易版的程式，就是輕量級客戶。

在比特幣發展初期，所謂的比特幣錢包，指的就是中本聰開發出來、如今被稱為比特幣核心（Bitcoin Core）的軟體。比特幣核心被歸類為完整錢包，使用者需要準備足夠的

頻寬與電腦儲存空間，並且將整個區塊鏈下載到電腦裡才能使用。當使用者在電腦上操作比特幣核心的時候，它會被視為區塊鏈中的一個完整節點，擁有完整的交易紀錄資訊。使用完整錢包，意味著你可以享有高度的保障以及自主權，但相對地，完整錢包，需要搭配高規格的硬體設備，通常只有最頂尖專業級的比特幣玩家才會使用。

　　輕量錢包，也就是所謂的精簡型用戶端（thin client），是不需要下載完整區塊鏈的，同時，也不需要傳輸或驗證交易資訊。輕量級客戶錢包的主要功能是提供該用戶的比特幣交易資訊到區塊鏈當中，同時接收來自完整節點的資訊。對於一般使用者而言，輕量級客戶錢包是比較實用的選擇，因為它的硬體需求相對低，只要下載指定軟體，使用者的私鑰就會直接存在用戶的電腦裡。目前市面上較知名的輕量級客戶錢包有Coinomi、Electrum與Jaxx等。

行動錢包

　　如果投資人使用的是行動錢包，私鑰存放的位置是在使用者的行動裝置，而非第三方伺服器。行動錢包與輕量級客戶錢包的共通點在於，它們都不需要將比特幣區塊鏈下載到裝置上（手機不可能有這麼大的容量），行動錢包可供創新投資人隨身攜帶使用，例如需要付晚餐費用時，直接用行動錢包轉帳給朋友，或是在可用比特幣支付費用的酒吧，拿來買啤酒。

　　你可以在手機上的應用程式商店，搜尋到很多種電子錢包應用程式，但那些程式跟我們所說的行動錢包，是不一樣的東西。那些程式其實是網路錢包，只是可以在手機介面上

操作而已。最簡單的區分方式,就是去辨別私鑰存放的位置,手機版的網路錢包,會將私鑰存在第三方伺服器上,使用者需要連上網路才能存取,而行動錢包,則是將私鑰存在裝置上,例如Airbitz跟Breadwallet,就是將私鑰存在裝置上的行動錢包。

硬體錢包

隨著比特幣的使用率越來越高,硬體廠商們也陸續開發出多種比特幣與其他加密資產專用的傳輸儲存設備,不同的硬體錢包,所支援的功能範圍各有不同,有些硬體錢包的功能涵蓋私鑰生成、儲存與傳輸等,配套較為完整,有些錢包的功能則只是在交易過程中,為了安全多加一層確認程序,有些錢包則是要連到電腦上才能使用,以下介紹一些知名的硬體錢包品牌* :

- Trezor:安全性較高的比特幣硬體錢包,它所生成的私鑰只能在該裝置中使用,這樣的設計可以預防病毒或惡意軟體入侵,影響線上儲存功能或其他裝置。
- Ledger Nano S:透過USB接頭連接到電腦裝置的硬體錢包,可用來儲存比特幣、以太幣及其他山寨幣,外型類似外接式硬碟,但多了一個小巧的OLED螢幕,當使用者用該裝置進行交易時,可透過螢幕查看交易確認資訊。

---

* 編註:台灣庫幣科技公司推出的CoolWallet亦為冷錢包的領導品牌,全球銷售遍及80個以上的國家、管理的加密貨幣總資產超過200億美元。CoolWallet輕薄如信用卡深受用戶喜愛,安全性更為冷錢包中的權威。

● KeepKey：透過USB接頭連接到電腦即可使用的硬體錢包，不僅有存放比特幣的功能，使用者還可在OLED螢幕上查看交易確認資訊，且使用者必須輸入事先設定的密碼，才能使用這個裝置。

儘管使用硬體錢包有個風險，就是使用者可能會弄丟裝置，但即使裝置遺失了，還是可以想辦法救回資訊跟錢包裡的錢。在裝置的初始化階段，使用者在設定硬體錢包的時候，會一併設定初始化種子，初始化種子，就像是一組備用密碼，需要被存在一個極為安全的地方，就算裝置遺失了，只要用初始化種子重新生成私鑰，使用者就可以重新存取並使用錢包裡的比特幣。

硬體錢包的開發，涵蓋了硬體工程及相應的軟體工程技術，因此，通常硬體錢包無法支援太多種類型的加密資產。大多數的硬體錢包都能支援比特幣，Ledger Nano S除了比特幣之外，也能支援另外幾種加密資產，而KeepKey與ShapeShift正在合作開發新的硬體錢包，用來支援比特幣以外的加密資產。隨著加密資產領域不斷擴張，未來幾年，預計將能看到硬體錢包的技術相容性越來越高，能夠支援的加密資產類型，也會不斷增加。

紙錢包

投資人也可以選擇最原始而簡單的辦法：紙錢包，只要保管得當，紙錢包可以說是最安全的加密資產錢包。只要拿筆在紙上寫下作為公鑰及私鑰的英數字串，然後把那張紙保管好即可。這種方式，完全符合冷錢包的線下儲存概念，你

可以將那張紙鎖在安全的地方，保存個幾十年都不會有問題，只要該資產類型的區塊鏈網路還在運作，就能用私鑰來開啟錢包。這種原始的作法，可以用在任何類型的加密資產上，只需要紙跟筆就能完成儲存。通常使用紙錢包的人會將私鑰資訊鎖在一個防火的保險箱裡，或是安全性跟保險箱不相上下的其他地方。

選項眾多，但投資紀律不變

如今市面上有各種交易所、各種加密資產錢包可供投資人選擇，投資人必須謹記，務必衡量自己的需求，謹慎的做好事前調查，並思考什麼樣的選擇最適合自己。基本上，要思考的面向不外乎如何購買及儲存加密資產，有些服務平台，甚至可同時提供購買及儲存的管道，投資人若能先思考自己的優先順序是什麼，就能做出比較明智的選擇。就像傳統投資人，在選擇財務顧問時，需要花上一段時間來考慮，創新投資人在選擇購買及儲存平台的時候，也不能草率地做出決定。

因為加密資產是一個新興的資產類型，一開始投資人會經歷一段比較困難的過程，特別是要投入資金、承擔投資風險的時候，需要培養新的思維與習慣。然而，當加密資產的能見度跟市占率逐漸擴張，加密資產也將自然而然，成為金融市場體系的一部份，到時，投資人就能夠運用以往熟悉的工具及方法，來投資加密資產。截至目前，我們已經觀察到許多財務經理人、顧問公司及投資專家，不約而同地都在研究，如何開發出能廣泛應用在各種資本市場的投資工具，包

括股票、甚至是401（k）退休福利基金等。

　　本章節我們討論到關於私鑰設定、選擇交易所等步驟，接下來，我們可以先拋開這些繁瑣的細節，下一章節，我們將介紹在這個成長飛快的資本市場中，有哪些投資標的可供選擇，同時，我們也將會不厭其煩地持續強調盡職調查、事前研究與投資紀律的重要性。

■ 第十五章
「比特幣指數股票型基金在哪裡?」

　　透過專門的加密資產交易所來購買加密資產,是投資人能取得這些新型資產的直接路徑,但這個方式需要投資人另外學習操作新的應用程式、適應不同的使用者介面,甚至還要學著信任年輕的新興企業。

　　將加密資產直接整合到你目前用來管理既有投資組合的介面,有許多好處,包括能夠更容易追蹤價格變化、更嚴密監控資產配置模型,還能有更多稅務優惠。在本章中,我們將討論可以讓創新投資人透過既有投資管道,接觸加密資產的幾種資本市場機構,以及幾種未來可能會出現的投資方式。此外,我們還會討論,在加密資產領域持續擴張的情況下,創新投資人應該對財務顧問抱有什麼樣的期待。

比特幣投資信託

　　灰度投資提供目前最大的資本市場機構比特幣曝險,在二〇一七年三月共持有總值2億多美元的比特幣,相當於目前比特幣全部流通量的1%。灰度是由母公司數位貨幣集團在二〇一三年所成立的公司。由連續創業家、在比特幣社群相當具影響力的貝瑞·西爾伯特所成立的數位貨幣集團,被某些人認為將有望成為比特幣界的波克夏海瑟威公司。灰度在數位貨幣集團的營業公司投資組合中的目標,就是給資本市場提供數位貨幣的投資選項。目前為止,該公司底下有比

特幣投資信託、以太幣經典投資信託，還有正在向美國證券交易委員會申請中的比特幣指數股票型基金。

比特幣投資信託是灰度推上市場的第一個產品，而且剛上線時，只供符合資格的投資人購買。比特幣投資信託是要取得比特幣，並將比特幣放在信託內，再把信託的股份分給投資人，每一個股份約等於一枚比特幣總價值的十分之一。理論上來說，投資人能假定每十個股份是由一枚比特幣做為擔保[2]。此基金中沒有包含任何避險或槓桿手段，純粹只是持有比特幣，並讓投資人能在不直接經手該資產的情況下，藉由其價格波動來獲利。該基金所持有的比特幣都存在Xapo錢包中，該公司專供使用者安全存放大量的比特幣。灰度公司在網站上是這樣廣告比特幣投資信託的：

● 透過傳統的投資機構取得有所有權、可審核的擁有權
● 能享有稅務優惠
● 公開上市
● 由可信賴的機構提供服務網路
● 安全穩健的儲存方式

投資人每年需付出2％的管理費，才能享有上述這些服務。而在持股一年後，投資人便能在場外交易最高標準市場（OTCQX market），用GBTC的代碼，出售其股份。透過這個程序，符合資格的投資人就能將一開始的投資脫手，將獲益或是損失變現，同時，其他各種等級的投資人，此時也有機會買進他們脫手的比特幣投資信託股份。其他投資人也能透過自己選擇的股票經紀人，買進GBTC的股份，無論是

富達投信或其他公司都可以。

自主個人退休帳戶

一般想為籌措退休金而做投資的投資人比較不清楚的另類選項，就是自主個人退休帳戶（self-directed IRA）。雖然這個選項自從一九七四年創立個人退休帳戶制度以來就存在了，它和傳統個人退休帳戶最大的差別在於，提供了更多種不同類型的投資選項。許多人都用個人退休帳戶去投資股票、債券、共同基金，以及其他等同現金的貨幣市場工具。有了自主個人退休帳戶，投資人可以投資以上這些產品之外的資產類別，包括不動產和黃金等。這個架構給投資人提供了一定程度的彈性，去將更多另類，且往往風險也較高的資產，納入同一個投資帳戶中。不過，這樣的彈性，還要受數項額外規定的限制。其中一項規定是，帳戶中的任何投資都不能「間接地」使帳戶擁有人受益。舉例來說，購買度假屋或其他供帳戶擁有人自用的不動產，就屬於自主個人退休帳戶的間接投資獲益。擁有這類帳戶通常也需要付出可觀的維護和管理費用，因此，儘管這類帳戶很實用，但同時也更需要投資人確實做好盡職調查，並投注一定的關注。

比特幣投資信託的第二階段，不是一開始就有的選項。在二〇一五年五月初，美國金融業監管局做出了相關監管裁決，准許比特幣投資信託成為在場外交易最高標準市場公開交易的投資工具。在二〇一五年五月四日，第一批有資格購買比特幣投資信託的投資人，終於有機會能在場外交易最高

標準市場出售GBTC的股份。最先成交的第一筆交易，是以每股44美元的價格，買進兩股股份。雖然這個交易量可以說是非常地小，但這一天，是歷史上第一次有比特幣投資工具，在受監管的美國資本市場上進行買賣。

在二〇一七年的第一季，比特幣投資信託和GBTC股份都有相當令人興奮的發展，不過，兩者也都還算不上是完美的投資工具。灰度的創新做法，也就是讓有資格的投資人先買進，並且得先鎖死一年，然後才能在公開市場上出售的方法，這有其缺點。相較能夠隨時增加股份來滿足市場需求的指數股票型基金以及共同基金，灰度不能發行更多的GBTC股份來滿足投資人需求。相反地，是否有新的GBTC股份釋出，完全取決於有資格的投資人是否願意出售股份，而且即使他們有意願，也得在買進一年後才能脫手。此外，因為灰度還有一份S-1申請表*在等待美國證券交易委員會審核，他們沒辦法為比特幣投資信託創造更多股份，供有資格且對私募有興趣的投資人購買。

與此同時，GBTC股份的價格可能上漲或下跌，端看人們願意花多少錢購買該股份。GBTC的第一筆交易價格落在每股44美元，而每一股約等於十分之一枚比特幣。因此，每股44美元的交易價格，等於是將比特幣的價格訂在440美元左右。然而，在他們以每股44美元價格買賣股份時，比特幣的市場價格才在200美元出頭而已。有人願意額外多付一倍的價錢，只為能避開我們前幾章中所解釋的繁雜手續，將比特幣納入投資項目中。圖15-1顯示GBTC股票和其淨資產價

---

* 譯註：美國本土企業申請上市所需提供的公開說明書。

值（net asset value，NAV）的長期差異。（淨資產價值是指
比特幣實際的價值，圖中灰線高於黑線處，就表示GBTC股
票的交易價格超過股票的實際價值。）

　　很明顯地，GBTC雖然存在的時間還很短，其交易價格
大都高出其淨資產價值。而關於這一點，也存在許多不同的
解釋，比如說，這是因爲GBTC讓一般投資人也能直接將比
特幣曝險加入自己的傳統投資組合，或是退休帳戶中；而機
構投資人也能更輕易地購買GBTC股票。無論原因爲何，這
個現象都顯示出投資人非常有興趣幫自己的投資組合加上比
特幣曝險。而截至二〇一七年三月，購買GBTC股票都是透
過資本市場達成此目的最容易的方式，因此，這些額外的費
用，就是投資人想藉此方式跨足比特幣投資所需付出的代
價。除此之外，有些人也認爲，能一邊享受比特幣的價格升

圖15-1　GBTC的交易價與其淨資產價值比較
資料來源：https://grayscale.co/bitcoin-investment-trust/#market-
performance

值，一邊獲得報稅的彈性確實值得付出高價。然而，在其核心部分，GBTC有供需平衡的問題。只有當有資格的投資人決定脫手他一開始買入的比特幣投資信託股份時，才會出現能夠自由交易的新GBTC股份，但是也沒有任何規定要求這些投資人一定得脫手。因此，儘管需求升高，供給量卻不見得能夠與之比擬。

有些人一開始可能會將GBTC股票視為一種指數股票型基金，因此對於一個「比特幣指數股票型基金」為什麼會引起這麼多風波，感到疑惑。但是，比特幣投資信託及GBTC股票和一般的指數股票型基金差得遠了，它們不管在監管單位的批准上，或是運作的複雜度上，都天差地遠。指數股票型基金的結構，目的在於讓所有股份的價格都盡量貼近其淨資產價值。這麼做可以避免產生高昂的額外支出，也就是像GBTC的投資人所面對的情況。此外，指數股票型基金需要美國證券交易委員會的批准，而比特幣投資信託雖然已經跨出了正確的一步，但在它正式成為美國證券交易委員會批准的指數股票型基金前，還有很長一段路要走。

溫克沃斯雙胞胎和比特幣指數股票型基金爭霸

在比特幣投資信託剛成形時，灰度是全美國唯一以比特幣為基礎的資本市場投資工具，但是，別的公司也摩拳擦掌地想來分一杯羹。灰度想也想不到的是，他們接下來要遇到的對手，居然是前奧林匹克划船國手暨臉書的「差點創辦人」。卡麥隆・溫克沃斯和泰勒・溫克沃斯這兩位出身富裕的投資人，他們最出名的，應該就是和臉書的恩怨情仇。他

們宣稱自己才是臉書平台的創意發想人，並和馬克·祖克柏以6000萬美元達成庭外和解。而由於這筆和解金內包含了股份，以現在的價值來看，和解金實際上高達上億元美元。

然而，兩兄弟並不打算拿了錢就消失，他們嚐到了成功的滋味，也不是會輕易從鎂光燈前消失的人物。兩人迫不及待想開始新的投資計畫，而比特幣就提供了最好的機會。他們二〇一二年在伊比薩度假時，從大衛·阿札爾的口中認識了比特幣，讓他們能取得先機。這個想法對兩兄弟有如當頭棒喝，兩人立刻著手開始買進比特幣，並投資比特幣相關的新創公司。

在二〇一三年，一度傳出他們手上握有所有現存比特幣的1%（在當時，大約等於10萬多枚比特幣）。一般認為，卡麥隆大量買進比特幣，是讓其網路價值第一次衝破10億美元的推手。他看準了機會，在Mt.Gox以91.26美元或更高的價格競標比特幣，這正是能讓比特幣的總網路價值衝破10億美金的競標價格。

兩兄弟不滿足於僅僅做個被動的投資人，他們還想在市場上推出產品。因此，他們在二〇一三年七月，為溫克沃斯比特幣信託，向美國證券交易委員會遞交了一份S-1申請書，想以指數股票型基金的形式，以COIN的代碼上市交易。一般S-1申請書都長達一百多頁，而且囊括產品所有一切想像得到的面向。溫克沃斯兄弟願意為其比特幣產品撰寫S-1申請書，也可見得他們的認真程度。

指數股票型基金可以說是乘載比特幣的最佳投資工具，其費用規劃透明且低廉，內在架構能讓其價格盡量貼近淨資產價值，同時，投資人又能在市場交易日內輕鬆進行交易。

此外，兩兄弟也將美國證券交易委員會的核可，視為能幫助他們贏得投資人信任，並將比特幣帶上主流市場的聖杯。儘管這個想法非常令人敬佩，但他們很快就會發現，這條路比想像中更崎嶇難行。

到了二○一七年初，溫克沃斯雙胞胎還在等他們的指數股票型基金申請核准結果。在這段過渡期，他們一次又一次為S-1申請書補交資料，諮詢了數不清的律師，甚至還推出了自己的加密資產交易所，名為Gemini。

交易所：Gemini

指數股票型基金，不是溫克沃斯想推出的唯一一項比特幣產品。二○一五年，他們推出了自己的加密資產交易所，雙子星。兩兄弟按部就班，按照所有規定申請到了紐約州金融服務管理局的許可證照。儘管過程非常冗長耗時，但在二○一七年三月，他們的交易所成為了類似公司中唯二的有限責任信託公司之一，使其符合類似於銀行般的規範。兩兄弟之所以創辦這間交易所，是為了回應美國證券交易委員會對於加密資產沒有受規範的交易所的擔憂。

隨著二○一七年三月十日這天的逼近，全世界的目光都放在溫克沃斯指數股票型基金之上，因為這一天，美國證券交易委員會必須對他們送交的19b-4申請書做出裁定，而這正是指數股票型基金上市的重要一步。比特幣指數股票型基金通過審核的可能性，牢牢抓住了加密資產社群的注意。若通過審核，不僅是剛萌芽的資產類型在監管單位前的一大勝

利，更會需要馬上取得大量比特幣，以滿足資本市場投資人購買指數股票型基金的需求。在二○一七年一月發表的一份研究報告中，當時任職於尼達姆公司的分析師史賓塞‧波加特寫道，「我們認為讓比特幣指數股票型基金上市，會對比特幣價格帶來深遠的影響。保守說來，我們預估在比特幣指數股票型基金上市的第一週，就可能引來價值三億元的資產，而因此掀起為該信託挖掘更多比特幣的努力，很可能會導致比特幣價格大幅上升。」

在這項判決公布前，比特幣的價格就因為投資人預期可能出現需求增長而走高。儘管對加密資產及資本市場有最深刻了解的專家，對於該產品能否被核准還有所遲疑，比特幣的價格在判決公布前，已經又飆上了前所未有的新高。在三月十日，在美國證券交易委員會的實證高峰會──一項和比特幣完全無關的活動，委員會的一名工作人員公開聲明：「對於那些不斷寫電子郵件來詢問的人，我得說，我們對比特幣沒有什麼要說的，請不要再問了。」很明顯地，整個社群都急著想知道和判決有關的消息。

那天稍晚，美國證券交易委員會拒絕了溫克沃斯指數股票型基金的申請。以下是該判決書中的重點摘要：

本委員會拒絕了該規則變更申請，因為我們認為該提案與證券交易法第6(b)(5)節的規定不符。該節內容提到，國家級證券交易所的規則，必須要能避免詐欺和人為操縱行為，並要能保護投資人與大眾的利益。本委員會認為，要符合該項標準，准許商品信託交易所交易產品（exchange-traded products，ETPs）股票交易和

掛牌上市的交易所，除了需滿足一般規範外，在這個案例中，還必須滿足兩項決定性的標準：第一，交易所必須和交易該商品或該商品衍生物的市場簽訂監督共享協議，第二，這些市場必須是受規範的市場。

　　根據之前的紀錄，本委員會相信比特幣的主要市場並未受到規範，因此，有鑑於該交易所並未取得，且目前也無法取得過去通過審核的其他商品信託交易所交易產品都具有的這類監督共享協議——該協議能消除市場針對潛在詐欺與人爲操縱行爲的擔憂——本委員會認爲該規則改變提案不符合證券交易法。

　　我們可以看到其中兩個重點就是，美國證券交易委員會認爲比特幣市場「未受規範」，且指數股票型基金預計上市的巴茲交易所，以及能供該指數股票型基金取得比特幣的加密資產交易所之間，沒有足夠的「監督共享協議」。

　　無論大家原本預期美國證券交易委員會考量的重點爲何，幾乎所有人都對委員會冷酷的拒絕感到措手不及。值得注意的是，美國證券交易委員會沒有花太多的篇幅在討論溫克沃斯指數股票型基金的細節，反而較著重在比特幣市場的關鍵特性上。重申這些市場未受規範，就像是往溫克沃斯兄弟臉上再潑一盆冷水，因爲他們花了相當多的時間和金錢，去成立符合嚴格規範的雙子星交易所。再把焦點放回整體比特幣市場，這次的審核結果，代表短時間內，美國市場上都不會出現比特幣相關的指數股票型基金。

　　就在美國證券交易委員會，在美國東部時間星期五的下午四點，宣布否決這個指數股票型基金的申請後，比特幣的

價格立刻從1250美元，跌到不到1000美元，相當於在幾分鐘之內就跌了兩成。儘管很快地，價格就又回升到將近1100美元，這次事件還是讓所有不看好比特幣的人，逮到機會讓「我就說吧」以及「比特幣已死」等評論重新浮上臺面。《華爾街日報》決定針對美國證券交易委員會的決定，向讀者做出相關說明，並在週末刊出了題為〈現實點：比特幣是無用的投資〉的文章。

這些部落客以及評論家在週一上午回到辦公桌前時，卻發現，投資人整個週末都在全年無休的加密資產交易所努力。到了週一，這些不看好比特幣的人必須面對一個現實，那就是，比特幣的價格再度超越1200美元，而整個加密資產的網路價值，自美國證券交易委員會的決定發佈以來，又增加了40億美元。沒錯，三天就增加了40億。

溫克沃斯的指數股票型基金，不是美國證券交易委員會拒絕的第一個比特幣指數股票型基金。在二○一六年七月，SolidX Partners就向美國證券交易委員會提出申請，希望讓SolidX比特幣信託的指數股票型基金，以XBTC的代號，在紐約證券交易所掛牌上市。SolidX和溫克沃斯的產品之間最大的不同在於，SolidX預計為其信託投保1億2500萬美元的保險，以抵抗比特幣遭竊盜或駭客入侵的風險。在二○一七年三月，美國證券交易委員會否決了SolidX的指數股票型基金上市申請。

方舟投資以及指數股票型基金中的比特幣曝險

截至二〇一七年三月，市面上一共只有兩個指數股票型基金產品有比特幣曝險，分別是方舟投資旗下代號ARKW的次世代網路主動型交易所交易基金，以及代號ARKK的創新主動型交易所交易基金。兩者都是有比特幣曝險且含有數個成長股的投資組合，且兩者都是目前市場上表現最傑出的指數股票型基金之一。透過灰度的比特幣投資信託，方舟投資在二〇一五年九月，成了史上第一個投資比特幣的公共基金經理人，而且，直到本書成書的這一刻，他們的指數股票型基金，都是市場上唯一有比特幣曝險的基金產品。有鑑於方舟投資一直以來對快速變遷的科技特別感興趣，如機器學習、自動駕駛車、基因體學等，因此，投資比特幣也很符合該公司一直以來的形象。

指數投資證券的選項

在美國之外，有更多以資本市場為基礎的比特幣產品可以選擇，如XBT Provider在瑞典斯德哥爾摩的納斯達克北歐交易所上市的兩個指數投資證券）。納斯達克北歐交易所隸屬受規範的交易所系統，是知名的美國納斯達克交易所子公司。要在納斯達克北歐交易所掛牌上市，產品必須要能符合為數眾多的規範標準，而其中最重要的一點，就是這些指數投資證券都必須通過瑞典負責監督金融規範的政府機構，瑞典金管會的審核。

儘管指數投資證券和指數股票型基金一樣，都是在交易

所內公開交易，但是一個是證券，一個是基金。要大概說明這兩者的差別，最容易的方式就是，購買指數投資證券時，投資人會獲得一張數位證券，保證投資人能根據該資產的表現獲得相對應的報酬，而投資指數股票型基金時，投資人會直接持有該資產，因此其價值是由市場價格所決定。

以術語來解釋的話，指數投資證券是一種優先無擔保債券工具，會跟著市場指數或指標變動。指數投資證券能讓投資人在證券發行人並未實際持有某特定資產的情況下，依舊能針對該資產進行投資。由於指數投資證券是一種債券工具，投資人會受發行人的信用等級影響。要是發行人破產了，其指數投資證券投資人就只能拿回其投資的一小部分，但是以指數股票型基金來說，該基金確實擁有該資產。因此，指數投資證券投資人必須對發行人有一定的信心，相信他們有能力持續營運，並在未持有特定資產的情況下，追蹤包含該資產的指數變動。

指數投資證券發行人一般都是銀行或是金融公司，他們本身的信用等級能用來支持該投資工具，並消除投資人對發行人金融實力的擔憂。摩根士丹利公司是這類證券最早的發行人之一，而巴克萊銀行也經常發行這類證券，兩者都是評價極高的多元化國際銀行。然而，我們能從二〇〇八年的金融危機學到，辨識和評價承保公司非常重要，而且往往不太容易。做為債券工具的一種，其背後發行人的健全和穩定是創新投資人在投資指數投資證券時，必須承擔的額外風險

和指數股票型基金一樣，指數投資證券也能讓投資人將某些特定資產納入其投資組合中，而不必耗費心力去處理取得、保存該資產的繁複手續。比如說，若有個投資人相信牛

隻的商品期貨價值，但不想經手期貨契約交易，他就可以投資追蹤該期貨指數的指數投資證券。該指數投資證券發行人必須負責在證券到期，或是投資人提早買回時，付出與該指數相符（但扣除相關手續費後）的價值。而因為指數投資證券是在交易所內交易，所以會受到市場力量的影響，使其交易價格可能高於或低於該資產的實際價值。不過，在交易所內交易也能提高流動性，讓投資人能更輕易地買進或賣出證券。此外，一般經紀帳戶和保管帳戶也都能用來購買指數投資證券。

在二〇一五年十月，XBT Provider發行了比特幣追蹤者一號，這是一支追蹤美金對比特幣價格的指數投資證券。比特幣追蹤者一號是根據Bitfinex、Bitstamp、GDAX等交易所的美元兌換比特幣平均匯率，來決定該投資產品的比特幣價格。隔年，XBT Provider接著發行了比特幣追蹤者歐元版。這兩項投資商品都可以透過盈透證券的平台進行交易，該平台是一個提供平價經紀人服務的投資平台。

針對這幾種產品，XBT Provider分別都收取2.5%的管理費，比灰度收取的費用高了25%。但是，對創新投資人而言最重要的也許是，和其他指數投資證券不同，XBT Provider隨時都維持完全避險，也就是說，他們確實持有與指數投資證券價值相當的比特幣。此舉可以大幅降低該投資商品對XBT Provider本身信用等級的依賴，因為即使該公司破產了，他們手上也還握有等值的比特幣能賠償給投資人。一如其網站上所述，「XBT Provider沒有任何市場風險，該公司隨時都持有與其指數投資證券價值相當的比特幣。」

在二〇一六年中，XBT Provider在最大股東KnCMiner

公司宣布破產後，被環球顧問澤西公司買下。KnCMiner公司一直是重要的比特幣挖礦公司，也是挖礦設備製造商。發行人的信用對指數投資證券來說至關重要，而環球顧問澤西公司也非常清楚這一點。在KnCMiner公司破產後，XBT Provider旗下的兩支指數投資證券交易被迫暫時停止，直到新的保證人確定後才能再次啟動，而最後出手拯救的，便是環球顧問澤西公司。

領導環球顧問澤西公司團隊的，是尚瑪麗‧莫格內蒂和丹尼爾‧馬斯特斯，他們分別是在雷曼兄弟和摩根大通集團擔任商品交易員起家的金融專家，並將自己在資本市場的豐富經驗帶到比特幣的領域。在買下XBT Provider之前，環球顧問澤西公司就已經創建了一個代號為GABI的比特幣基金，供機構投資人投資。該基金的註冊地為英國澤西島，此地以其創新的規範出名，和開曼群島類似。買下XBT Provider後，環球顧問澤西公司不但增強了該比特幣指數投資證券的可信賴度，也為自己旗下日漸茁壯的機構投資人比特幣投資平台，增添了一項不錯的資產。其背後的道理可以用馬斯特斯的一段話來總結：「環球顧問比特幣投資基金（GABI）是唯一一項完全符合規範，且以機構投資人為目標的比特幣投資基金，有了XBT的加入，我們能同時掌握線上零售和專業市場。」

交易所交易工具選擇權

投資人的其他比特幣投資工具，還包括交易所交易工具（exchange traded instrument，ETI）。交易所交易工具和指

數股票型基金類似，因為兩者都是以資產做擔保的證券，而指數投資證券則不一定需要有資產做為擔保。然而，交易所交易工具卻非常罕見，且主要用來容納另類投資產品，如期貨或選擇權。

在二○一六年七月，有一個比特幣交易所交易工具在直布羅陀證券交易所掛牌上市，代號為BTCETI。該產品只收取1.75％的管理費，比灰度和XBT Provider都低，且用創幣交易來保管其資產。儘管其保證人和主辦行──Revoltura公司和 Argentarius交易所交易工具管理公司──的知名度都極低，其中最值得注意的是直布羅陀政府和監管單位的金融服務委員會的參與。

很明顯地，直布羅陀政府相中了這個機會，且試圖將自己打造成一個虛擬貨幣中心。直布羅陀的金融服務和賭博遊戲部長艾伯特・伊索拉就表示，「我們會持續和私部門及監管單位一同努力，以為數位貨幣領域的業者，打造適當的監管環境，這項交易所交易工具能在我們的股票交易市場發行上市，正表明了我們的創新能力，以及快速應對市場的能力。」

在直布羅陀的交易所交易工具宣布上市的同一個月，瑞士的馮托貝爾銀行也宣布，要發行一項類似於指數投資證券的比特幣追蹤投資工具，但是有關這項商品的細節卻非常稀少。二○一六年七月對於以資本市場為焦點的比特幣產品來說，非常忙碌，但是，這樣的盛況和我們預期在接下來幾年要看到的情況相比，還只是開端而已。

加密資產的標價能讓投資人覺得安心嗎？

創新投資人可能已經注意到了，上述這些交易所交易產品都是建立在價格指數之上。儘管價格指數聽起來很單純，但它卻是靠複雜的數學計算，才能取得精準的市場價格，尤其以加密資產來說更是如此，因爲其交易遍及全球，又可以用非常多種不同的法定貨幣或加密資產來購買。然而，對含有加密資產的資本市場投資工具而言，定價對其未來的成長非常重要，因此，這一領域的發展是創新投資人應該特別注意的。

定價的問題對比特幣來說特別棘手，因爲其交易地點遍及全球，使用的法定貨幣也不一而足。目前來說，不同加密資產的交易所可以被視爲獨立的流動性池（liquidity pool），因此，當其中一個交易所的需求量明顯高過其他交易所時，比特幣在該交易所的交易價格，就會比在其他交易所來得高。在股權市場，這種價差會馬上經由套利來解決，但由於比特幣在不同交易所間移動的時間差，再加上各法定貨幣的資本管制，這類價差就難以消除。

因爲大眾對比特幣的興趣逐漸攀升，再加上，對穩健、受規範的比特幣指數的需求也日漸受到重視，因此，紐約證交所和芝加哥商品交易所（Chicago Mercantile Exchange，CME）這兩大投資市場，便分別創立了自己的比特幣指數。紐約證交所在二〇一五年五月，正式發佈了自家的比特幣價格指數NYXBT。當時的紐約證交所總裁湯瑪士・法利就說道，「比特幣價值很快就成了客戶想追蹤的資料數據

點，因為他們也考慮針對這個新興的資產類別進行轉帳、交易或投資。做為全球指數領導人，以及洲際交易所倫敦銀行同業拆借利率（ICE LIBOR）、洲際交易所期貨美元指數（ICE Futures U.S. Dollar Index），以及其他重要指標的管理者，我們很樂意為該市場的透明化盡一份心力。」

紐約證交所的比特幣指數，是以數據資料為基礎進行處理，計算出他們認為是「一個比特幣的客觀公平價值」。該指數最初先是從紐約證交所擁有少數投資的Coinbase獲取資料[35]，但後來又擴大到容納其他交易所的資料。

在二〇一六下半年，芝加哥商品交易所集團也發佈了自己的比特幣價格指數，分別是芝商所CF比特幣參考匯率（CME CF Bitcoin Reference Rate），以及芝商所CF比特幣實時指數（CME CF Bitcoin Real Time Index）。同時，他們還創立了獨立的顧問委員會，其中延攬了包括比特幣福音使者安德烈亞斯‧安東諾普洛斯等人，來監督該價格模型的運作，該模型使用了來自全球各地不同交易所的資訊。許多人也認為，這項指數將成為比特幣期貨及其他衍生性商品的先驅，而這類商品正是芝加哥商品交易所集團的專長。

我們常常使用的是Tradeblock指數（XBX），這是一個專供比特幣機構交易人使用的比特幣指數，能掌握交易日一天內最準確的資產價格。由於旨在供機構投資人使用，這項指數所採用的演算法會將全球交易所內的市場流動性、操縱企圖、其他異常等因素都考慮進去，以算出比特幣的價格。

雖然我們這邊提到的所有指數都是以比特幣為基礎，不過，我們也期待未來會出現針對其他成熟的加密資產而設的指數。而這也表示，未來將會出現更多資本市場工具。

和財務顧問討論加密資產

數位貨幣委員會創辦人大衛・伯格相信，在提到客戶的投資組合時，財務顧問能夠自在討論比特幣和加密資產的時代已經到了。「顧問應該要了解比特幣背後的技術，以及如何持有、安全地儲存、使用比特幣。此外，顧問也應充分了解數位貨幣的生態，以及如何在此生態系統中評估風險、聰明投資的方法。他們也應熟悉相關金融和稅務規範，以及法律和監管相關議題，而這些面向的內容都是每天瞬息萬變的。」

目前，一般投資人都能透過經紀公司購買GBTC的股份。而透過線上自主投資帳戶，投資人也都能取得GBTC股份的報價，並用自己的帳戶買進。

對於有和財富管理公司顧問合作的投資人來說，要購買GBTC的股份，則需要先與顧問聯繫，公司才能進行購買。無論是獨立或是全業務券商旗下的財務顧問，要是他們對這類投資工具不熟悉，投資人可能就會遇到一些阻礙。現在，創新投資人應該都已經意識到，比特幣和其他加密資產可以為他們的投資組合帶來正面的影響。財務顧問和投資公司也應該要充分吸收新知、掌握最新消息，並抱持開放的心態，妥善地和客戶討論這些投資工具。

幸運的是，金融服務業已經對這些投資工具產生了興趣，也意識到必須讓顧問跟上腳步。在二〇一四年，理財顧問認證協會發表了一份報告，裡面清楚說明了協會對該議題的看法，報告的標題是〈比特幣在加強投資人投資組合效率

的價值〉。理財顧問認證協會大力支持財務顧問，以及所有和理財規劃顧問證照相關的人員。在這份報告中，該協會重申，比特幣對許多投資人而言，都是可以提升投資組合多元化並強化其投資組合的潛在選項。

儘管我們期盼所有財務顧問都能更注意比特幣和其他加密資產的投資，並自我充實相關知識，但是，創新投資人在和顧問談論相關議題時，一開始可能還是會遇到一些阻礙、好奇、或多或少的相關知識，或甚至只是輕蔑的一笑。因此，我們列出以下幾個重點，供讀者參考：

1. 好的顧問會真心為客戶著想。比特幣和加密資產是新興資產，存在的歷史短暫，波動性也高，因此，顧問在當下的負面反應，或是不同意，不該做為他是否夠格當財務顧問的反證。

2. 投資人應準備資料連結或是相關資源，來教育自己的財務顧問。

3. 提醒財務顧問，你不是要把所有財產都拿來投資單一資產，而他的建議則可以幫助你了解，這些另類資產要放在顧問所建的資產配置模型中的什麼地方，才最為適合。（要是該名顧問無法提出任何資產配置模型或財務規劃，那就是投資人應特別小心的紅燈警告了。）

4. 要是該名顧問不信任這些資產，或是拒絕為創新投資人進行相關投資，投資人也可以參考第十四章的說明，直接自行購入相關資產，或是透過自主帳戶買入GBTC股份。要是投資人決定走這條路，我們強烈建

議你，還是要將此決定告知你的財務顧問，讓他能做個紀錄，供之後資產配置規劃時參考。好的財務顧問應保持開放的心態，將客戶手上持有的所有資產都紀錄下來，就算不是透過其所屬的公司買進也一樣。

5. 要是你的財務顧問對此議題感到不知所措，把這本書送他。

獨立財務顧問和全業務券商顧問

全美最佳財務顧問之一的瑞克・艾德曼也同意伯格的看法。艾德曼是作家也是講者，更三度獲得《巴倫周刊》評為最佳獨立財務顧問。現在，我們還可以在他的個人介紹中，加入比特幣教徒的頭銜。「投資人必須留意比特幣，並充實自己的相關知識，這很重要」，艾德曼說道。除了比特幣之外，艾德曼還認為區塊鏈技術相當具有潛力，能為許多他認為「可以從這項技術帶來的進步中受益」的企業帶來解方。

以財務顧問而言，艾德曼卻能抱持較獨特的態度，其中一個原因可能就因為他是獨立財務顧問，所以跟一般受僱於如富國銀行、摩根士丹利公司、美林證券公司等的全業務券商財務顧問有所不同。全業務券商財務顧問在推薦比特幣或加密資產相關的投資工具時，可能會有比較多限制。這可能是因為公司規定，顧問不得推薦尚未經公司內部研究團隊完整評估的投資產品，也可能僅僅是因為對於使用這些資產做為投資工具缺乏相關知識或興趣。

下一步是什麼？

我們相信加密資產投資工具會繼續增加，且不斷擴張，直到最保守的投資人也終於意識到，這個新興資產類型與其他投資工具的無相關性，會對投資帶來加值。雖然說，美國證券交易委員會並未批准溫克沃斯或SolidX的指數股票型基金上市申請，但我們依然相信，國際監管單位會持續探索這個新興的資產類型，最終也將提高美國證券交易委員會對比特幣和加密資產的信任。無論如何，美國證券交易委員會的最高指導原則，就是保障消費者，在他們依舊認為比特幣和其他加密資產對消費者的保障不足時，他們就沒有義務去批准任何交易所交易產品。

全世界都在努力將比特幣證券化，這股風潮勢必也將持續延燒，將其他具有價值的加密資產，如以太幣，納入資本市場投資工具中。灰度已經將觸角延伸到以太幣經典投資信託，也就是類似於比特幣投資信託的產品，但是是以經典以太幣做為基礎，請注意，不要把它跟規模更大的以太幣搞混了。

最後，我們可以預料到在不久的將來，就可以在資本市場中，看到更多將加密資產證券化的投資工具。舉例來說，我們可以預期會出現，以加密資產做為多元化工具的多資產共同基金。就像雷克斯標準普爾500黃金避險指數股票型基金一樣，可能有一天也會出現類似的標準普爾500比特幣避險指數股票型基金。同樣地，我們可能也會有其他以功能為主的加密資產基金，如加密商品基金，或是以注重隱私的加

密貨幣為基礎的基金，如門羅幣、達世幣、大零幣等。最後，有鑑於當前建立各種指數的趨勢高漲，隨著加密資產領域逐漸成熟，我們也可能會看到網路價值加權的加密資產指數股票型基金，可能就會包括前五大、十大、二十大加密資產。

前兩章中，我們討論了創新投資人要如何透過各式各樣的工具，接觸比特幣和其他加密資產，包括挖礦、直接從交易所購買，以及透過資本市場投資，像是買進GBTC股份及其他類似產品。對創新投資人而言，加密資產世界另一個刺激的事，是能直接和開發團隊互動，從加密資產發行時就一路參與。在過去，這個世界只保留給有錢人，但隨著新興趨勢如群眾募資、代幣發行，以及新創公司快速啟動法案（JOBS Act）等創新規範的出現，創新投資人將有更多機會，能以各種形式、方法參與其中。

第十六章

變動劇烈的加密資產投資市場：首次加密資產發行

在科技創業潮剛崛起的年代，如史蒂夫・賈伯斯、比爾・蓋茲及麥可・戴爾等，都是能將腦中的概念，落實並創造上億營收的創業家代表人物，過去十年，包括伊隆・馬斯克、彼得・提爾及馬克・祖克柏等人，也讓大家見證到，如何將夢想具體化的成功案例。

這些創新科技人之所以能夠成功地改變世界，背後的出資者功不可沒，靠著這些在一開始就願意相信他們、並掏出錢投資的追隨者們，他們腦中的概念，才有機會變成現實。這些早期投資人所投注的資金，的確為世界帶來不少貢獻，但他們並不是為了做善事才投資，而是為了**追求投資風險背後的豐厚報酬**，才會這麼做。

那些會在早期投入資金、支持新創公司的企業，通常被稱為創投公司（venture capital），這個字詞的由來，本身就具備了冒險的意涵：「venture」作為動詞，意思是展開未知的旅程，而「capital」指的是財富與資源，兩個字合起來的意思就是，即使面對高失敗率的投資機會，為了追求鉅額報酬，仍不惜將資金投入未知的領域。

相較於其他產業，創投是一個相對年輕、歷史不算悠久的產業。創投產業的興起，主要是受到矽谷科技業發展所帶動，而矽谷科技業的蓬勃發展，也要歸功於創投投資人的支持，雙方可說是魚幫水、水幫魚的關係，其中一家帶動創投

業迅速發展的科技業代表，就是電腦晶片製造商龍頭英特爾
（Intel）。

英特爾發跡於美國加州聖塔克拉拉，創辦人是發明摩爾
定律的戈登・摩爾，以及IC晶片發明人之一的羅伯特・諾伊
斯，雖然這兩位都是科學界舉足輕重的人物，然而在創辦英
特爾的時候，還是面臨了龐大的資金缺口，正當焦頭爛額的
時候，他們遇見了貴人——投資銀行家、同時也是創投元老
級人物亞瑟・洛克。洛克協助英特爾以發行可轉債的方式來
募資，總計募集了約250萬美元，其中1萬美元的可轉債額
度，還是由洛克自掏腰包認購。西元一九七〇年，英特爾首
次發行上市股票，募得了六百八十萬美元的資金，而兩年前
認購英特爾可轉債的投資人，包括洛克，也因此獲得了可觀
的利潤。身為透過創投管道來募資的開山始祖之一，英特爾
的成功，在矽谷的創投發展史上具有開創性的指標意義。

過去，創投產業的出現，擾亂了資本市場，如今，加密
資產的出現，也將為創投產業帶來翻天覆地的變化。不但新
創公司可以運用加密資產募集營運所需資金，投資人也能藉
由認購加密資產進行投資新創企業，並期待這些早期投資標
的，在未來能成為與臉書及Uber匹敵的大企業。究竟，加密
資產的出現，會在群眾募資市場，引起什麼樣的風暴呢？
這一章節我們會帶大家一探究竟。

傳統募資與投資人之間的相關性

之前一般投資人若想成為企業股東，最快的方式就是認
購在那斯達克、或紐約證券交易所之類的平台上市的首次公

開發行（IPO）股票，但通常公司在進入IPO階段之前，會先經過種子輪到A輪，接著B、C、D輪等幾個不同的私人募資階段，在私募階段率先投入資金的股東，就可以擁有公司的股份，私人募資的對象通常僅限於富豪、創投投資人或私募股權基金公司等。而一旦進入IPO階段，公司的股份會變成在交易所正式掛牌交易的股票，透過交易所平台，任何人都可以成為股東。

說到這裡，創新投資人可能會衍生出以下推論：在私募期間入股的風險雖然高，但如果該企業在市場上大獲成功，股東所獲得的利潤也是最豐厚的。一般來說，從種子輪開始的私募階段，只對那些口袋夠深的投資人或私募基金公司開放，這樣的做法，的確能夠保護一般投資人，讓他們不致於損失慘重，但相對地，也阻擋了他們賺大錢的機會。在過去十年間，企業要發展到公開上市的階段，通常要花上好一段時間，而在上市之前，所謂的股東利潤，都是進到私募投資人的口袋裡。

知名科技創投公司——安霍創投分析師班尼迪克・埃文斯在二〇一五年發表的研究報告中，用數據來分析這個現象：統計從科技公司創業到IPO上市所花的時間，以中位數來比較，西元一九九九年的中位數為四年，到了二〇一四年，變成十一年。亦即，一般投資人過去大概只需要等四年就能認購公司股票，現在的等待時間拉長到將近三倍。雖然過去的網路股、電信股泡沫化等事件，的確降低了投資人認購上市股的意願，但主因還是出在股市泡沫化後，執法機關將上市規定修改得更嚴格，加上二〇〇八年金融海嘯讓市場更加蕭條的緣故。在九〇年代末期，IPO上市公司的年營

收中位數約爲2000萬美元，在金融海嘯之前，上市公司年營收中位數最高可達近2億美元，而根據二○一四年的統計數字，當年上市公司年營收中位數不到1億美元。企業IPO上市的步調減緩，雖然有助於市場穩定，也降低投資人的風險，但低風險通常也意味著低獲利。

埃文斯在研究報告中指出：「現在企業的股利，幾乎大部分都分配給私人股東了。以前的科技業龍頭公司，會將大部分股利分配給公開市場上的投資人，而新興的科技公司們已經不這麼做了。」埃文斯所提到的科技龍頭公司，包括微軟、甲骨文甚至Amazon等，都會將絕大部分的利潤回饋給公開市場投資人，而較爲年輕的科技公司包括領英、Yelp、臉書、Twitter等，則是將大部分利潤回饋給私募投資人。埃文斯報告中的數據顯示，微軟回饋給私募股東的利潤成長倍數爲兩百倍，而公開市場投資人的利潤成長倍數爲六百倍。另一方面，臉書的私募股東利潤成長倍數爲八百倍，公開市場投資人的利潤成長倍數則不到十倍。埃文斯表示：「如果要臉書依照微軟的做法，來分配股利給公開市場投資人，總金額將高達45兆美元，相當於當年度美國國內生產毛額的2.5倍。」

傳統募資與企業之間的相關性

依照埃文斯所觀察到的趨勢，過去十年，在企業招募股東的過程中，一般投資人幾乎是被排除在外的，然而，被排除在外的不只是投資人而已，許多公司想要尋求私募投資人的時候，也往往不得其門而入，事實上，多數公司都是在激

烈競爭中脫穎而出，才能找到有意願的創投投資人，且要讓公司股權公開上市，更是困難重重。

通常，要能聯絡到創投投資人，並推銷自己的創業點子，必須先打通人脈關係，創投投資人整天都在接聽陌生來電，那些人都想爭取募資，在私募這個領域，陌生開發基本上是行不通的，但是，如果有熟人幫忙推薦，那就不一樣了，這又是另一個弔詭的現象：你必須在創投圈有熟識的人脈，才有機會透過介紹，接觸到那些投資人，但如果你已經有了那些人脈資源，你也不需要特別請人介紹了。而這個狀況，會讓想募資的公司，更加不得其門而入。

要進行私募已經困難重重，要直接申請IPO上市更是幾近不可能的任務，申請IPO上市是一個耗費許多人力物力的艱鉅過程：首先，要先向美國證監會遞交S-1申請表格，申請核准後還要進行公關報告，提供投資人上市相關資訊，同時，還要花大錢聘請投資銀行顧問來協助定價等。

申請IPO上市可以說是門檻極高的募資方式，只有那些口袋夠深、經營體質已經足夠成熟的企業，想要進一步擴大募資範圍的時候，才會這麼做。此外，當公司成功完成IPO上市後，那些早期投資的私募股東也能受惠，在公開市場上將股份高價售出，坐收豐厚利潤。

而那些沒有私募人脈網絡、也沒有資源申請公開上市的新創業者，通常就會透過向親友募資、信用卡借款以及保持樂觀，來支撐自己走下去。值得慶幸的是，網路時代的來臨，催生了一群有想法、也有行動力的創業家，而法規也在逐步調整，讓創新投資人與創業家們有更多的溝通平台，來交流這些新創企業概念。

新創業者的出路：群眾募資

在二○○八年金融海嘯期間，不但股市指數一落千丈，債市交易也幾乎停擺，對一般投資人造成了嚴重損失。基於保護投資人的前提，政府機關將法規修改得更加嚴格，在新規定上路後，新創公司要透過傳統方式募資更加困難，包括上市申請、或是向銀行借貸等都必須經過更嚴密的審查，企業也必須花費更長的時間，才能進入IPO上市申請階段。

然而，部分有識之士則主張資本市場需要更多創新能量，不能在這種死氣沉沉的局面中坐以待斃。他們向政府機關提出質疑，並搬出賈伯斯、蓋茲、戴爾等人作為代表，認為創新的精神，才是美國作為一個偉大國家的核心。如果繼續提高募資門檻，讓新創企業沒辦法籌到營運資金，美國的經濟也將會繼續受到衝擊而難以復甦。

同時，另一種全新的募資風氣正在形成，那些沒有管道進行私募或公開上市、也沒辦法跟親友借款的新創業者，開始借助網路的力量來募集營運所需的種子資金（seed money）：透過群眾募資平台，發表自己的創業計畫，來吸引有意願的投資人。如此一來，那些規模較小、或是產品服務還不夠具體，因而無法用傳統方式募資的新創公司，也能使用群眾募資的方式，透過網路，接觸到所有潛在投資人。

如Kickstarter及Indiegogo等群眾募資網站，扮演的角色像是創業家與投資人之間的溝通平台，創業家可以提出自己的計劃及募資方案讓投資人選擇，並依照投資人投入的金額提供相應的回饋。這些網站同時設置了相關的防制措施與審

查程序，以避免網站變成詐騙犯罪的溫床。例如，如果投資人透過Kickstarter來投資某個創業計畫，在該計畫募資成功之前，網站會將大家投入的金額交由第三方託管，直到募資金額達標為止，若金額未達標，募資計畫就會中止，並退款給投資人。

募資網站上的投資人，有些是純粹出於贊助目的而投資，有些人則是想得到回饋品，大家如果想知道Kickstarter網站上有哪些跟比特幣及區塊鏈有關的項目，在搜尋欄位輸入關鍵字，就可以找到相關的紀錄片、書籍、遊戲或應用程式開發等募資項目，假設你參與了一部關於比特幣的紀錄片募資，收到的回饋品可能會是紀錄片的DVD之類的。

群眾募資最特別的一點在於，它不僅讓需要資金的創業家們，有機會夢想成真，打造出自己理想中的產品或商業模式，且透過群眾募資，任何人都能幫助創業家圓夢。如果你不以前是具有經驗、可自負盈虧的合格投資人，是沒有資格出錢贊助新創公司的，雖然這樣的限制是出於保護一般投資人的好意，但同時也阻絕了大家成為早期投資者、追求高報酬的機會。

二〇一二年，這股群眾募資潮終於引起了美國政府機關的注意，所幸政府並不是用禁止的方式來扼殺群眾募資，而是將群眾募資視為幫助新創業者的管道，正式納入法規來管理。二〇一二年四月五日，美國正式通過新創公司快速啟動法案（The Jumpstart Our Business Startups Act，JOBS），群眾募資正式被認可成為一種合法的募資方式，這份法案也保障了更多投資人、包括合格投資人以外的一般投資大眾，合法入股新創公司的權利。

群眾募資平台發展現況

　　新創公司快速啓動法案（通稱JOBS法案）通過，爲一般投資人，打開了通往創投領域的大門，讓更多人有機會參與群眾募資及ICO等投資項目，JOBS法案的其中一個條款，規定所有網路募資平台，都要經過證監會及美國金融業監管局審核許可才能營運，雖然目前符合此條件的網站不多（Wefunder網站爲其中之一）。但是預計類似平台的數量將會不斷增加，新創業者跟投資人也會擁有更多選擇，同時，我們認爲，未來證券商也將搶進群眾募資市場分一杯羹，運用證券商的優勢，提供範圍更廣的投資銀行服務，包括媒合新創投資機會及顧問服務等。

　　JOBS法案的通過，是金融市場上八十年來首開先例，讓一般投資人能夠參與新創公司的股權募資，並領取股息回饋等，雖然JOBS法案在二〇一二年就已經通過正式上路，但法案第三項，針對一般投資人的部分，證監會花了較長時間，確認修改企業股權募資的相關細節，因此JOBS法案第三項是到了二〇一六年五月才正式通過，除了規定投資人需透過證監會審核通過的券商或募資平台，來參與股權募資以外，包括募資的時間週期、投資金額上限等，在第三項當中都有詳細的規範。

　　雖然，目前群眾募資在法令規範之下限制重重，但對於投資人而言，股權募資的開放及加密資產市場的成長，讓大家能夠更自由地涉足新創創投領域，而加密資產相關業者，也已經準備好大顯身手，運用技術優勢，來拓展募資的可能

性了。

加密資產發行募資與新創募資的區別

在我們討論到加密資產的發行方式之前，必須先提醒創新投資人們：加密資產的群眾募資方式，跟以往的群眾募資是完全不一樣的。在加密資產群眾募資市場當中，一般投資人與創投投資人的立足點是完全一樣的，而加密資產群眾募資的流程架構，也跟傳統資本市場中創投投資人的需求，有很大的出入。

接下來，我們用另外一個概念——胖協議為切入點，來說明為什麼發行加密資產，跟在Kickstarter網站上募資是完全不一樣的。胖協議這個概念，是來自曾任聯合廣場投資（Union Square Ventures，USV）區塊鏈負責人，同時也是創投公司Placeholder Ventures共同創辦人的喬·莫內葛羅所發表的部落格文章。

莫內葛羅在文中指出，網頁架構是由網路傳輸控制協定及網路間協定（TCP/IP）、超文件傳輸協定（HTTP）及簡易郵件傳輸協定（SMTP）所構成的，根據這些協定來進行網路上的路由資訊傳輸。然而，雖然這些協定構成了網路資訊傳輸的架構，但沒辦法被直接拿來運用獲利。能夠發揮價值的，是在協定層上面的應用層，應用層造就了像臉書、亞馬遜等超大型企業，這些超大型企業的網路平台，也是以網頁協定層為基礎，所架構出來的，但同時，臉書跟亞馬遜又能善用應用層數據，獲取極大的價值。圖表16-1為莫內葛羅在聯合廣場投資部落格文章中，所提供的網路架構示意圖，

用Y軸來表示獲取價值的多寡。

　　然而，在加密資產的網路架構當中，價值的來源是協定層，也就是區塊鏈軟體，應用層要透過協定層的價值獲取，才能發揮作用，以下我們用比特幣來舉例說明：區塊鏈架構當中的協定層就是比特幣軟體，透過比特幣的鑄幣發行機制來產生價值，而Coinbase、OpenBazaar及Purse.io這些應用平台的功能與價值，都是來自於比特幣軟體，及其產生的比特幣價值。換言之，在區塊鏈生態系當中，真正的價值是存在於協定層的區塊鏈軟體當中，應用層能夠從協定層中取得越多價值，就表示協定層的價值在增長。這跟一般網路平台的價值獲取模式正好相反，因為應用程式能否獲利都取決於協定層，表示協定層的獲利價值遠勝於應用層。我們用圖表16-2來說明區塊鏈架構中的價值獲取關係。

　　而在區塊鏈當中的協定，也就是區塊鏈軟體一旦上線運作，就是一個獨立的體系，雖然像以太幣、大零幣軟體等，

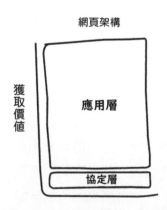

圖表16.1 網頁架構中的價值獲取：瘦協議與胖應用
資料來源：www.usv.com/writing/2016/08/fat-protocols

背後有以太幣基金會跟大零幣基金會在協助管理，但軟體本身，並不需要倚賴基金會組織來運作，也不需要像一般公司一樣跟股東報告損益表、現金流等數據。

此外，這些開源軟體可以開放讓任何人加入協作，就像是一個自給自足的生態系一樣，不需要仰賴資本市場的金援，只要有越來越多人使用這個軟體，這個軟體的價值與獲利能力就越高，並吸引更多人加入，形成一個正向循環。很多軟體的核心開發者，會受雇於軟體相關的應用程式公司，來獲得穩定的收入及資源，同時，因開發者是原生加密貨幣的早期持有者，所以，這些人還有機會透過自己持有的原生加密資產來獲利。

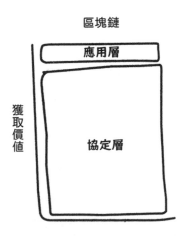

圖表16.2 區塊鏈中的價值獲取：胖協議與瘦應用
資料來源：www.usv.com/writing/2016/08/fat-protocols

首次加密資產發行

　　加密資產透過群眾募資上市這件事，通常被稱爲首次代幣資產發行（Initial coin offering，ICO），但我們會建議將ICO改稱爲首次加密資產發行（Initial cryptoasset offering），因爲使用「coin」這個字，有流通貨幣的意思，但如同我們在第四章所提到的，加密貨幣，並不能涵蓋所有的加密資產類型，且許多ICO發行標的都是加密代幣跟加密商品，並非只有加密貨幣，因此，這裡所提到的ICO，指的是首次加密資產發行。

　　在圖表16-3中可看到近幾年ICO市場的成長幅度，圖表當中也標記了兩個史上著名ICO募資的時間點，分別爲二○一四年大獲成功的以太坊募資，以及二○一六年以災難收場的The DAO募資。在The DAO遭駭事件發生後，連續幾個月ICO市場呈現明顯萎縮的狀態，然而數據顯示，直到二○一六年底，當年度的ICO案總計募得2.36億美元，募資規模接近當年度區塊鏈創投案金額4.96億美元的50%。觀察其成長幅度，推估到了二○一七年，ICO案的募資規模已經超過了傳統的區塊鏈創投募資案。

ICO募資宣告

　　發行方通常會透過不同管道來宣布ICO募資消息，包括研討會或是Twitter、Reddit、Medium、Bitcointalk等社群媒體，發行方須提供白皮書資料，介紹創辦人團隊與顧問委員會成員，這是募資流程中的必備環節。此外，發行方也必須

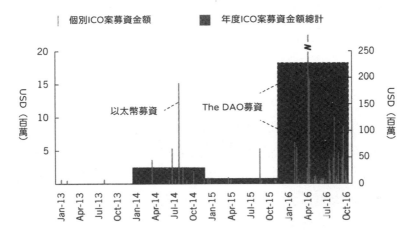

圖表16-3　自二○一三年一月起的ICO市場成長趨勢
（淺灰線對應左邊Y軸上的數字，為個別ICO案的募資金額，深灰色
塊對應右邊Y軸上的數字，則是年度ICO案募資金額總計）
資料來源： https://smithandcrown.com/icos-crowdsale-history/

清楚揭露團隊的聯絡資訊，可以公布在以上提到的社群媒體或是專屬的Slack或Telegram頻道，如果某個ICO募資案的團隊成員、聯絡資訊等相關訊息，沒有清楚揭露，投資人就要小心了，這是個非常明確的警訊。

　　創新投資人可以參考我們在第十二章所提到的方法架構，來檢視某個ICO募資案是否值得投資。相較於已發行的加密資產，ICO募資的目的，是要募集建立區塊鏈網路所需的技術及營運資金，因此，募資內容說明通常以概念爲主，投資人是看不到區塊鏈運作、雜湊值運算、使用者及區塊鏈軟體等實際營運數據的。因此，除了要檢視這個加密資產概念，是否符合市場需求，以及是否具有商業潛力之外，投資

人也必須確認，創辦及顧問團隊的品德操守是否良好、有沒有不良紀錄等。

ICO募資時程

通常ICO募資會先設定開始與截止日期，並提供獎勵給早鳥投資人，例如在某個時間點之前加入，就能得到額外的百分之十到二十的加密資產回饋等，這是一個吸引投資人早點進場、幫助ICO募資達標的誘因機制，畢竟消費者在花錢買東西的時候，的確很容易被限量優惠所吸引。

通常ICO募資案也會事先設定最低達標金額以及募資上限，最低達標金額，通常是團隊計算過，能夠把產品做出來的所需金額。之所以要設定募資上限，則是為了防止大家一窩蜂的跟風投資，造成市場投機現象，如The DAO在進行ICO募資的時候，就沒有設定上限，因而引發了大規模的投機潮，也讓The DAO成為被駭客盯上的目標。

另外，在募資時也要清楚說明資金用途及加密資產的回饋分配機制，類似於新創公司的股權發行方式，加密資產發行團隊通常也會將一部份的加密資產留給團隊成員，其餘的才會分配給投資人，但只要清楚交代原因，且分配比例合理，就不會有甚麼問題。

如何參與募資

參與ICO募資的方式非常簡單：只要依照投資金額多寡，支付相應數量的比特幣或以太幣，到發行方指定的錢包地址即可，就像在網路上用加密貨幣買東西一樣，投資人可以用這種方式來認購該資產標的。

依照募資標的性質不同，投資人會收到加密貨幣、加密商品或加密代幣等作為回饋。但發行方提供回饋的方式各有不同，有些發行方會直接支付到投資人的加密資產錢包，希望投資人先把加密資產存在錢包裡一陣子，而不是立即透過交易平台賣出，而加密資產錢包的設定牽涉到不同的技術細節，針對這個部分，發行方通常會提供詳細的指引。

有些發行方則是直接提供讓投資人存取加密資產，且能夠轉移到交易平台買賣的方式，但如果募資結束後，投資人都立刻出脫手上的部位，就會嚴重影響該標的的市值。不論投資人偏好哪一種方式，都務必仔細閱讀發行方的指引，搞清楚回饋的支付方式，以確認並保護自己的權益。

如何搜尋ICO募資案相關情報

Smith + Crown、ICO Countdown及Cyber-Fund等網站上都能找到ICO相關資訊，Smith + Crown是其中一個頗受好評的資訊平台，從過去、現在到即將開始募資的所有ICO案，都可以在該網站上搜尋到最新資訊。此外，我們也推薦CoinFund的Slack社群，投資人可以在上面點擊不同主題的討論串，來瀏覽或搜尋特定的ICO募資案情報。

針對ICO募資的反對意見

然而，也有部分區塊鏈社群的知名人士，對ICO募資提出各種批判：加密資產資訊平台「中本聰學院「創辦人丹尼爾·克拉維茲曾用「騙人勾當」、「拉高倒貨的詐騙伎倆」等字眼來形容ICO募資。區塊鏈技術研究中心Distributed Lab創辦人帕維爾·克拉夫先科（Pavel Kravchenko）則表示，

在參與募資之前，投資人應該要再三考慮，這些加密資產與技術，是不是真的有那個價值，或許根本不需要那個技術，就可以解決現有的問題。

的確，部分ICO募資案的發行方，以及龐氏騙局玩家會用誤導跟欺騙的方式來騙投資人的錢，讀完本書的十一章，其實投資人就會知道怎麼避開這些騙局。很多人之所以會大聲疾呼，把ICO募資稱為詐騙，就只是為反對而反對罷了，這些人就跟「比特幣基本教義份子」一樣極端而缺乏理性。

針對ICO募資的爭議仍在延燒，我們建議投資人對於正反意見都必須謹慎看待，持續吸收新的資訊與看法，以便做出最有利的投資決策。

如何判斷ICO標的是否為證券：豪威測試

豪威測試（The Howey Test）起源於西元一九四六年美國的最高法院判例，當時美國證監會對豪威公司展開調查，認為豪威公司將土地出售給買家的行為有詐欺之嫌，最後土地買賣契約被視為投資契約，也就是證券的一種。市場上有些符合證券定義的資產發行，會故意用名稱來規避法令監管，而豪威測試，就是一種用來判斷標的是否為證券的方法，如果符合定義，就必須遵照證監會所列出的種種標準，而這樣的監管方式，有可能會衝擊正在迅速崛起的ICO市場發展，讓募資能力不夠強大的公司，在這樣的機制下被犧牲掉。

如何判斷是否符合證券標準，要從以下三個層面來判斷：

1. 必須是金錢投資
2. 這是針對某個事業的投資
3. 具有獲利預期

　　大部分的ICO募資發行方，都不會希望發行標的被歸類為證券，因為一旦被歸類為證券，就需要受到證監會的監督，可能要花大錢聘請法律顧問，技術研發的腳步也會因此而慢下來，搞不好，為了符合法規，整個加密資產領域都需要打掉重練。

　　此外，ICO募資是否符合證券定義，這一點也有些爭議：大部分的ICO募資都是金錢投資，且都是針對特定事業的投資，但投資人參加募資的目的，是預期能夠獲利，或者只想贊助特定的區塊鏈技術，這就見仁見智了。雖然對投資人來說，是出於獲利還是贊助目的，差別或許不大，但對於發行方來說，這個差別具有決定性的影響力。

　　二〇一六年十二月，區塊鏈相關機構包括Coinbase、Coin Center、ConsenSys及聯合廣場投資創投等，委託德普律師事務所協助，共同提出了一份名為《證券型區塊鏈代幣規範架構》的參考文件，二〇一七年七月，證監會明文規定了什麼樣的加密資產，需要被視為證券來管理。如果你是ICO募資發行方，在進行募資之前，務必先跟律師研究過規範條文，這樣才能搞清楚你發行的加密資產，需不需要受到證監會的監管。

　　該法案採用量化計分的方式以及法律觀點，來衡量ICO募資是否能被歸類為證券，創新投資人也可以運用同樣的方式來評估各種ICO募資案，如果根據同樣的標準，該項投資

標的應被視為投資契約，然而募資的內容，卻不符合這個前提，那麼該項投資標的的合法性，可能就會出現爭議。證監會在二〇一七年七月就已經明訂了相關的分類方式，投資人可以上證監會網站，查詢什麼樣的加密資產，會被歸類為證券。

在《證券型區塊鏈代幣規範架構》當中，也列出了一份ICO檢核清單供投資人參考，建議投資人在進行評估的時候可以對照這份清單。注意，在該清單中提到的「代幣」，跟我們本章節所說的加密資產是一樣的東西。

以下的清單中，部分內容在先前已經提過，但是在做投資決策的時候，還是建議比對清單，反覆仔細地確認。檢核事項如下：

1. 發行方是否提供白皮書？
2. 募資案當中有無具體的營運及財務計畫？
3. 該技術使用的架構是否為公用區塊鏈？是否已發布程式碼？
4. 募資定價是否具體且合理？
5. 募資案是否載明加密資產的分配比例及發放方式？通常為了激勵研發團隊，同時避免代幣集中在少數人手上，發行方會採取循序漸進的方式來發行代幣。
6. 發行方是否刻意用投資商品來包裝宣傳募資？在宣傳ICO募資案時，應著重在功能性及使用案例上，並加上免責聲明，強調標的是一項技術產品，而非投資商品。

天使投資人與早期投資人

　　對於合格投資人來說，最理想的狀況就是選中有潛力的新創標的，成為天使投資人，並期待豐厚的報酬率。天使投資人的身分可以是提供現金或信用卡的家人、創投法人機構或是在尋找投資機會的個人投資人等。

　　在早期募資階段，天使投資人所投入的金額沒有一定的範圍，可以從數千元到上百萬元，甚至更多。而當公司擴大發展，進入了正式創投募資階段，這時候天使投資人就可以觀察到自己投資的股份，價值正在上漲（至少在帳面上看得出來），接下來，如果公司進入IPO上市或收購階段，投資人這時可獲得的利潤就會非常的可觀。

　　投資人可以上BnktotheFuture.com網站搜尋加密資產相關投資標的，網站上所列出的許多知名公司Factom、BitPay、ShapeShift、BitPesa、Kraken，還有BnktotheFuture本身，都可作為合格投資者的早期投資標的。同時BnktotheFuture也提供比特幣及以太幣的合力挖礦平台服務，投資人直接購買算力，就可以獲得依照比例分配的每日固定收益。

　　另外如AngelList及Crunchbase等網路社群，都是媒合新創業者與合格投資人的平台，提供豐富區塊鏈新創公司清單，讓投資人瀏覽選擇。例如，在AngelList網站登錄的區塊鏈投資人超過七百位，區塊鏈公司高達五百家，且這些公司的估值總計超過400萬美元。對於業者或投資人而言，這些網站提供了豐富的潛在合作對象名單，想找尋標的的合格投資人，也能在網站上查詢到公司背景、投資前景及投資流程

等資訊。

　　在區塊鏈及比特幣投資領域當中，最知名的天使投資人社群BitAngels創辦人麥可‧特爾平，早在比特幣發展初期，就以天使投資人的身分活躍於區塊鏈社群當中。特爾平所舉辦CoinAgenda也是著名的年度投資盛會，區塊鏈新創業者可以在會中，與投資人面對面介紹他們的創業理念及商業模式，特爾平也會邀集最傑出的新創業者，與各類型的投資人交流。在二〇一六年的CoinAgenda中，區塊鏈解決方案公司Airbitz，以區塊鏈應用程式的單一登入技術平台服務，獲得了年度大獎，Airbitz亮眼的表現，讓他們會後透過Bnktothefuture募資網站，募得了超過70萬美元。

　　加密資產的投資市場及標的，仍在持續擴大並成長，我們認為，這樣的趨勢，不僅將改變投資人的思維，連帶地，投資人與財務顧問、會計師等金融從業人員的合作模式，也勢必會受到影響。在變動劇烈的環境中，投資人必須先釐清自己的投資目標，在尋求高獲利投資標的之餘，也要意識到，獲利機會與風險始終是一體兩面的。在本書所有章節當中，第十六章所提到的內容，是目前加密資產領域中，變動得最迅速的部分，因此，有意願投入ICO領域的創新投資人們，除了閱讀本書，也必須針對標的做好充分的盡職調查，同時，也要時時留意分類法規是否有所更新。

　　在本書當中，我們已經介紹了許多加密資產的投資方法及管道，在大家深入鑽研、吸收了大量資訊之後，現在，該輪到投資人們學以致用，重新檢視自己的投資策略與投資組合了。

■ 第十七章
為現有投資組合做好面對區塊鏈顛覆的準備

　　當托夫勒在一九七〇年代提出，快速增長的指數型變化將讓上百萬人遭受「與未來的猛烈衝擊」時，是對大眾提出的警告。考慮投資加密資產時，創新投資人不只應考量單一投資項目（如比特幣或以太幣），也應考量這項新資產類型以及整體區塊鏈技術的概念，是否會影響到他們現有投資組合中的其他資產。本章將聚焦在討論投資人主動評估自己的投資組合，以及在指數型變化當前保護自己的投資組合的重要性。

　　在思考加密資產會對我們目前的投資方法帶來什麼變化的同時，我們也應認識到，區塊鏈技術的概念正對各行各業、各公司行號宣示著重大的顛覆變革。對大多數投資人而言，這些顛覆會影響他們已經做了的投資決定，以及正在考慮進行的投資。

　　舉例來說，若是比特幣會改變匯款方式，那會對像西聯匯款這種匯款霸主的公司股票造成什麼影響呢？若是以太坊真的成功躍升為去中心化的世界電腦，會不會對提供雲端運算服務的公司，如Amazon、微軟、Google等造成影響呢？若是各企業能透過加密貨幣，用更快的速度和更低廉的手續費收取匯款，又會不會對信用卡發卡組織（如Visa公司或美國運通公司）造成影響呢？

指數型顛覆

哈佛商學院教授克雷頓‧克里斯汀生，寫了一篇開創性的文章，談到大公司，通常是所謂的老牌企業，為何在這種指數型改變的當前常常難以招架。在《創新的兩難》一書中，克里斯汀生非常斬釘截鐵地說道，即使是管理最精良的公司，在面對可能擾亂市場的新興科技時，也可能面臨被淘汰的命運。大型顛覆性技術，是未來新興成長的奠基石，其中最具影響力的技術最終也將開花結果成為通用技術，像是電力、汽車、網路，以及 —— 你猜得沒錯，就是區塊鏈技術。儘管這些發展能帶來相當多的機會，但就算大型企業能夠意識到這些新技術的潛力，它們真的要試圖從中獲利時，常常也會綁手綁腳的。它們所面對的困難主要有三個面向：

> 首先，顛覆性的產品往往較單純也較便宜，追求低利率，而不是高利潤。第二，顛覆性技術通常會先在新興和小型非主流市場出現。第三，具領導地位的大公司，他們最賺錢的客戶一般都不想，而且一開始可能也真的沒辦法使用基於顛覆性技術的產品。

在新興市場開發新產品線，對老牌公司既有的事業版圖沒有加分作用，因為，如同克里斯汀生所解釋的，顛覆性技術的利潤低、市場小，而且目標客群也是公司所不熟悉的群體。有時候，新產品線甚至會對公司既有的業務造成扣分效果，也就是所謂的競食效應，因為新產品比該公司目前提供

的其他產品來得更優秀，因此客戶開始購買新產品，而不是
（對公司而言）更有賺頭的的舊產品。然而，因為害怕出現
競食效應而拒絕新技術，也會落入死亡陷阱之中，如克里斯
汀生指出的：

> 大多數人都認為，害怕對既有產品產生競食效應，
> 是老牌企業不願太快引進新技術的原因之一……但在具
> 有顛覆性的情況下，必須在擬定縝密的計畫前，就採取
> 行動。因為沒辦法確切知道市場需求，或是市場規模能
> 有多大，此時，做計畫的目的就不一樣了：這時的計畫
> 必須以學習為目的，而不是實踐。

因此，不研發採用新技術的產品，也許可以讓老牌公司
在短期內增加收益，但在長期看來，卻是自掘墳墓。克里斯
汀生說道：一項顛覆性技術剛出現的初期，公司最重要的工
作是去學習，並進行實驗。要是公司不及早開始實驗，等到
該技術開始大幅成長、市場規模已經大到能影響老牌公司
時，就來不及了。到了這個時候，花時間去了解新技術的小
公司已經更靈活也更有經驗，因此能在大幅成長的市場中競
爭中，贏過老牌公司。

要是老牌公司一次又一次地錯過這些成長機會，公司產
品就會逐漸被淘汰，收益逐漸變少，市值萎縮，公司最終也
將走上投資市場末路。這就是大家常說的價值陷阱。創新投
資人可能也預料到了，這類老牌公司的殞落速度越來越快，
新興成功企業出現的速度也一樣越來越快。要量化這類老牌
公司被顛覆的情況，可以用各大企業停留在標準普爾500指

數的時間長短，或是其平均壽命來衡量。在一九六〇年代，標準普爾500指數中的企業，平均壽命約為六十年，到了最近，已經降到二十年以下。這很顯然是投資人不滿足於現狀的徵兆。我們不能繼續假設現在成功的公司，在接下來幾十年間勢必可以保有領導地位（以及收益）。

同時，顛覆性技術被發明的速度也比以往更快，這股趨勢的發展在過去一千年來都是如此。舉例來說，在西元九〇〇到一九〇〇年間，大約每一百年會發明出一個通用技術，其中包括蒸汽機、汽車、電力等。但在二十世紀，大約每十五年就會出現一個新的通用技術，我們較熟悉的例子包括電腦、網路、生物科技等。到了二十一世紀，更是大約每四年就出現一個新的通用技術，最近的兩個例子包括自主機器人以及區塊鏈技術。

儘管顛覆性技術經常導致老牌企業跌下神壇，但還是有其他案例，是老牌企業成功在幾十年間不斷重新定位自己。雖然危機四伏，但也代表老牌企業有機會在刺激的新興市場獲利，不僅大幅提升收益，市值也能跟著上升。對創新投資人而言，學會分辨價值陷阱和重生的老牌企業，將會是其中的關鍵。

金融業中的區塊鏈技術

二〇一六年，唐·泰普史考特和亞力士·泰普史考特這對父子檔，共同撰寫出版了《區塊鏈革命：比特幣技術如何影響貨幣、商業和世界運作》，還有威廉·穆賈雅也出版了《區塊鏈商業應用：次世代網路技術的前景、實踐與應

用》。如同其書名所示，這兩本書都在探討區塊鏈技術在現在及未來，會如何顛覆全球商業模式。在本章中，我們要研究的是，加密資產有幾種能擾亂金融業的方法，以及既有的老牌企業又是如何應對的。以金融業做為出發點，投資人可以把從中學到的知識，應用到其他產業上。

金融業充斥著各式監管規範的重重阻礙，所以採納新技術的速度總是慢半拍。近年來，金融業更顯老態，頻頻傳出資料外洩事件、近乎壟斷的結構，而且，當前這套效率低落的貨幣系統，還在沿用幾十年前研發的工具和模型來運作。然而，泰普史考特父子檔相信這個「怪物金融」——我們已經用了好幾年，扭曲、矛盾，也常常不合理的金融系統——來日不多了，因為區塊鏈技術將使接下來的十年，充滿動盪與混亂，但對於能即時把握的人來說，則是大好時機。

還記得第二章中提到的，並不是所有區塊鏈技術應用，都會牽涉到加密資產（如比特幣或以太幣等）。事實上，截至目前為止，絕大多數的金融服務業公司，都已經採納了不含加密資產的區塊鏈技術應用。這類做法，越來越常被稱為分散式帳本技術（distributed ledger technology，DLT），以用來和比特幣、以太坊及其他等等的應用作區別。對於追求分散式帳本技術策略的公司來說，他們還是應用了許多由公開區塊鏈開發者所做的創新，但是卻不需要和這些人搭上邊，或是共享他們的網路。他們可以從該軟體中，自由挑選自己想要使用的部分，然後拿到自己的硬體上使用，這些硬體則是連在他們自己私有的網路上，有點類似內部網路（我們在前面稱之為私有鏈）。

我們看到，有許多分散式帳本技術被用來當作抵擋眼

前破壞的OK繃。儘管分散式帳本技術可以使現有程序更流暢——因此能在短期內提升淨利率，但是，這些做法依舊是在越來越過時的商業模式當中運作。就像買保險一樣，老牌公司可以用公開區塊鏈的架構，去提供與他們既有產品類似的服務，但是，這麼做會導致部份收入因競食效應而短少。這樣的競食結果固然會造成傷害，但就如克里斯汀生所說，這對長遠的生存目標來說有其必要。此外，監管單位也會對老牌公司帶來束縛，以金融服務業來說，老牌公司在二○○八年的金融危機過後，對監管單位的責難加倍敏感。

老牌公司靠打擊加密資產來鞏固自身地位，其中最有名的案例，就是摩根大通集團的傑米・戴蒙，他曾公開宣稱比特幣「將會止步」。戴蒙先生和其他金融界大老這樣打擊加密資產的行為，完全吻合克里斯汀生所描述的岌岌可危的模式：

> 顛覆性技術帶給市場截然不同於以往的價值主張。一般來說，顛覆性技術的表現都不如主流市場中的成熟產品，但卻擁有一些邊緣（通常也是新）顧客所看重的特色。奠基於顛覆性技術的產品，一般都具有更便宜、更簡便、更小巧，而且常常也更方便使用等特性。

像加密資產這類顛覆性技術，一開始都是打著「更便宜、更簡便、更小巧」的旗幟，才闖出一點名堂。早期產生的吸引力，也都在外圍，不在主流市場中，因此，像戴蒙先生這樣的業界大老才有機會對其進行打擊。但是，更便宜、更簡便、更小巧的產品，很少會一直徘徊在邊緣，它們要闖

入主流市場，往往也是有如一陣旋風般，令老牌公司措手不及。

匯款與區塊鏈技術

　　另一個被討論了很久，也被廣泛認爲是時候進行顛覆了的領域，就是個人匯款市場。在國外打拼的遊子，有很多都是透過這個方法將賺來的錢寄回家供家人溫飽。這個市場無比龐大，根據世界銀行的報告指出，全球匯款流動的金額超過6000億美元，不過，他們也表示這個數字只是保守估計：「至於確切的匯款金額，包括沒被紀錄下來的，經正式與非正式管道流通的匯款，一般相信這個金額還更高出許多。」

　　絕大多數的匯款都是由高收入國家，匯給位於開發中國家的個人，而這些地區的銀行系統可能較不普及。由於在收款國的家庭一般都沒有銀行帳戶——可能是因爲根本沒辦法開戶，或是沒辦法取得電匯服務——因此，能夠爲他們提供解決辦法的公司，就成了匯款人和其家人間的重要生命線。許多年來，像是西聯匯款和速匯金這些公司，就仗著自身做爲生命線的角色，向客戶索取高額匯款手續費，只因爲他們是少數幾間提供這個重要服務的公司。

　　舉例來說，在二〇一六年年底，全球平均匯款手續費不到7.5％，而加權平均更是不到6％。而且，費用還在持續降低，而且是理所當然地降低。過去，在二〇〇八年，手續費平均約是10％，也就是說，手上有100美元要匯回家的人，最後家人卻只能拿到90美元，因爲剩下的十塊被匯款公司給賺走了。這看來一點也不公平，有人甚至會說這是種剝削。

　　隨著網路世代越來越多競爭者加入這個市場，人們漸漸

發覺收取這麼高的手續費實在不合理。儘管「電匯」（wire money）這個詞，讓人聽起來感覺這些公司在做的事很複雜，事實上，根本和「wire」沒有關係。這個過時的詞，是從西聯匯款公司還是間電報公司的時代流傳下來的，當時他們的業務確實是靠電線來傳遞訊息，但是，這些電線早就消失了。一般來說，匯款時，不過就是幾個集中式的實體機構，重新整理帳本，從一個帳戶借些錢放到另一個帳戶，當然，還會先從原本的金額中扣除一大筆費用。

因此，我們也就不難理解，為什麼費用低廉、速度快，而且二十四小時全年無休的比特幣，會成為這類跨國匯款用戶的新寵兒。當然，要使用比特幣匯款還是要滿足一些先決條件，比如說，收款人必須擁有比特幣錢包，或是要有間公司擔任中介人，負責最後將錢交到收款人手上。儘管後者的做法會創造出新一批的中間人——他們可能也會導致不同的問題，但是目前為止，這些中間人收取的費用還是遠遠低於西聯匯款。這些中間人可以是有手機的當鋪老闆，收了比特幣之後，換算成當地貨幣再交給收款人。

印度是全世界接收個人匯款的最大國，收款金額約占全球匯款金額的12％，近來，數個比特幣交易所打算聯手將匯到印度的匯款手續費降到0.5％。在墨西哥的比特幣交易所Bitso，也出現了一股比特幣交易的浪潮，使用者能透過這個交易所，以差不多低廉的手續費進行匯款。這些公司的目標全都瞄準了老牌公司從客戶身上搾取的上百億手續費。

創新投資人應該留意匯款市場的這項巨大顛覆，不只是因為這將影響到像西聯匯款這類公開上市的公司股票，更因為這類顛覆將帶來的全新投資機會。舉例來說，Bitso就是

透過線上投資服務平台bnktothefuture.com取得新創資金，而這就是我們在第十六章中提到的，能夠將投資人和加密資產新創公司連結起來的管道。

企業對企業支付與區塊鏈技術

不只一般公民有跨國匯款的需求，企業也需要跨國匯款給遍布全球的商業夥伴。這個領域涵蓋的太廣了，難以深入探討所有細節，但是在匯款這方面的問題是一樣的：手續費高得不合理，支付的速度也慢得不合理。舉例來說，Visa公司就看到了這個問題，並和一間新創公司Chain合作，打算利用區塊鏈技術打造一套B2B的支付系統。此外，BitPesa也是一間利用比特幣來幫助非洲企業（目前服務地點包括肯亞、奈及利亞、坦尚尼亞、烏干達）收受國際匯款的公司。

瑞波公司一直是老牌企業最喜歡合作的新創公司，其中一些企業也利用瑞波公司的原生資產瑞波幣來建立新專案。包括美國銀行、加拿大皇家銀行、西班牙桑坦德銀行、蒙特婁銀行、加拿大帝國商業銀行、ATB金融銀行等老字號銀行，都採用了瑞波公司的區塊鏈技術，來達成更快、更安全的金融轉帳服務。成功的話，這不但對採用瑞波公司技術的企業有好處，也有可能對瑞波公司自己的加密資產瑞波幣有益，因為可以當作各企業落腳瑞波網路時的橋接貨幣。

創新投資人應該留意，更低廉的金錢流動可以在新興市場，為新的和既有的企業創造更多機會。資金可以加速產業的成長，如果金錢可以更自由地在各人和企業間流動，就有機會能在發展中的市場，創造出可觀的經濟漲勢。這也就給了我們更多理由，去研究哪個地區的受益最高，因為許多指

數股票型基金和共同基金，都能根據特定目標地區來進行購買。而投資地區多元化，可以讓投資組合免受單一地區總體經濟動盪的影響。

保險與區塊鏈技術

目前為止，絕大多數的保險公司都先選擇投入研究分散式帳本技術的應用，還沒有深入探索加密資產的世界。大型顧問公司爭相想在分散式帳本技術會如何影響保險業的議題上，成為領導群雄思想家，因為這些顧問公司都想和口袋極深的保險公司簽約，以幫助他們度過潛在的顛覆情勢，換取豐厚的報酬。勤業眾信相信，區塊鏈可以幫助整個產業的處理過程更流暢，並為申請理賠的客戶提供更好的使用者經驗。同時，利用區塊鏈來儲存理賠紀錄和客戶資料，也可以杜絕詐欺行為。

根據他們針對各大顧問公司的預測所採取的行動，創新投資人就能取得先機，判斷該保險公司適不適合做為短期投資候選人。儘管如此，我們剛剛也提過，我們將這些分散式帳本技術的應用，僅僅視為能暫時延長系統壽命的OK繃，這些過時的系統終究會在接下來的十年間，逐漸被世人所淘汰。而對長期投資人而言，則必須仔細進行分析，以了解保險公司所採用的分散式帳本技術應用，是否確實能提供長期且有效的解決方案。最後，某些大型顧問公司還是有可能深陷於老牌企業的意識形態，而被蒙蔽了雙眼，對於即將到來的破壞性顛覆視而不見。

回顧第五章，我們提到現在已經有像Etherisc這類公

司，提供去中心化的保單服務。這其中的顛覆不僅限於保險公司資本募集和理賠管理的程序，還可能擴張到風險模型本身。舉例來說，建立於以太坊之上的Augur預測平台，就能根據現實世界中的事件來創造市場。此平台上針對保險業所做的預測程式非常多樣，可能會對精算領域造成直接衝擊，而精算是保險業不可或缺的一環，也是當前保險業用來建立價格模型的主軸技術。

　　想利用加密資產提供的解決方案，找到最適當的媒介，保險公司有幾個不同選項。舉例來說，Factom就創建了一個智能合約平台，能加強保單簽署時的安全性和身分認證能力。Factom的共同創辦人彼得‧柯比就指出，他的平台可以保護被保險人不受詐欺或身份竊盜的侵擾，或至少，因為平台是建立於區塊鏈技術之上，而區塊鏈技術的不可變性，能確保被害人能找出詐欺或身份竊盜的幕後黑手。降低詐欺和身份竊盜案的發生，能為許多保險公司的營收帶來極大幫助。此外，公開網路的透明性，也能增強客戶對公司營運的信心，並吸引更多客戶。

不要捨本逐末、對鐵達尼號甲板上的躺椅位置斤斤計較

　　二〇一六年，就在唐納・川普當選美國總統後的那幾天，因為預期新總統的政策方向可能與前任政府有所不同，金融業各公司股票價格呈現穩定成長。在那段期間，許多投資人都因為投資組合中含有金融類股而受益，但也許，有更多投資人是在選後，接受財務顧問的建議，或是在聽了金融媒體宣稱金融類股勢必會在「川普世代」獲利的說法，而決定將金融類股納入投資組合中。不過，過度聚焦在這種短期趨勢之上，就好像是對鐵達尼號甲板上的躺椅位置斤斤計較一樣，捨本逐末。

　　創新投資人應該問的問題是，這些獲利是真的來自政策利多，或者只是來自人們的期望，但實際上，政策根本還沒上路。政策可以在短時間內強化金融業現況，但和長期趨勢相比，恐怕也只是權宜之計。最重要的是認識到，比特幣和加密資產，會對全球金融體系帶來什麼樣的破壞。有了這個認知之後，創新投資人還應考量到，在投資緊抓著既有營運模式，而不思考也沒意識到這些新技術將會顛覆金融業的金融公司時，有什麼長期的投資願景。重點是，與其煩惱要把躺椅放在哪裡，投資人更應該考慮是不是該對這些現有的銀行和金融公司進行長期投資，畢竟，他們已經了解了區塊鏈技術，也明白這項技術有潛力能為銀行業帶來翻天覆地的改變。

三個潛在的生存策略

以下，我們列出老牌企業打算利用區塊鏈技術的潛力獲利時，很可能會用到的三個普遍策略。

一、打不過就買下來

從二〇一五年尾聲一直到二〇一六年的大半年間，好像各大金融服務公司，突然都清醒了，都意識到區塊鏈技術可能會顛覆金融業。當老牌企業感覺自己慢了一步，好像被新創公司的謀略所打敗時，他們往往會直接把新創公司買下來，或是對其進行投資。而這便是當時所發生的事，老牌企業紛紛加入投資比特幣以及區塊鏈新創公司的行列，速度快到像是一股旋風，從二〇一五年尾一路吹到二〇一六年上半年，包括花旗銀行、Visa公司、萬事達卡（MasterCard）、紐約人壽、富國銀行、納斯達克、全美人壽、荷蘭銀行、西聯匯款等，都加入了投資的行列。

儘管進行投資或是直接買下來的策略，一直都是老牌企業想避免被顛覆所玩的把戲，但往往都不如預期的來得有效。因為，一旦大公司併吞了新創公司，或是開始在其中攪和，這些新創公司就難以保持其快節奏和具有彈性的特質。靈活的特質，正是顛覆性技術在發展初期能夠成功的關鍵，一旦新創公司被大企業的官僚氣息給玷污了，很快就會失去優勢。

二、團結一致，嚴陣以待

老牌企業在研究如何應用分散式帳本技術時，很喜歡使用同業聯盟這個策略。一方面來說，結盟非常有道理，因為分散式帳本需要多方加入才能發揮作用。合作式的夥伴關係，能幫助金融服務公司學習去分享，這些公司其中有許多長久以來都處於競爭關係，因此對於有關各自業務流程的細節往往都守口如瓶。但是，另一方面來說，一旦有太多大牌公司聚在一起，各自的自尊心作祟，也容易讓聯盟關係遇到阻礙。

最有名的一個企業聯盟，是二〇一五年九月十五日成立的R3公司，其背後的大牌公司包括摩根大通集團、巴克萊銀行、西班牙對外銀行、澳洲聯邦銀行、瑞士信貸銀行、高盛集團、蘇格蘭皇家銀行、道富銀行、瑞士銀行等。到了九月底，又有十三家金融公司加入，包括美國銀行、紐約梅隆銀行、花旗銀行、德意志銀行、摩根士丹利公司、多倫多道明銀行。在二〇一五年結束前，又有二十間金融公司加入R3聯盟。R3聯盟成員包含領先世界的各大金融企業，其中許多公司都以個股或債券的型式存在於投資人投資組合中，或是以共同基金、指數股票型基金等型式存在管理基金投資中。

另外有一個企業聯盟叫做超級帳本計畫（The Hyperledger Project），比R3聯盟提供更多開放會員資格。別忘了，有效的區塊鏈專案最大的優勢和特點，就是開放原始碼的精神。超級帳本計畫在二〇一五年十二月正式上線，在Linux基金會的保護傘下，建立了一個開源的合作平台，供各個產業使

用，而不限於金融企業。目前已加入此計畫的企業包括空中巴士、美國運通、戴姆勒集團、IBM、SAP公司等。

計畫內容提到，「超級帳本計畫成員和工作人員的目標，是分享最佳典範，並為用例開發、概念驗證＊（PoC）測試，以及超級帳本的採用提供幫助。」這個團隊一開始是在金融和醫療照護產業領域努力，也擬定了建立供應鏈解決方案的計畫。這個跨領域的開源合作會如何進行，又會產出什麼結果，相當令人期待。若能持續關注這個團隊的工作，並找出哪些公司能從中受益，將對創新投資人非常有幫助。

另一個令人期待的新聯盟，就是企業以太坊聯盟（Enterprise Ethereum Alliance）。該聯盟在二〇一七年二月正式公開亮相，創辦成員包括埃森哲公司、紐約梅隆銀行、芝加哥商品交易所集團、摩根大通集團、微軟、湯森路透社、瑞士銀行等。這個聯盟最有趣的一點，在於他們目標將私人企業與以太坊的公有區塊鏈結合。雖然這個聯盟能在以太坊的公有區塊鏈以外的軟體上運作，其目標是讓所有軟體都能交互運作，以免有的公司在未來也想利用以太坊的開放網路。

三、建立創新實驗室然後不去插手

老牌企業的第三個策略，就是所謂的「創新實驗室」（innovation lab）。包括哈佛在內的幾間大學，都設立了創新實驗室，透過讓學生和企業進行合作，以培育創新策略。各企業也採納了這個獨特的方式，提供場域來培育具有優秀

＊　編註：Proof-of-Concept的縮寫。

商業技能的創意想法。這類創新實驗室往往被老牌母公司晾在一旁，幾乎不怎麼理會，但這可能也是因為母企業遵從了克里斯汀生的建議：

　　除了極少數的例外，主流企業能夠成功在顛覆性技術面前及時做好準備的唯一機會，就是該企業的管理階層確實建立一個自治組織，負責針對顛覆性技術建立新的獨立事業。

　　在二十一世紀，最將創新實驗室的概念發揚光大的，應該是Google，他們鼓勵員工在個人的職責之外持續追求創新與創意激盪。因此，他們建立了Google車庫（Google Garage），透過這個（算是）正式的單位，公司員工可以彼此合作追求創新。這項舉措成功激發出幾項專案，都讓Google接手繼續發展，有望在未來能為公司帶來額外收入，其中就包括自動駕駛汽車專案。

　　針對克里斯汀生的建議，我們要特別強調一點，就是「建立一個自治組織」的必要。光是在公司內設立創新實驗室，不保證就能成功。必須確保實驗室能以自治組織的型態運作，而不受既有商業、獲益模式的狹隘眼光所限制。

最好的機會尚未到來

　　我們相信追求投資成長的最好機會，就在於公有區塊鏈和其相關資產。努力和加密資產接軌的公司，長期下來，將能獲得最大的收益。相反地，要是一間企業只願意以自己的

分散式帳本技術做為解決方案，那麼投資人就得仔細思考，究竟這個做法有沒有辦法在長期下來，提升公司的價值。

我們眼前有無數的機會，唯一的限制在於夢想家、開發人、企業領導人等的獨創見識。接下來是創新的時代，而對於有能力抓住眼前大好機會的創新投資人而言，有可能也是報酬滿滿的時代。

加密資產獲利報稅

所有金融專業人員和成功的投資人都知道，管理投資組合時，必須了解（賺錢和賠錢時的）稅率機制和應對方式，才能做出正確的投資決定。創新投資人在處理自己投資組合內的加密資產時，也應該採取這些策略。儘管和這類資產相關的稅務機制已經有了一些雛形，但整體來說還是不太明確，更糟的是，就連提供相關稅務諮詢的機構也不太清楚這些規定。隨著加密資產越來越為人所知，也越來越為大眾所接受，我們可以保證，政府監管單位和稅務機關也會越來越重視這一個領域。

所有加密資產都有其價值，在買進和賣出時，就會給創新投資人帶來獲利或損失。因此，美國國稅局表明自己也要來分一杯這鍋數位羹，應該也不讓人意外。在二〇一四年，美國國稅局自認充分了解了比特幣，並以國稅局第2014-21號通知，發佈相關課稅指南。在不細究其細則的情況下，該通知的大意就是，儘管比特幣被稱為虛擬貨幣，為利稅務工作的進行，美國國稅局將視其為財產。財產就是指像股票、債券、不動產等，這些投資品都被視為財產。該指南中說

道，「適用於財產交易的一般稅法規定，都適用於虛擬貨幣的交易。」

因此，一般投資人，甚至只是偶爾使用比特幣的玩家，在面對相關稅務問題時，都必須以看待股票、債券、不動產稅務的態度，來處理比特幣。從以上任一資產取得的資本獲利，都必須課稅。相同地，由以上資產造成的資本損失也會有相關的稅務操作。不管是交易或投資，比特幣的重點在於買入和賣出的價格必須要可以追蹤。而差別則是資本獲利或損失，而且還需依據是長期或短期持有，以相對應的方法來課稅。相關規範甚至適用於以比特幣支付的收入，以及靠挖礦得來的比特幣，只是，以這兩種方式取得比特幣時，將視為即期收入，以取得當下的比特幣市場價值來計算稅率。

美國國稅局二〇一四年的這份指南非常有趣，因為儘管其內容主要是針對比特幣所定，但內文寫的卻是「虛擬貨幣，如比特幣等」。這是否表示這份文件將所有加密資產都包含在「虛擬貨幣」的分類之中呢？

該指南對虛擬貨幣的定義如下：

在某些環境下，虛擬貨幣的運作方式和「真實」貨幣──也就是，美國或其他國家所發行的的硬幣和紙幣，可以用作法償貨幣、可以流通，且其最主要也廣受人接受的用途，是在其發行國境內做為交換的媒介──一樣，只是它並未在任何國家具有法償貨幣的地位。

而國稅局第2014-21號通知，則提供了更多和比特幣及虛擬貨幣相關的課稅指南資訊，我們可以看到該通知企圖更

進一步說明：

　　和真實貨幣具有相同價值，或是用來替代真實貨幣
的虛擬貨幣，都被稱為可兌換的虛擬貨幣。比特幣就是
這類可兌換的虛擬貨幣之一。比特幣可以以數位方式，
在使用者間進行交易，可以用美金、歐元、其他真實或
虛擬貨幣購買，亦可以兌換成美金、歐元、其他真實或
虛擬貨幣。

　　在這裡，比特幣被視為「可兌換的」虛擬貨幣。該文件
內容也提供（這時候應該已經一頭霧水的）讀者一份由金融
犯罪執法網在二〇一三年所提供的「有關可兌換的虛擬貨幣
的綜合描述」。雖然金融犯罪執法網的報告內容和稅務較無
關，而和利用數位貨幣來進行非法行為較有關係，但是，這
個現象也顯示美國政府的各個監管單位，還沒辦法針對比特
幣和加密資產的分類，提出明確而一致的意見。

　　接著，美國期貨交易委員會也加入了這個戰場，因為它
試圖控告一間新創公司企圖在未經登記的情況下，提供以比
特幣為基礎的投資選項。在這個事件中，比特幣被定義為商
品，而非財產，因此，應受商品交易法管轄。

　　美國期貨交易委員會的執法主任艾坦·高爾曼，試圖透
過以下聲明來說明自己的意見，「儘管現在大眾對比特幣及
其他虛擬貨幣非常興奮，所有在商品衍生市場上交易的產品
都要受相同的規定管轄，創新並不是不遵守規定的理由。」
但是，委員會執法主任在將比特幣歸為商品的同時，又稱呼
它為「虛擬貨幣」，顯然相當令人困惑。

如果某些加密資產可以被視為商品，那就會和單單被視為財產時，有不同的課稅方式。商品適用60/40課稅標準，也就是說，一項商品交易的獲利中，有六成可以被視為長期資產獲利，而另外四成則被視為短期資產獲利。這和股票的課稅方式就大不相同，以股票來說，在持有股權十二個月後賣出獲利，就會被視為長期資本獲利，目前的稅率上限是15%；而在十二個月內賣出，則會被視為短期獲利，稅率依該投資人的收入級距而定。

　　此外，每個加密資產都不一樣。政府機關應該更進一步闡明、了解各項資產，而且可能還需要另外訂定一套能辨明其差異的規範（包含課稅方式）。目前為止，美國國稅局和美國期貨交易委員會就對這些資產抱持不同看法，這絕對需要靠國稅局進一步澄清和裁決，才能提供更適當的指示。但是，千萬不要期望他們能很快做出相關裁決，美國國稅局當初可是花了十五年才擬定衍生性商品的課稅指南。

　　以現在來說，處理這些資產的課稅問題主要取決於投資人和他們的會計師。既然美國國稅局將其視為財產，那麼，用和處理股權及債券一樣的方式來紀錄其獲利和損失，應該是比較謹慎的做法。

　　我們兩個都不是會計師，也沒辦法預測政府監管單位最後會怎麼處理這個議題。有關稅務，投資人應該做的第一件事，就是和會計師討論比特幣和其他加密資產活動，並仰賴會計師來取得相關資訊和建議。第二，也可能是最重要的一點，就是要保留該資產的所有活動紀錄（不只有買進和賣出的紀錄，若使用該資產購買商品或服務，也必須紀錄下來）。紀錄方式很簡單，可以用紙本紀錄，或是用excel表

格做成電子檔,紀錄該資產買進、賣出,或是使用該資產購物時的日期和價格。很快地,較有聲望的交易所就會推出含有更多細節的紀錄工具和資源,也會出現新創公司研發相關工具,來追蹤、紀錄,以及提供資源來協助區塊鏈報稅工作。

即使有關這些資產的課稅規定可能會有所改變,有一件事是肯定的:就像其他所有資產一樣,美國國稅局正緊緊盯著。

■ 第十八章
投資的未來就是現在

　　這本書中，我們試著提供了投資與加密資產的歷史脈絡。走筆至此，希望讀者們已經清楚認知到，加密貨幣應該要和其他傳統與替代資產類別一起評估。任何資產類別都有好投資、也有壞投資，加密資產亦是如此，因此考慮投資加密資產時，需要投入許多努力和研究，與其他投資並無差別。

　　雖然加密資產各種的投資機會正在蓬勃成長，不過目前大部分項目都可以透過交易所來達成買賣。第十五章裡提過，目前市面上已經存在若干資本市場投資，未來可以預期還會有更多。這些投資會以甚麼形式出現，值得繼續觀察。會是多種加密資產組成共同基金的形式嗎？還是會用指數股票型基金的形式，選定某一類加密資產來投資，例如「門羅幣＋達世幣＋大零幣」這樣強調隱私性的投資組合？目前在市面上，投資人已經買得到加密資產避險基金，會對不同的加密資產做主動管理，其中也囊括了不少最新的首次代幣發行。但隨著去中心化資產管理基礎架構（例如Melonport）持續問世，這些避險基金在未來很有可能會成為歷史遺跡。潛在產品與投資工具不斷推陳出新，為投資人和基金經理人提供了龐大的獲利機會。

　　個別基金經理人，會因為自身專業及對資產的主動管理，而變得更加熱門嗎？還是市場會更傾向被動式投資，選擇有規則可循的加密資產類型，來作為投資工具呢？

一九八〇年代，富達投資的麥哲倫基金炙手可熱，投資人都捧著錢去，想請他們代為操作。他們都是為了一個人而去的：彼得‧林區。在他出任麥哲倫基金經理人十三年間，其中有十一年操作績效打敗標準普爾500指數，基金管理的資產也從2000萬美元成長到140億美元。那是主動型管理人與共同基金的全盛時期，投資人掏錢看的不是股票，而是看基金經理人是誰。這種對特定經理人的偏愛，不限於八〇年代的股票市場；及至二〇一五年，還是有這種現象，例如證券宗師級權威比爾‧格羅斯離開太平洋投顧、跳槽駿利銀行的時候，也吸引了許多投資人跟著出走，讓太平洋投顧的總資產消失了整整21%。

　　林區離開富達投資的四分之一世紀後，有許多財經人士和財經作家對他的投資策略提出批評，尤其是「買你知道的東西／投資你了解的股票」這項原則。這是林區最重要的投資哲學，他買的都是自己有使用的產品的公司股票，從第一手角度體驗公司的商業模式。面對外界的批評，林區曾針對自己的那句名言做了進一步闡述，強調做任何投資都必須進行基本面分析：「很多人買進股票，但對自己所買的股票一無所知。這叫賭博，不是好事。」

　　如果對標的的了解不多，就不要貿然投資，這不只是大師的金玉良言，更該是基本常識，所有創新型投資人都要有這種認知。布尼斯克—塔塔爾定律的另一項是：買比特幣、以太幣、或任何加密資產，不能只是因為看它們前一週價格漲了兩倍或三倍。出手投資一項資產前，要先有能力向朋友介紹它的基本內容，並確定該標的符合自身投資組合的風險概況與目標。

投資市場的千禧世代

我們在本書提供了大量歷史脈絡，尤其著重了那些會對加密資產投資形成影響的歷史背景。對許多資深投資人來說，這些資料或許勾起了他們的回憶，想起一路以來自身投資心法與投資策略慢慢成形的歷程，通常都是從苦頭中學到教訓。對他們來說，用創新型投資人的角度思考、考慮投資加密資產，可能已經是投資策略的一大進化。不過，有一部分千禧世代也已察覺到這些機會，嘗試投入加密資產，正形成新一代崛起的投資人。

現在已經有許多文章和假說都在討論千禧世代，也就是在世紀轉換之際成年的那批人。與經歷過網際網路泡沫及二〇〇八年金融危機的戰後嬰兒潮世代相較，千禧世代對於如何管理銀行帳戶與如何進行投資，有一套截然不同的看法。

千禧世代在市場危機中成年，讓人出乎意料之外的是，他們對自身的財務規劃其實很有意識。臉書近期所做的一份研究指出，千禧世代的教育程度高，或許也正因教育程度提高、背負了學貸，所以財務狀況對他們的生涯規劃來說，是很重要的考量點。事實上，86%的千禧世代每個月都有儲蓄習慣。而同樣有趣的是，高盛集團的調查顯示33%的千禧世代認為到二〇二〇年以前，自己根本不需要銀行。

從這些統計結果來看，難怪許多金融機構都想方設法，要吸引千禧世代來儲蓄和投資。但問題是，許多資產經理人使用的商業模式，根本無法滿足千禧世代的需求。過去二十年來，資產管理公司都鼓勵自家的理財顧問只去鎖定資產總額超過25萬美元的客戶，忽略了其他級別的投資人。他們的

理由是，如此一來理財顧問可以為較小基數的客戶提供更好的服務，而且這樣獲利也比較高。然而，這也意味著他們的客戶正在邁入老齡。這些商業策略讓資產管理公司難以觸及年輕投資人，而這些年輕人或許才是最需要理財協助的一群人。

當資產管理公司沒有提供個人理財顧問、而是引導千禧世代去使用線上投資網站的時候，或許公司是想解決問題、以因應隨千禧世代而來既有商業模式的破壞。從商業角度來看，要服務這個族群，這樣的確比較符合成本效益。然而，這種方式只是暫時應付了問題、卻沒有吸引到這個族群。進一步的研究更指出，千禧世代非常關心、也很願意談論自己的財務規劃，甚至超越他們的戰後嬰兒潮父母。全美控股發表的研究報告指出：「四分之三（76%）的千禧世代勞工，都會和家人與朋友討論儲蓄、投資、退休規劃等話題。令人意外的是，會『經常性』討論這些話題的千禧世代，是他們戰後嬰兒潮父母的兩倍（前者為18%、後者為9%）。」

這個世代眼見父母因為大蕭條大受影響，或縮減開支、或蒙受投資損失，許多人因此認為股票市場無異於賭場。然而，他們也體認到儲蓄、投資、以及規劃未來的重要性。資產管理公司以為線上投資網站就能先暫時滿足千禧世代，等到他們年紀更長、也更有錢（達到了找理財顧問的門檻）的時候，再來為他們服務；但這種想法其實抓錯了重點，沒有看到商業模式轉變帶來的契機。許多資產管理公司忽略了千禧世代，相對地他們也揚棄了這些公司，轉向其他能切合需求的投資工具和公司。事實上，要接受數位原生資產，對這群數位原生世代來說完全不是問題。《哈芬登郵報》最近有

一篇報導，如此描述這個族群：「有越來越多比特幣新興創投相繼問世，這些新創公司對大家來說，既陌生又令人印象深刻。在這些新創企業的推波助瀾之下，千禧世代正紛紛將智慧結晶與財務資本投入了加密貨幣，像是比特幣、以太坊等等。一九九〇年代，任何名詞前面加上個『e-』的字眼，都會讓科技迷狂熱不已；如今似乎舊事重演，只是把『e-』字換成了『加密』和『區塊鏈』。」

千禧世代的投資活動，已經轉向比特幣和加密資產了嗎？還是說像先鋒集團那樣的傳統基金、或小額投資蘋果公司股票，會比較好呢？傳統基金會有投資金額門檻，買進股票時也需付佣金。相較於傳統基金，千禧世代認為加密資產市場進入門檻較低，對資本額限制很小、也可以少量買進，這是股票或基金市場做不到的。

最重要的是，他們至少有在試圖努力，幫自己的資金安排某些投資、為打造將來的財務健全做準備。我們已經觀察到，千禧世代透過買加密資產來學習投資，並在過程中實行某些投資方法，例如在某些價格點獲利、用多項資產種類達成多樣化等等。討論比特幣的在地聚會，除了有電腦宅喜歡聊的雜湊率數據、工作量證明機制和權益證明機制的優點等等話題，也會有來自各年齡層的成員，以財務健全為目標，針對近期的加密資產投資進行深入討論。

加密資產的童話經濟年代？

千禧世代已經體認到加密資產帶來的機會，但華爾街大部分的投資者——包括傳統投資人、理財顧問、以及大多數

機構投資人──則還在觀望，這就是我們現下面臨的情形。不過，他們有在觀察此種趨勢。甚至有幾個大型投資機構，已經開始試水溫，意味著投資工具增加應是指日可待。

任職機構的基金經理人，只要願意嘗試加密資產、開發新的投資工具，將能大大提升投資人對這些資產的意識。由於新的投資工具需要資金挹注，會影響對加密資產的需求量，可能對相關市場產生價格上漲壓力。這種情況，對已經擁有加密投資組合的創新型投資人來說，非常有利。然而也必須指出，隨著有越來越多機構踏足其內、消息管道也越來越多，加密資產市場勢必會變得更加競爭。一個知識豐富又敏銳的創新型投資人，在市場眼下還占有優勢；但情況不會永遠是這樣。

我們現正處在加密資產的童話經濟時期，加密基礎架構與相關規範已然頗為成熟，而華爾街大多數機構投資人則尚未加入戰局。因此，現在進入市場的創新型投資人只要夠敏銳，目前還是有消息與交易上的優勢。趁投資圈還沒完全意會到加密投資的良機之際，現在正是入場參與的大好時機。只要善加運用本書提供的知識，並牢牢守住自己的財務規劃與財務目標，就能和傳統投資人有所區別，成為創新型投資人。

成為勇於創新、好學不倦的投資人

加密資產的價格已經飆升到歷史新高，數量也急遽增加。首次代幣發行的項目大幅成長、與隨之而來的衍生發展速度之快，已經讓所有媒體與產業追隨者追不上腳步。加密

資產是個正在不斷進化的標的。雖然所有資產類別與投資都會變化，但加密資產的改變速度尤其迅速。這就是為什麼我們要教導創新型投資人必要的知識，讓他們有能力透過歷史背景、以及久經驗證的工具和技巧（例如現代投資組合理論、資產配置），自行了解並評估這些資產。

創新型投資人是自身財務規劃的主動參與者，但這不表示他們必須在規劃過程中踽踽獨行。聽取財務專家的意見可能會是有效的方式，因為他們會提供研究結果、並指引方向。不過，專家的意見固然可以參考，但最終還是要由投資人自己做決定。他們必須根據實際情況，調整投資方法和策略，甚至改變選擇標的。生活在指數型變化的年代，這種彈性判斷的能力猶為重要。

買進後就抱著不賣確實是一種有效的策略，但偶爾也會失靈。長期投資的確也行得通，但到了退休後不再有薪資進帳的階段，情況又不一樣了。時機會改變，市場狀況會上下起伏，有時還非常劇烈。生活樣態也會改變，突然失業、或有親戚生病等突發狀況，都可能打亂原本的財務規劃。

作為一個創新型投資人，關鍵在於擇定自己的投資哲學與方法，根據個人情況決定什麼才是適合自己的投資。這並不是要投資人完全摒棄別人的意見，而是要具備扎實的相關知識、擁有充分的訊息管道，以此為前提來衡量別人的建議。

透過本書，我們帶著創新型投資人遍覽加密資產的世界及其歷史。展望未來，這個領域仍然大有可期，值得投資人加入，體驗它的迷人之處。我們也希望，這本書為加密新手提供了一個理想的進入點；至於已經身在其中的投資人，則

希望能幫助他們拓展視野。我們非常期待，本書不但能為投資人提供機會，也對整個加密社群有所助益。

我們相信，中本聰創立比特幣的時候，真正的目的其實是想實現心中對未來的想像。我們希望，這本書有讓中本聰試圖描寫的那個未來顯得更加具體，也為讀者提供一個入門的途徑——因為未來已經到來，便是此刻的現在。

作者的話

　　二○一六年十二月，我們剛開始寫這本書時，比特幣的價格約在美金700美元左右，以太幣的價格約在7美元，而加密資產的總網路價值也僅僅約100億美元。在動筆後的幾個月間，我們看著比特幣漲破4000美元，以太幣破了400美元，加密資產的總網路價值，更一舉突破千億美元大關。加密資產也從深奧難懂的暗網題材，一躍成為主流群眾瘋狂討論的話題。

　　在開始動筆寫作之前，我們就知道，要紀錄全世界變動最快速的市場有其難度。這些市場在一天之內的波動 —— 漲或跌 —— 幅度，可能就相當於股票市場在一整年間的變動幅度。雖然如此，還是不斷有人來問我們：「如果我想徹底了解這些市場到底發生了什麼事，究竟該去閱讀哪些文獻？」這個問題出現的頻率不斷升高，聲量也隨著二○一七年中市場大漲來到最高峰。但與此同時，相關資訊仍然零碎地散佈在各式管道，如Reddit、Twitter、Telegram、Slack、Medium、新聞網站等等。

　　儘管我們很清楚，要完整介紹不停變動的加密資產市場，有一定難度，不過我們有信心，本書還是能針對比特幣及相關市場的歷史、技術、市場動態等層面，提供讀者一個全面的綜合觀點。我們的目標是透過闡述相關背景和技術方法，盡力將此書打造成一棵長青樹，如此一來，儘管市場不停變動，本書還是能保有其價值。我們很清楚，當各位讀者拿到此書時，某些資產價格可能已經是上古傳說，我們也知

道，有些人可能會對書中沒有特別介紹他們的故事感到忿忿不平。我們不可能詳細介紹每一次價格波動，或是每一個小故事，否則本書恐怕永遠沒有出版的一天。

我們希望本書能做為幫助讀者開始了解相關領域的起點，讓更多人能一起投入這個領域的研究和參與。畢竟，加密資產還很年輕，其歷史也還有待我們一同創造。

中英翻譯名詞索引

抽獎資料（可直接剪下此頁填寫寄回。皆為必填）

姓名：＿＿＿＿＿＿＿＿＿＿＿＿＿＿＿＿＿＿＿＿＿

電話：＿＿＿＿＿＿＿＿＿＿＿＿＿＿＿＿＿＿＿＿＿

地址：＿＿＿＿＿＿＿＿＿＿＿＿＿＿＿＿＿＿＿＿＿

活動辦法及注意事項
1.活動期間：自本書版權頁載明之上市日至2022年10月31日止，逾期無效。
2.參加資格：居住台澎金馬之購書讀者請於2022年10月31日前（郵戳為憑）將截角及個人資料寄回好人出版，即可參加。中獎者贈送CoolWallet Pro一份。
3.可不使用此張表格填寫個人資料，本活動以截角（須為本書所剪下，翻印視同無效）及姓名、電話及地址資料皆有寄回為參加條件。重複多寄皆視為一次抽獎機會。每位中獎者僅限獲贈乙份贈品。
4.抽獎日期：2022年11月30日抽出5名中獎者，並公布於好人出版臉書（https://www.facebook.com/repabs）
好人出版會以電話通知，請務必填寫可通話之電話號碼或手機號碼。
5.為維護中獎者權益，中獎者須收到中獎通知電話後回覆，並附上個人身分證正反面圖檔回信至本社告知之Email，以便證明為中獎者本人及確認寄送資訊無誤。贈品會於中獎人收到通知後盡速寄出，中獎人拆封贈品時，請全程錄影，若贈品有非人為疏失造成之瑕疵而要求更換時，須於收到贈品三日內提出，並檢附拆封影片佐證。
6.如中獎人未於2022年12月15日前與本社確認中獎權利，視同放棄中獎權利。好人出版會於2022年12月31日在臉書公告棄權者名單並補抽中獎者遞補。將另行通知遞補中獎者。
7.贈品以實物為準，且不得折換現金或其他商品。
8.好人出版保留變更、終止本活動之權利。如變更、終止活動，敬請自行注意好人出版臉書公告，恕不另行通知。
9.如有任何因電腦、網路、電話、技術或不可歸責於好人出版之事由，而使系統誤送活動訊息或得獎通知，好人出版不負任何法律責任，參加者亦不得因此異議。
10.參加抽獎者一旦參加本活動，則表示同意接受活動辦法及注意事項之約束，如未遵守者視為拋棄中獎權利。

CoolWallet 冷錢包

用最高安全標準
守護全球用戶的加密貨幣資產

CoolWallet為全球第一個專為行動裝置設計的硬體錢包，大小薄如信用卡、卡片中採用最先進的軍規級安全晶片，秉持最高安全標準守護用戶珍貴的加密貨幣資產。最新推出的 **CoolWallet Pro** 擁有更多進階功能，提供用戶最方便且多元的加密資產體驗。

CoolWallet Pro 各項功能

質押 Staking

讓您可以透過持有 Polkadot、Tron、Cosmos 等代幣權益證明 (PoS) 的機制賺取獎勵。

DeFi、Dapps與NFTs

・進行去中心化的非託管交易，透過質押和流動性挖礦賺取收益。
・安全收藏NFT虛擬資產，讓您可以一鍵進入全球兩大NFT交易平台「OpenSea」、「Rarible」進行買賣，讓您更加接近元宇宙。

CeFi X-Saving穩健型策略

CoolBitX X-Saving穩健型策略，享淨年利率 8%+ 報酬，達申購門檻，即可享有CoolWallet Pro乙個。

以上X-Saving優惠活動至**2022/12/31**截止，立即了解更多訊息請掃描右側QRcode加入CoolBitX X-Saving一對一專屬服務群組：

i生活 27

加密貨幣之謎
解開比特幣、狗狗幣及以太幣的秘辛

作　　者　克里斯·布尼斯克、傑克·塔塔爾
譯　　者　謝宛庭、江芳吟、楊玲萱
封面設計　張新御　**內文排版**　游淑萍
副總編輯　林獻瑞　**責任編輯**　李岱樺

社　　長　郭重興　**發行人兼出版總監**　曾大福
出 版 者　遠足文化事業股份有限公司　好人出版
　　　　　新北市新店區民權路108-3號6樓
　　　　　電話02-2218-1417#1282　傳真02-8667-1065
發　　行　遠足文化事業股份有限公司　新北市新店區民權路108-2號9樓
　　　　　電話02-2218-1417　傳真02-8667-1065
　　　　　電子信箱service@bookrep.com.tw　網址http://www.bookrep.com.tw
郵政劃撥　19504465　遠足文化事業股份有限公司
法律顧問　華洋法律事務所　蘇文生律師
印　　製　中原造像股份有限公司

初版　2022年6月6日　定價510元
ISBN　978-626-95972-3-9

國家圖書館出版品預行編目(CIP)資料

加密貨幣之謎：解開比特幣、狗狗幣及以太幣的秘辛 / 克里斯·
布尼斯克（Chris Burniske），傑克·塔塔爾（Jack Tatar）作；謝
宛庭，江芳吟，楊玲萱譯. -- 初版. -- 新北市：遠足文化事業股份有
限公司好人出版：遠足文化事業股份有限公司發行, 2022.06
416面；14.8*21*2.4公分. --（i生活；27）
譯自：Cryptoassets : the innovative investor's guide to bitcoin and
beyond.

ISBN　978-626-95972-3-9（平裝）

1. 電子貨幣　2. 電子商務

563.146　　　　　　　　　　　　　　　　　111005738

讀者回函QR Code
期待知道您的想法